胎教成功的秘诀

张成虎◎编著

華夏出版社
HUAXIA PUBLISHING HOUSE

图书在版编目(CIP)数据

胎教成功的秘诀/张成虎编著.—北京:华夏出版社,2012.7
ISBN 978-7-5080-7064-3

Ⅰ.①胎…　Ⅱ.①张…　Ⅲ.①胎教-基本知识　Ⅳ.①G61

中国版本图书馆CIP数据核字(2012)第145892号

胎教成功的秘诀

作　　者　张成虎
责任编辑　苑全玲

出版发行　华夏出版社
经　　销　新华书店
印　　刷　北京集惠印刷有限公司
装　　订　三河市李旗庄少明印装厂
版　　次　2012年7月北京第1版　　2012年8月北京第1次印刷
开　　本　720×1030　1/16开
印　　张　17.5
字　　数　251千字
定　　价　39.00元

华夏出版社　地址:北京市东直门外香河园北里4号　邮编:100028
　　　　　　网址:www.hxph.com.cn　电话:(010)64663331(转)

前言

人才的造就和培养，必须从生命的最初开始。胎教是打造聪明宝宝的第一步。给胎宝宝以有益的启蒙教育，为孩子的成长打下坚实的基础。科学研究表明，受过科学系统胎教的孩子比没有受过胎教的孩子，其智商和情商有明显的优势。但是很多父母产生了困惑：怎么进行胎教才能让宝宝更健康、更聪明呢？

本书告诉你，成功胎教并非高深莫测，它就在你身边。你可知，一幅风景画就可以让胎宝宝感受到艺术之美，一首儿歌就能带给胎宝宝幸福的感受，一个小故事就能提升宝宝的听觉专注力……

如果错过了胎教机会，就难以补上这一课。本书从正确认识胎教、认识胎宝宝说起，说明胎教的科学性和对宝宝智慧开启的巨大作用，结合胎宝宝发育特点并以准妈妈身体变化为基点，详细解析了胎教方法及优生的注意事项。

本书是一部专门为准妈妈精心编写的胎教孕育枕边书，权威的专家方案，妥帖的细节指导，实用的胎教方法，为你的孕育胎教提供全程指导，将伴随你轻松度过孕育生活每一天。

目录

第01章 良好胎教奠定宝宝一生的发展

一、什么是胎教……001

二、胎教的必要性……003

三、胎教的目的……003

四、古代胎教与现代胎教……004

第02章 天才宝宝的成功始于胎教

一、胎教的效果取决于母亲的情绪……008

二、孕前要做好心理胎教……009

三、准爸爸在胎教中的作用……010

四、科学的胎教……011

第03章 胎教的神奇力量

一、胎教有利于优生……013

二、胎教可以促进宝宝的大脑发育……014

三、胎教可以提高宝宝的智商……014

四、胎教可以塑造宝宝的性格……015
五、胎教可以使宝宝的心理得到健全发展……015
六、胎教可以培养宝宝的行为习惯……015
七、胎教影响宝宝的饮食习惯……016
八、胎教可防止分娩时出现意外情况……017

第04章 胎教宝宝与非胎教宝宝的区别

一、不爱哭闹……018
二、与人交往比较早……019
三、能够较早地学会发音……019
四、能够较早地理解语言……019
五、能够较早地学会说话……019
六、对音乐比较敏感……020
七、宝宝学习兴趣高……020
八、宝宝的心理行为比较健康……020
九、运动能力发展优秀……020

如何正确认识胎教

一、正确理解胎教的科学内涵……021
二、胎教的科学性……022
三、胎教是一种自然现象……022

第06章 情绪是胎教和优生的重要因素

一、夫妻感情不好对胎儿的影响……023
二、准妈妈情绪对胎儿产生的影响……024
三、准妈妈心情的自我调节……025
四、准妈妈的情绪变化……027
五、把情绪上的变化当做一种动力……029
六、如何预防不良情绪……031
七、准妈妈过度紧张的四种表现……034
八、准妈妈应谨防孕期抑郁症……036
九、良好的心态孕育健康宝宝……038

第07章 胎教的成功要素

一、孕前做好心理准备……040
二、及时补充叶酸……041
三、调整饮食结构……041
四、避免接触有害物质……041
五、孕前不宜减肥……042
六、孕前避免接种疫苗……042
七、孕前开始锻炼身体……043
八、孕前应做全面的身体检查……043
九、最佳生育年龄……050
十、最佳受孕季节……051

第08章 营养是实施胎教的物质基础

一、孕前与孕期营养的重要性......053
二、孕前夫妻双方的饮食原则......055
三、准妈妈饮食中不可缺少的食物......056
四、准妈妈应少吃的食物......057
五、准妈妈要远离的饮品......060
六、不同孕期准妈妈的饮食......061
七、准妈妈补钙的方法......063
八、不可盲目补充维生素......064
九、叶酸对妊娠的重要性......065
十、40周营养全方案......066

第09章 孕期保健胎教

一、孕期性生活是最有效的胎教......074
二、出现哪些情况要暂停性生活......075
三、孕期性生活注意的事项......077
四、不同孕期的性生活......078
五、准妈妈怎样提高睡眠质量......080
六、日常生活本身也是胎教......083
七、准妈妈要慎重使用电热毯......085
八、准妈妈穿衣有讲究......085
九、准妈妈不能使用的化妆品......086
十、准妈妈出行注意事项......089
十一、准妈妈运动注意事项......091
十二、孕晚期常见症状及处理方法......094

环境与胎教的关系

一、胎教的内环境……099

二、胎教的外环境……100

遗传优生与胎教

一、什么是优生……105

二、优生的条件……106

三、优生优育男性要做什么？……110

四、优生有哪些禁忌……113

五、什么是遗传……116

六、智商取决于遗传还是胎教……117

七、遗传对胎儿的影响……117

八、孩子会遗传父母的哪些优缺点……118

九、父母最容易遗传给下一代的疾病……120

十、 预防遗传病……122

第12章 胎儿发育与训练离不开胎教

一、胎儿有听觉……124

二、胎儿有视觉……125

三、胎儿有记忆力……125

四、胎儿的训练……127

第13章 专家解读十月胎教历程

一、孕一月……143
二、孕二月……150
三、孕三月……160
四、孕四月……169
五、孕五月……178
六、孕六月……187
七、孕七月……198
八、孕八月……206
九、孕九月……214
十、孕十月……221

第14章 细说胎教法

一、音乐胎教法……230
二、光照胎教……237
三、语言胎教……240
四、运动胎教……243
五、行为胎教……247
六、游戏胎教……248
七、英语胎教……249
八、联想胎教……251
九、抚摸胎教……252
十、艺术胎教……254
十一、情绪胎教……258
十二、营养胎教……260
十三、环境胎教……263

教育要从零岁开始，是指从受孕的第一天开始到宝宝出生的这一段时期，对胎儿的教育。简单地说，你希望自己的宝宝将来成为什么样的人。所以，在怀孕期间，实施良好的胎教可以奠定宝宝一生的发展。

一、什么是胎教

胎教是指从怀孕的第一天开始，给准妈妈创造良好舒适的环境，使准妈妈保持心态平和，精神愉快，使身体各器官都处于良好的状态，以利于胎儿的健康生长发育。同时，采取科学的方法，利用一定的手段，积极、主动地给胎儿适当、合理的各种信息刺激，开发胎儿的潜能，为出生后的早期教育奠定良好的基础。

胎教分为直接胎教和间接胎教：

1 直接胎教

直接胎教是指用适当的外部信息，直接作用于胎儿，使其神经兴奋、适当运动，从而促进其神经和肌肉的发育。直接胎教的过程会影响准妈妈，使其快乐，从而间接地影响胎儿，如音乐胎教、运动胎教等。

2 间接胎教

间接胎教是指孕期父母要给胎儿创造良好的生长发育环境，使母子有丰富的精神生活、优良的物质生活，促进胎儿健康生长发育。主要包括以下 3 个方面：

（1）营养育儿

孕期母子的营养要全面，饮食要有规律。要注意摄取足够的蛋白质，特别是优质蛋白质，如鱼、肉、蛋、奶类和豆制品等；增加维生素和微量元素的摄入量，多吃些新鲜蔬菜、水果及芝麻、花生、核桃、紫菜、海产品、奶类等，并调配好食物的色、香、味，增加准妈妈的食欲。

（2）情绪育儿

准妈妈与胎儿之间，虽然未发现直接的神经联系，但准妈妈的情绪会直接影响内分泌的种类和数量，从而影响胎儿。所以，准妈妈应保持精神愉快及心理健康，也就是应做好情绪胎教。

在情绪胎教中，丈夫是重要的角色，不仅要对妻子更温存和体贴，多给妻子安慰、快乐和幽默，而且还要安排好妻子的物质、精神生活，多陪妻子散步、聊天，做她有力的精神支柱。

（3）保健育儿

孕期要节制性生活，怀孕头 3 个月和产前 1 个月应避免性交。避免过度劳累，少到公共场所，避免感冒或其他病毒感染，慎用药物，禁用烟酒，避免电脑和电视的长期辐射，远离宠物，洗澡不用过热的水，不抹口红，不烫发等。

二、胎教的必要性

现在很多父母都相信，孕期实施有效的胎教，可以生出既聪明又健康的宝宝，并把此当做进行胎教的重要理由。而且，各种研究成果也都证明了胎教是有科学根据的。

一直以来，人们都认为“人类智力有 80% 受到遗传因素的影响”。但最近美国的一个研究小组，通过长期的观察和实验得出了“人类智力只有 48% 受遗传因素影响，剩余 52% 与胎内环境有关”的论断。

英国著名生物医学博士诺塔尼茨也指出，肥胖症、糖尿病、癌症和心脏病等各种疾病都与胎内环境有关。由此可以得出结论，胎儿时期对人一生的健康起到的决定性的影响。

所以，怀孕期间实施良好的胎教是非常有必要的，不仅对胎儿有许多益处，而且对宝宝出生后也有许多益处。

三、胎教的目的

胎教的目的就是为了更好地促进胎儿身心健康生长发育，并确保孕产妇安全。同时利用一定的方法和手段，通过母体给予胎儿良好的刺激，使胎儿的神经系统功能尽早成熟。

在胎儿生长发育的各个阶段里，科学地进行视觉、听觉、触觉等方面的刺激，使胎儿大脑神经细胞不断增殖，神经系统和各个器官的功能得到合理地开发和训练，以最大限度地发掘胎儿的智力潜能，达到提高人类素

质的目的。

四、古代胎教与现代胎教

1 古代胎教

胎教一词最早出现于我国的汉朝。古人所说的胎教是指在妊娠期间，为了有利于胎儿在母体内的生长发育而对准妈妈的精神、饮食、生活起居等方面所采取的有利措施，以确保母体身心健康和促进胎儿健康生长发育。古人认为，胎儿在母体中能够受到准妈妈情绪、言行的感化，所以准妈妈必须谨守礼仪，给胎儿以良好的影响。

下面是古代胎教的主要内容：

（1）调情志

古人认为：凡有孕之妇，宜情志舒畅，遇事乐观，喜、狂、悲、思皆可使气血失和而影响胎儿。这就是说，准妈妈要保持舒畅的心情，及时消除烦恼，不要大动肝火，否则会导致气不顺，气不顺则孕胎不安，若长久气不顺，孕胎必受影响。

（2）节房事

房事，是指夫妻的性生活。虽然房事为受孕提供了必要的条件，但受孕之后，房事必须要节制。《产孕集》对此论述道："怀孕之后，首忌交合。"也就是说，怀孕以后，首先要禁房事，由于准妈妈伴有妊娠不适，如恶心、厌食、嗜睡、疲劳等反应，从而会导致自身及胎儿的营养不足，而且此时胎儿发育还不稳定。当然，现代医学观点认为，并不是整个孕期夫妻都不能进行性生活。但是怀孕初期和末期不宜过性生活。

（3）节饮食

胎儿的营养来源于准妈妈，而准妈妈的营养直接来源于饮食。所以准妈妈摄入的营养对胎儿的生长发育有着直接的影响。

《万氏女科》中说："妇人受胎之后，最宜忌饱食，淡滋味，避寒暑常得清纯平和之气以养其胎，则胎之完固，生子无疾。"这就是说，准妈妈的饮食要有节制，既不能少食，又不能过食，特别是不能饥一顿饱一顿、暴饮暴食。

（4）适劳逸

按照传统医学的观点，人禀气血以生，胎赖气血以养，太逸则气滞，太劳则气衰。若劳逸失宜，举止无常，攀高负重，则会致其胎心坠，甚而导致难产。

因此，怀孕之后女性要有适宜的运动，使血液循环畅通，若好逸恶劳，好静恶动，贪卧养娇，则气血不畅，易致难产。

（5）慎寒暑

寒暑是指自然界气候的冷热变化。准妈妈由于生理上发生了特殊的变化，极易受风、寒、暑、湿、燥、火的侵袭，尤其是遭受风寒侵袭之后，极易感染疾病，重则会危及胎儿的生命。因此，准妈妈应注重怀孕期间的身体保护，慎起居，慎寒暑，这对孕育一个健康的宝宝尤为重要。

（6）戒生冷

一般来说，怀孕以后，准妈妈由于生理上的变化，往往口味不佳，尤其喜欢吃一些生冷的东西。中医认为，这是由于怀孕后阴血下注以养胎儿，使阴血偏虚、阳气偏旺所致。准妈妈若贪恋生冷，便会导致脾胃受伤、呕吐、腹泻、痢疾等病症，既伤准妈妈之身，又伤胎儿，不可不慎。

除此之外，准妈妈在整个孕期的衣着宜宽大合体，腰带不宜紧束，以免因气血周流不畅而影响胎儿发育。

2 现代胎教

现代胎教主要由教育学理论、生理学理论、心理学理论和优生学理论4个方面构成。

（1）教育学理论

认为胎教实质上是对胎儿开展的超早期教育，是人一生中所接受的全部教育中最基础的部分。因此，这种理论重视准妈妈在胎教过程中的主导作用，主张胎教必须从准妈妈自身做起，认为加强准妈妈的知识和道德修养，培养准妈妈良好的行为习惯和审美情趣是胎教的关键。

（2）生理学理论

倾向于把胎教过程看做是一种生理过程，重视胎教生理机制的探讨，认为一切来自于母体外部的社会心理因素都会首先引起母体内部的生理变化，进而影响胎儿的生长发育。因此，胎教的主要任务就是为胎儿创造出一个良好的生物化学环境和生物物理环境。

（3）心理学理论

强调暗示、期望、焦虑、应激等心理现象对胎儿生长发育的影响，注重用心理学的有关原理去分析、研究准妈妈的心理变化和胎儿心理的发生发展规律，主张准妈妈学习必要的心理学常识，使其能够把握自己的心理活动，以愉快的情绪和积极的心态去对待胎教。

（4）优生学理论

从优生优育的角度出发，认为制约和影响胎儿生长发育的因素很多，而胎教实质上就是对这些因素进行人为地控制，以消除不良刺激对胚胎和胎儿的影响，使之得到更顺利、更完善的发展。具体地说，像合理营养、预防疾病、谨慎用药、忌烟戒酒、节制性交、保持心情愉快、避免强烈震动、远离放射线和毒物等均属于胎教范围。胎教的优生学理论，实际上是运用教育学、心理学、生理学、医学、卫生学等多种学科的知识，对胎教进行综合研究，代表了胎教理论发展的方向。

现代胎教是对古代胎教的继承和发展，其内容主要有两个方面：

第一，对古代胎教进行深入研究，取其精华，去其糟粕，旨在古为今用。

第二，在古代胎教的基础上创新发展，开辟新的研究领域，探索新的研究课题，旨在最大限度地挖掘人类智慧潜能，寻求提高人口素质的途径。

现代胎教有一个显著特点，就是它的国际性。进入 20 世纪以后，随着科技进步，检查方法和实验仪器的发展，为胎儿生理功能及新生儿行为能力的检查提供了较为准确的方法，使胎教研究得到了理论和实践的补充和改进，为科学的胎教实践提供了正确的理论依据和方法。

★ 小知识

美国著名的胎教专家尼·凡德卡医生，自 1979 年起办了一所“胎儿大学”，至今毕业生已逾千名，证明了通过胎教对胎儿能起到一定的良好作用，认为胎龄 4 个月以后的胎儿便可接受胎教，其教育方法是系统地与胎儿对话，使准妈妈保持良好的情绪等。

南加里福尼亚大学研究小组研制出带有特殊安全装置的麦克风，将其插入准妈妈的子宫内，发现胎儿在母体内听到的声音与外界听到的声音基本相同。

佛罗里达州的约瑟夫妇用“子宫对话”的方法，把爱传递给胎儿，先后培养出 4 个天才儿女，智商均在 160 以上，大女儿 10 岁便进入大学，约瑟夫妇在《胎儿都是天才》一书中写道：“胎教成功的秘诀就是爱和耐心。”他们总结出了“斯瑟蒂克”胎教法，认为胎儿如同一个新电脑，要勤于输入信息，而且输入信息越多，胎儿的智能发育就越好。

第2章 天才宝宝的成功始于胎教

胎教是为了促进胎儿身心健康地生长发育，并确保孕产妇安全所采取的各项保健措施。同时利用一定的方法和手段，通过母体给予胎儿有利于神经系统功能尽早成熟的有益活动，进而为出生后的继续教育奠定良好的基础。

因此，要想自己的孩子健康、聪明、活泼，能够成为一个优秀的人才，那么，胎教就是养育天才宝宝的有效方法。

科研结果证明，接受过胎教的儿童，与同龄孩子相比，在情感、智力、个性、能力等心理素质各个方面都会更加突出一些。

一、胎教的效果取决于母亲的情绪

胎儿的接受能力取决于母亲的用心程度，胎教的效果也是取决于母亲的用心程度，胎教的最大障碍是母亲怀有杂乱、不安的心情。如果母亲心情烦躁不安，那么胎教的效果就会大打折扣。

在这里，介绍一种简单易行的、可以帮助准妈妈在胎教前缓解情绪的小方法。首先，准妈妈的衣服尽可能穿得宽松一些，尽量使腰背舒展，微闭双目，全身放松，手可以放在身体两侧，也可以放在腹部。

上述动作准备好后，以 5 秒钟为标准，在心里一边默数 1、2、3、4、5……一边用鼻子慢慢吸气。可以根据准妈妈的具体情况，肺活量大的准妈妈可以坚持 6 秒钟，如果感到吸气困难时，也可以坚持 4 秒钟。吸气时，要让自己感到气体被储存在腹中，然后慢慢地将气体呼出来，用嘴或鼻子都可以。注意，要缓慢、平静地呼出来。

如果吸气是 5 秒钟，那么呼气就是 10 秒钟。反复呼吸 1—3 分钟，就会感到头脑清醒，心情平静。在这个过程中，尽量不去想其他的事情，要把注意力集中在吸气和呼气上。如果刚开始注意力不集中，习惯后，注意力自然就会集中了。

建议：准妈妈每天早上起床前、中午休息前、晚上临睡前各进行一次，这样，妊娠期间焦虑不安的情绪不仅会得到一定的改善，还可以提高胎教的效果。

二、孕前要做好心理胎教

胎教始于生命之初，但最好始于孕前。如果没有做好孕前准备工作，那么从受孕时开始胎教也不晚。

初次怀孕的女性，要学习妊娠方面的知识。首先，准妈妈要做好迎接妊娠的心理准备。妊娠反应是一种正常的生理现象，要正确对待，保持心情舒畅。如果采取一定措施，就会减轻妊娠反应。其次，要咨询妇产科医生，了解胎儿的孕育过程，尽量在思想上和心理上做好准备。此外，还可以经常与做了母亲的人交流思想，因为她们对妊娠都积累了一些宝贵的经验。这些都为实施胎教做好了充分的心理准备。

三、准爸爸在胎教中的作用

准爸爸要给予准妈妈更多的关爱。因为怀孕不是准妈妈一个人的事，家人都应该协助，尤其是现在小家庭较多，丈夫更是扮演了非常重要的角色。宝宝是两个人爱情的结晶，为了让他（她）能够健康、安稳地在准妈妈的肚子里生长发育，准爸爸更应该关心、鼓励与支持准妈妈，充分理解妻子在怀孕期间的情绪变化，给予她体谅与包容。下面是准爸爸需要注意的事项。

1 多安慰妻子

不要因为妻子怀孕后身材变得臃肿或皮肤变得黯沉，甚至产生妊娠纹而嫌弃妻子，尤其不要用语言表达出来；应经常给予她赞美与安慰。有时候，善意的谎言也是有必要的。

2 与妻子一起学习

陪伴妻子一起参加“孕妇学习班”，也可以与妻子一起阅读与孕产相关的书籍来增加知识，帮助她建立信心。准爸爸了解得越多，就越能更多地体谅准妈妈。

3 多陪伴妻子

多陪伴妻子散步、听音乐、读书。这样，除了对妻子日后顺利生产有帮助外，还可以利用在一起的时间多沟通，以减轻妻子的忧虑。如果妻子情绪激动时，丈夫的一句温柔话语、一个拥抱、一个爱抚都是最好的安慰，往往可以让妻子的情绪平静下来；不要与妻子发生冲突，准爸爸自己一定要保持情绪上的稳定。

4 多与妻子交流

与妻子一起选购育儿用品，认真地与妻子讨论育儿计划及家庭的未来发展。

共建美好和谐之家。好的开始是成功的一半。在孕期，只要家人能够多照顾准妈妈，丈夫能够发自内心地体谅妻子的辛劳，多关心，少埋怨，就能够帮助妻子保持好心情。如此一来，不但可以增进夫妻间的感情，安抚妻子的情绪，还可以增强妻子对怀孕的信心及安全感。相信在充满爱的快乐环境中诞生的宝宝，一定会是个快乐的宝宝。

四、科学的胎教

科学的胎教需要对胎教有正确的认识，学习相应的知识、技能，用科学的方法进行。

1 科学的态度，正确的目的

胎教是为了使每个孩子通过早期的训练，使其身心生长发育更健康、头脑更聪明，提高其综合素质水平，而不是为了培养神童。神童在人群中毕竟是少数，而胎教的主要目的是让孩子的大脑及各种感觉机能、运动机能等发展得更健全、完善，为出生后接受各种训练打好基础，使孩子在未来的自然与社会环境中具有更强的适应能力。

2 科学的知识，正确的方法

建议夫妻在准备怀孕之前，应该学习一些关于儿童发展方面的知识，包括孕期心理卫生、儿童心理与教育学及胎教早教的有关常识，这样能够掌握正确的胎教方法。

无论哪种胎教，都有适宜的刺激方法和适度的问题。通过书刊、电视所了解的是一般的知识，具体实施胎教时还要注意操作方法、技巧等问题，如按摩胎教的手法、按压的力度、所用的时间、胎儿的正常或异常反应等，仍需在胎教专家、妇产科医生的指导下进行，以免发生意外。

3 科学施教，效果最佳

科学的方法应按自然的发展规律，按胎儿的月龄及每个胎儿的发展水平实施相应的胎教。做到既正确掌握施教的时机，又不过度地人为干预，在自然和谐中有计划地进行胎教，这样才有可能取得最佳的效果。

4 定时定量，注意方法

虽然胎教没有培养出神童的例子很多，但是胎教毫无作用的例子却极少见。而错误的胎教会带来很多问题，有的准妈妈每天不择时机地播放胎教音乐，有时准妈妈因疲劳睡着了，胎教音乐仍在不断地刺激着胎儿。其实，这种多多益善、操之过急的做法，有可能会干扰胎儿的生物钟。因此，无论实施哪种胎教，都应该注意方法和定时定量。

第3章 胎教的神奇力量

现在，越来越多的家庭都重视胎教，其原因是希望孩子有美好的未来。大多数准爸爸准妈妈都希望和胎儿做游戏，希望能够和胎儿过早地亲密接触。那么，准爸爸准妈妈知道胎教有哪些神奇的力量吗？

一、胎教有利于优生

适宜的胎教方法可以创造适合胎儿生长发育的有利环境，通过有规律地在视觉、听觉和触觉等方面刺激胎儿，可以促进胎儿大脑神经细胞不断增殖。在胎儿大脑神经系统发育完善的过程中，如果准妈妈能够受到外界良好的刺激，保持良好的心理状态，那么此种状态可通过血液流经胎盘到达胎儿体内，有利于胎儿的大脑发育，促使胎儿天资向良好的方向发展，达到优生的目的。

胎教在孕育一个高智能的孩子中起着重要的作用。

简单地讲，除遗传因素外，智能是由营养因素和环境因素决定的。遗

传是无法改变的因素，大脑发育所必需的营养素是内在因素，环境因素包括胎教和出生后的早期智能开发、学习等是外在因素。

在妊娠阶段，环境因素也是胎教，对孩子的智能发育起着非常重要的作用。环境因素主要包括四个方面：母体的健康状况、母体的作息制度、环境的好坏以及母体的职业与嗜好。一个被物理类、化学类、生物类等有害物质污染过的环境或准妈妈身体患有疾病、营养不良、嗜好烟酒、容易情绪波动等，都将会影响胎儿的正常生长发育；相反，一个优良的环境包括准妈妈拥有一个健康的身体、愉快的心境、和睦的家庭以及良好的作息制度等，都将有利于胎儿的正常生长发育及智能的开发。

二、胎教可以促进宝宝的大脑发育

由于胎教的内容情感化、艺术化，将形象和声音融为一体，从而可促进胎儿右脑的发育，使孩子出生后知觉和空间感灵敏，更容易具有音乐、绘画和整体空间鉴赏能力，而且孩子情感丰富，形象思维活跃，直觉判断正确。同时，胎教也会给胎儿大脑以新颖、鲜明的信息刺激，具有怡情养性的作用，从而有利于胎儿的大脑健康、成熟。

三、胎教可以提高宝宝的智商

怀孕6个月时，准妈妈要经常抚摸腹部，与胎儿进行“交流”，在腹部播放悦耳动听的音乐。分娩后，让婴儿继续听孕期所听过的音乐，一直持续到婴儿6—8个月龄，这样可以保持胎教的连续性，使宝宝生长发育得更加完善，为宝宝将来具有较高的智商和健壮的体魄打下基础。

四、胎教可以塑造宝宝的性格

准妈妈的心情好坏，是决定出生后的宝宝性格好坏的一个至关重要的因素。随着胎儿的一天天长大，胎儿和准妈妈的心灵感应也会日渐明显，如果准妈妈的心情好，胎儿自然也会安静愉快；如果准妈妈的心情不好，那么胎儿也会躁动不安、缺乏耐性。所以，要想让出生后的宝宝具有良好的性格，准妈妈应该时时刻刻注意自己的情绪，即便是遇到特别让人生气的事，也要懂得随时调整自己的心态，尽量排除不良情绪，尽快恢复平静。

五、胎教可以使宝宝的心理得到健全发展

胎教对胎儿的心理健康有着积极的促进作用，不仅有利于胎儿感知能力的培养，还有利于胎儿情感接受能力的培养，使胎儿容易在感知、情感等方面和父母相互沟通和交流。当胎儿生长发育到一定程度时，用手触摸胎儿，胎儿会做出相应的反应；为胎儿播放音乐时，胎儿会变得很安静，这些都是感知能力和情感接受能力的体现。这两种能力是基本心理功能，有了这两种能力，胎儿出生后在成长过程中就能更好地接受审美教育，具有想象、直觉、顿悟和灵感能力，以及情感体验、调节和传达能力，使孩子心理得到健全发展。

六、胎教可以培养宝宝的行为习惯

宝宝的生活习惯，其实在胎儿时期就会受到母亲习惯的影响，而且还会潜移默化地继承下来，这是经过科学证明的事实。

新生儿的睡眠类型是在怀孕后几个月内由准妈妈的睡眠类型所决定的。

妇产科专家把准妈妈分为早起型和晚睡型两种类型，然后对这些准妈妈进行追踪调查，结果发现，早起型的准妈妈所生的宝宝天生就有与准妈妈一样的早起习惯，而晚睡型准妈妈所生的宝宝也与准妈妈一样喜欢晚睡。

通过实验可以得出这样一个结论：宝宝出生后几个月内，可能与母亲在某些方面就有着共同的行为习惯了。所以，准妈妈的习惯将直接影响到胎儿的习惯。如果有些女性孕前有不良行为习惯，那么怀孕后就要从自身做起，养成良好的行为习惯，这样，才能培养出具有良好行为习惯的宝宝。

七、胎教影响宝宝的饮食习惯

宝宝出生后的饮食习惯深受准妈妈饮食习惯的影响。虽然目前并无科学证明，但从临床的个案却能发现，宝宝经常表现出的胃口不好、不喜欢吃东西、吐奶、消化吸收不良，甚至较大的宝宝出现明显的偏食等现象，常常与准妈妈的饮食习惯一样，即胃口不好、偏食，或吃饭过程常被干扰，甚至有一餐没一餐等。如果希望宝宝能有一个良好的饮食习惯，准妈妈就不能不注意营养胎教。

1 三餐定时

最理想的吃饭时间为早餐 7—8 点钟、午餐 12 点钟、晚餐 6—7 点钟，准妈妈不论多忙碌，都应该按时吃饭。

2 三餐定量

三餐都不宜凑合或合并，而且饭量要足够，要注意热量摄取与营养的均衡。

3 三餐定点

准妈妈一边吃饭一边做其他的事，如开会或看电视等都是不好的习惯。如果希望宝宝将来能专心地在餐桌旁吃饭，那么准妈妈就应该在吃饭的时候固定在一个地点。准妈妈的进食过程应从容不迫，保持心情愉快，杜绝因某事干扰而影响或打断用餐。

4 以天然的食物为主

准妈妈应尽量多吃天然的食物，如五谷、青菜、新鲜水果等。烹调时也以保留食物的原味为主，少用调味料。另外，少吃所谓的“垃圾食品”。让胎儿在母腹中就习惯此种饮食模式，再加上出生后的用心培养，一定能培养出孩子良好的饮食习惯。

八、胎教可防止分娩时出现意外情况

胎儿会有自杀的现象。在宫内死亡的胎儿中，有的胎儿把脐带一圈一圈地缠到自己的脚上拉紧，或是缠到自己的脖子上。胎儿这种死亡原因，有的妇产专家认为，这只能认为是按胎儿自己的意志而为之。

也有人对此持反对意见，认为分娩时刻到来时，是准妈妈身体结构在起作用。

其实，关于人体的分娩，不可思议的事情还有很多。虽然关于分娩的疑团很多，但可以说，阵痛的根源是子宫收缩，就像挤软管的一端把管中的东西挤出来一样，子宫收缩把胎儿推到产道，这时产道缓缓地充分扩张，胎儿顺利出生，这是顺产。反之，产道不充分扩张，子宫收缩把胎儿挤出来，这是难产。那么，通过胎教可以大大地减少分娩时出现意外情况，如难产、胎儿死亡等。

事实已经证明，受过胎教与没有受过胎教的婴幼儿，其智商差别很大。美国费城一家生理研究所对200多名受过胎教的4—7岁儿童进行了调查研究，结果发现，受过胎教的儿童比没有受过胎教的儿童智商要高20%—45%。国内的胎教专家也对胎教的作用进行了调查研究，对41名在妊娠期间接受过音乐、语言、抚摸等胎教的新生儿，分别于出生后的第4天、第5天、第6天进行行为神经监测与评估，并与26名没有接受过胎教的新生儿进行分组对照。结果显示，接受过胎教的新生儿的行为能力明显高于没有接受过胎教的新生儿。那么，胎教宝宝与非胎教宝宝存在哪些区别？

一、不爱哭闹

宝宝在饥饿、尿湿或身体不适时会哭闹，但得到满足之后便会停止哭闹。由于受过胎教的婴儿感音能力较好，每当听到母亲的说话声时就会停止啼哭。孩子也比较容易养成良好的生活规律。

二、与人交往比较早

婴儿出生几天后就会用小嘴张合与大人“对话”，到 20—30 天就会逗笑，2 个多月就能认识爸爸妈妈，3 个多月就能听懂自己的名字。

三、能够较早地学会发音

受过胎教的宝宝，2 个多月就会发出几个元音，4 个多月就会发出几个辅音，5—6 个月发出的声音就能简单地表达一定的意思。

四、能够较早地理解语言

语言发展快，辨别能力强。受过胎教的宝宝，4 个多月就能认出第一件东西，6—7 个月就能辨认手、嘴、水果、奶瓶等。而且能较早地理解“不”的意思，还能较早地学会用姿势表示语言，会做“欢迎、再见、谢谢”等动作，也能较早地理解大人的表情。

五、能够较早地学会说话

受过胎教的宝宝，长到 9—10 个月时，就会有目的地叫爸爸妈妈。如果出生后不继续给予发音和认物训练，胎教的影响在 6—7 个月时就会消失。受过胎教的宝宝，在 20 个月左右就能背诵整首儿歌，并且也能背数。

六、对音乐比较敏感

受过胎教的宝宝，对音乐比较敏感。当宝宝哭闹时，一听见胎儿时期的音乐，便会停止哭闹，并表现出非常高兴的样子，而且还会随着韵律和节奏扭动身体。

七、宝宝学习兴趣高

受过胎教的宝宝，喜欢听儿歌、听故事，喜欢看书、看字。不少孩子在还不会说话时，就拿书让爸爸妈妈讲，学习汉字的能力惊人，智能得到超常发展。孩子入学后成绩都比较优秀。

八、宝宝的心理行为比较健康

受过胎教的宝宝情绪比较稳定，总是笑盈盈、乐呵呵的，非常活泼、可爱。夜里能睡大觉，很少哭闹，而且这样的孩子还很好养。

九、运动能力发展优秀

受过胎教的宝宝，抬头、翻身、坐、爬、站、行走等都很早就会做，动作敏捷、协调，手的精细动作能力发展良好。另外，抓握、拿取、拍打、摇、对击、捏、扣、穿、套、绘画等能力都很强。

第5章 如何正确认识胎教

目前，人们对胎教的认识还存在许多的误区。有人根本不相信胎教，认为胎儿根本就不可能接受教育。人们之所以有这种认识，就是因为还不了解胎儿的发育情况，不了解胎儿的能力。我们说5个月的胎儿就已经有能力接受教育了，但这里所说的“教育”不同于出生后的教育，主要是指对胎儿六感功能的训练，即：皮肤的感觉、鼻子的嗅觉、耳的听觉、眼的视觉、舌的味觉和躯体的运动觉。而且胎教的目的，也不是教胎儿唱歌、说话、算算术等，而是通过各种适当的方法、合理的信息刺激，促进胎儿的各种感觉功能发育成熟，为宝宝出生后的早期教育打下一个良好的基础。

一、正确理解胎教的科学内涵

科学的胎教不应该只是对胎儿进行训练，还应该包括准妈妈良好的心态和愉悦的心情。准妈妈心情愉快不仅对内分泌系统有积极的影响，还会间接地作用于胎儿。

只要对胎儿有益的事情都可以纳入胎教的范畴，如孕前准备、环境改善、情绪调节等都是胎教的内容。

二、胎教的科学性

我们提倡胎教，并不是因为胎教可以培养神童，而是胎教可以尽早地发掘个体的素质潜能，让胎儿的先天遗传素质获得最优秀的发挥。如果把胎教和出生后的早期教育很好地结合起来，人类的智能就会更加优秀，就会有更多的孩子达到目前被人们所认为的神童程度。也许有人会认为，以前并没有实施胎教，不也照样有科学家和伟人吗，科学不是也在不断进步吗。是的，但要知道，许多事实证明，在科学家和伟人的成长过程中，都包含着许多当时没有被人们所意识到的胎教与早教因素。如果人类能更早一些认识胎教的重要性，世界的科学水平会比现在更先进。

三、胎教是一种自然现象

胎教是一种自然现象，我们发现有很多类似的说法与观点，如民间有“准妈妈要禁看闪电或听打雷”。准妈妈受到惊吓时胎儿也会受到惊吓。事实上，胎教本身就不是什么深奥的科学，而是一种自然现象。

第6章 情绪是胎教和优生的重要因素

夫妻感情融洽是家庭幸福的重要条件，也是胎教和优生的重要因素。在美满幸福的家庭中，胎儿会安然舒畅地在母腹内顺利生长发育，出生后，孩子会健康、聪明。如果夫妻感情不和睦，彼此间经常争吵，长期的精神不愉快，过度的忧伤、抑郁，都会导致准妈妈大脑皮层的高级神经系统活动受阻，引起内分泌发生紊乱，直接影响到胎儿。

一、夫妻感情不好对胎儿的影响

在夫妻感情不和睦的家庭环境里孕育的胎儿，在身心缺陷方面的几率比和睦相处的夫妻孕育的胎儿要高，胎儿出生后因恐惧心理而出现神经质的几率也要大得多，而且这类儿童往往发育缓慢、胆小怯弱、生活能力差等。

为什么夫妻感情不和睦对胎儿会有如此大的影响呢？究其原因，不外乎母体与胎儿的信息传递。当夫妻发生激烈争吵时，准妈妈受到刺激后内

分泌会发生变化，随之分泌出一些有害激素，通过生理信息传递途径被胎儿接受，同时，准妈妈的愤怒情绪可以导致血管收缩，血流加快、加强，其物理振动传到子宫也会影响胎儿；而且在争吵中，父母的高声大喊，无论是在孕前还是在孕后，都是十分有害的噪声，直接危害到胎儿。

因此，夫妻感情融洽是家庭幸福的一个重要条件，也是胎教的重要因素。在幸福和谐的家庭中，受精卵会有一个良好的生长环境，健康顺利地发育。

二、准妈妈情绪对胎儿产生的影响

准妈妈的情绪，不仅可以影响本人的食欲、睡眠、精力、体力等几个方面，还可以通过神经个体与体液的变化，影响胎儿的血液供给、胎儿的心率、胎儿的呼吸和胎动等许多方面的变化。可见，准妈妈的情绪是胎教的重要内容。

1 好情绪可促进胎儿生长发育

有益物质可让准妈妈的身体处于最佳状态，促使胎儿稳定地生长发育，而且不易发生流产、早产及妊娠并发症等。宝宝出生后，性情温和，情绪稳定，不易哭闹，能很快地养成良好的生活习惯。

2 不良情绪易使胎儿发生畸形

有害物质可使准妈妈血压升高，发生暂时性子宫—胎盘血液循环障碍，导致胎儿一时性缺氧而影响身心正常生长发育。由于会对下丘脑造成不良影响，所以宝宝将来患精神病的几率增大。宝宝出生后往往体重偏低、好动、爱哭闹、睡眠不良等，而且会经常发生消化系统功能紊乱，患其他疾病的可能性增高，对环境适应能力差。

除此之外，有的宝宝在出生后有情绪不稳、好发脾气、十分好动等现象。

3 准妈妈焦虑可使宝宝出现情绪问题

据英国研究证明，准妈妈焦虑可使宝宝在成长中出现情绪问题。准妈妈过度焦虑，不仅会增加胎儿生长发育异常的风险，还容易使宝宝在将来的成长中发生情绪和行为方面的问题。通过对怀孕 18—32 周的准妈妈进行研究发现，沮丧和焦虑程度高的准妈妈，生下的宝宝在 4 岁左右就出现不同程度的情绪和行为问题，如过度活跃、无法集中精力等。其原因在于，准妈妈焦虑和沮丧情绪使内分泌系统发生了异常，从而对胎儿大脑发育造成不良影响，增加了孩子在未来的发育过程中出现异常的几率。

★ 小知识

据澳大利亚科学家研究证明，准妈妈情绪紧张可导致胎儿血压升高。在孕早期准妈妈精神紧张，即使短短两天，也可能会引起胎儿血压升高及肾功能紊乱。此外，妊娠态度对胎儿的身心生长发育影响最大。法国专家通过对数千名准妈妈调查研究发现，在准妈妈的心理状态中，对胎儿的态度和心理压力对胎儿生长发育影响最大。希望分娩的准妈妈所生的孩子与不希望分娩的准妈妈的孩子相比，无论从心理上还是身体上，在出生时和出生后，前者都比后者健康。如前者发生早产和低体重儿几率高，精神行为异常者多，特别是拒绝生育的准妈妈，所生的孩子很多都易患消化系统疾病，或孩子大多感觉迟钝、体弱无力。

三、准妈妈心情的自我调节

准妈妈除了要给胎儿补充丰富的营养物质外，还需要补充精神营养。准妈妈的好心情便是胎儿最好的精神食粮。那么，准妈妈该如何自我调节

心情呢？

1 准妈妈获得好心情的方法

（1）心胸宽广，乐观舒畅，避免烦恼、惊恐和忧虑等，多想想孩子远大的前途和美好的未来。

（2）把生活环境布置得整洁美观、赏心悦目。可在家中墙壁上挂几张健美的宝宝头像，以便可以天天看，想像腹中的宝宝也是这样健康、美丽、可爱。多欣赏花卉盆景、美术作品和大自然美好的景色，多到大自然中呼吸新鲜空气。

（3）衣着打扮、梳洗美容等，应采取有利于胎儿和自身健康的方法。

（4）饮食起居要有规律，适当进行劳动和锻炼。

（5）应常听优美的音乐，常读诗歌、童话和科学育儿书刊。不要看恐惧、紧张、色情、打斗的电视剧、电影、录像，不要看刺激性强烈的刊物，以免心情过于激动。

（6）每天应与胎儿说话，如早晚与胎儿打招呼，对胎儿说悄悄话，把胎儿当做一个能听、能看、能理解父母，并有思想、有生命、有感情的谈话对象。

2 夫妻关系和睦才会有好心情

（1）当妻子出现异常的心理状态时，丈夫要善于引导，帮助她恢复到正常的心态。

（2）丈夫要给予妻子足够的爱心，帮助妻子尽快适应怀孕所带来的不便与不安，使其保持平和的心情。

（3）夫妻双方在解决某些问题时，要大度地容忍对方，以免发生激烈地争吵。丈夫应加倍爱抚、安慰、体贴妻子，做她有力的心理支柱，尽可能使妻子快乐。

（4）夫妻双方应共同安排好性生活，以消除某种容易导致心理失调的现象。但怀孕头 3 个月和产前 1 个月要禁止性生活。

除了上述几点外，夫妻双方不要苛求孩子的性别及容貌。如果重男轻女，如果希望孩子出生时把父母相貌上所有的优点都具备，这种期望太大，就会给妻子造成不必要的心理压力，使她无法保持平静的心情。

四、准妈妈的情绪变化

根据国外统计资料表明，有近一半的宝宝是意外受孕的。也就是说，有一半的怀孕女性比别人要多一种烦恼，即是否要生下这个宝宝。除了男女双方的意愿外，经济状况、婚姻状态、社会背景及宗教信仰等都会影响是否继续怀孕的决定。因此，准妈妈容易对腹中的胎儿产生爱恨交织的矛盾情绪。即使是计划中怀孕，面对家中新成员的到来所伴随的经济压力、工作计划的改变，以及对怀孕、分娩将带来的各种不适和其他方面的压力，也容易使准妈妈的情绪不安或紧张。

1 孕早期

这一时期，胎儿对准妈妈来说似乎有些不真实，准妈妈既感觉不到胎动，肚子又没有变大。由于怀孕初期给准妈妈的身体带来不适，使得有些准妈妈心理上还不能适应从为人妻到为人母的角色转变，所以准妈妈的情绪常常很不稳定，容易生气，而且依赖性较强。

2 孕中期

这一时期，怀孕的不适症状会减轻，身体状况也有好转，准妈妈的心情会比较平静。再加上开始感觉到胎动，准妈妈逐渐意识到腹中胎儿是真实存在的，因此，准妈妈和胎儿之间的联系会更紧密。准妈妈开始想像宝宝的模样，并将宝宝视为自己生命或身体的一部分，生活重心及话题都集中在宝宝身上。虽然这个时期准妈妈情绪较为稳定，但是由于害怕生下畸形儿，恐惧感会相对增加。一般而言，这时的准妈妈不仅会容光焕发，表现出母亲的幸福、骄傲与责任感，而且食欲和性欲也会较旺盛。

3 孕晚期

这一时期是准妈妈身体负荷较大的时期。胎儿快速生长发育，准妈妈的行动日益不便且面临即将生产，再加上要准备胎儿出生后的生活必需用品，导致准妈妈不论在身体上还是心理上都有较大的压力。准妈妈视胎儿为一个独立的个体，不再沉浸于对胎儿外貌的想像中，反而对自己生产的过程有了较多忧虑，越接近预产期准妈妈越紧张。除此之外，有些准妈妈会因自己身材变形、皮肤变得黯沉而烦恼，担心自己变丑会失去丈夫的宠爱；有些准妈妈则担心宝宝出生后会成为大家关注的焦点，从而改变自己在家中的地位。所以，这个时期的准妈妈很容易出现焦虑和激动的情绪。

温馨提示

持续的情绪低落需小心。大多数准妈妈会经历心情低落、疲倦、失眠、焦虑等症状，但这些症状一般只会出现几天而已，若下述的症状持续超过两周，则需请精神科医生做进一步诊断。

◆总是感到悲伤或不愉快，对任何事都没有兴趣。

◆常常失眠或难以入睡，容易惊醒或很早就起床。

◆感觉全身不舒服，或有找不出原因的疾病症状。

◆很难清楚地思考，常常胡思乱想。

◆常觉得沮丧，甚至想结束自己的生命。

五、把情绪上的变化当做一种动力

准妈妈的情绪与胎儿的生长发育息息相关。因为人有七情六欲，不可能永远保持一种愉悦的心态，所以准妈妈要学会调整自己的情绪。

准妈妈应把情绪上的变化当做是一种动力，不要认为心里有恐惧或其他的想法就是犯错了。

1 幻想

幻想能帮助准妈妈在胎儿还未出生前，就与胎儿建立亲密的关系。发现自己花了好几个小时幻想着自己的孩子，其他什么事情也没有做，不要觉得这样很荒谬，要知道跟肚子里面的小家伙联系感情是接受他（她）的第一步。

2 你的双亲

你的双亲即将成为准祖父母，他们也许高兴，也许不悦，也许二者皆有。换句话说，他们跟你一样，对于即将扮演的角色模糊不清。成为祖父母好像意味着他们自己年事已高，刚步入中年的人会对这样的感觉非常不安。在怀孕期间，准妈妈要多去了解及关怀他们，跟他们谈谈宝宝的事情，并分享彼此的感受。

3 面对孤独

准妈妈有孤立的感觉是正常的现象。有些女性选择晚育，有些女性则抵制生育。也许你是朋友当中第一个怀孕的，周遭没有其他妈妈，相当寂寞。这样不妨参加父母预备班，认识一些新朋友，或向朋友求助，是否有认识初为人父母的年轻夫妻，你可以与他们讨论。这种因怀孕而结缘的关系，通常在产后仍可维持相当长久。当你感到孤独的时候，别忘了自己的父母和丈夫，去跟他们交谈，一起把社交范围扩展开来。

4 沟通

怀孕期间的女性想与他人沟通，分享自己的感情和心事是很正常的。而你的丈夫是最佳的交谈对象，可能他也有很多话急于告诉你。他想跟你谈论的可能是一些忧虑和一些他认为你可能会觉得很烦、很可笑无知的问题。如果你不与他讨论问题，他就会避而不问。忽视自己所担忧的事情并不能解决问题，在你丝毫没有准备的情况下，被压抑的问题也有可能会逐渐浮现，或突然暴发出来。

5 财务

现代婚姻中的头号杀手是财务问题，怀孕期间尤其重要。即使你计划产后继续工作，但仍无法改变收入减少的事实。因此，在孩子出生前，应先想好将来如何分配收入的问题。

6 居住

由于孩子的到来，可能会使原本的家庭空间不足，所以要考虑是否搬家或重新装修。这些问题在考虑时会相当扰人，从身体健康来说，妊娠期间则不宜搬家，如果非搬不可，应在怀孕未进入晚期阶段前来完成。

7 害喜

准妈妈食欲不振时，要理智地告诉自己，胎儿的健康来自母亲。少吃或不吃，不但自己撑不住，胎儿健康也会出现问题，特别是妊娠早期，是胎儿所有身体器官及神经系统发育的关键时期。不要把自己陷于害喜的痛苦中，有经验的准妈妈都知道，若能把自己的思想、情绪转移到自己感兴趣的事情或工作中（但千万别当女强人），充满热情、专注地工作，将会使你忘却害喜。准妈妈平稳的情绪，将是胎儿正常心智发育的重要保证。

知识窗

当准妈妈情绪不安时，胎动次数会较平常多 3 倍，最多达正常的 10 倍。如胎儿长期不安，体力消耗过多，出生时往往会比一般婴儿体重轻 1 公斤左右。如果准妈妈与人争吵后 3 周内情绪不好，在此期间，胎动次数较之前增加 1 倍。如果准妈妈的情绪长期受到压抑，婴儿出生后往往会出现身体功能失调，特别是消化系统功能容易出现紊乱。

六、如何预防不良情绪

知道自己怀孕时，每位女性一定都会有不一样的情绪反应，有的欣喜若狂，有的措手不及，有的没有丝毫准备且可能会很烦恼等。

这种复杂多变的情绪，会从得意洋洋、自豪、激情高昂到嫉妒、气愤、内疚甚至沮丧。不过，这种像倒了五味瓶似的情绪的发生，并不意味着你是不称职的妈妈，恰恰相反，它意味着你非常在乎这段孕育小生命的经历，在更深层次地去探究着自己的职责。

而恶劣的心情于事无补，只会适得其反。所以，要尽快通过自己或求助别人来化解不良情绪。

1 消除恐惧

可多看一些有关孕产育儿方面的书刊，不要捕风捉影，要相信产前检查，学会调控情绪。

2 有得必有失

这里的“失”主要是指准妈妈开始失去一些和外界的联系，如不能和丈夫一起参加聚会，与好友的感情似乎也正在淡化等，但这也正是准妈妈为一个小生命必须付出的，有付出才会有收获。要及时采取各种措施转移烦恼、宣泄积郁、积极社交，保持一种平和、恬静的心态。

3 求得家庭成员的帮助

孕期中的你，注意力可能更关注孩子，而丈夫则一边关注事业，一边关注家庭。这个时候，你可以要求他做出一些调整，告诉他你真正所需要的，让他多关心你，免得你过于焦虑。

4 不要把坏心情传给下一代

准妈妈的心情会影响胎儿的性格，为了下一代，至少要学会控制和平抚自己的情绪。

5 布置一个温馨而宁静的环境

在房间的布置上，有必要做一些小小的调整。如果你们的家以前是一个典型的两人世界，你可适当添加一些婴儿用品，让那些可爱的小物件随时提醒你：一个生命即将来到你的身边！同时，你还可以在一些醒目的位置贴上一些美丽动人的图片，既可以是摄影作品，也可以是你喜欢的一类事物，如你是一个爱海的人，不妨收集一些这方面的资料，让它们充满你的生活空间。别忘了，把你最喜欢的、漂亮宝宝的图片贴在你的卧室。想像一下，你的宝宝就是这么漂亮、可爱。

6 接受音乐的洗礼

音乐不仅能促进胎儿身心生长发育，而且对准妈妈本身也能起到一定的放松作用。听力专家研究发现，轻松愉快的乐曲，可以使胎儿的心率趋于稳定，而一些节奏强烈的摇滚音乐则会使胎儿躁动不安。每天静静地听20分钟音乐，同时想像音乐正如春风一般拂过你的脸庞，你正沐浴在阳光里。当然，你也可以播放一些最喜欢的歌曲，大声地唱出来，如同参加合唱团，这样，你的精神状态一定会达到最佳点。

7 与幽默亲密接触

笑是极大的生活享受。你不妨多创造一些能使自己开怀大笑的机会，如欣赏喜剧，看一些幽默、风趣的散文和随笔，你还可以收集一些幽默滑稽的照片，每天欣赏一次，你还可以要求准爸爸有意识地收集一些笑话、好玩的传闻，在餐桌上发挥一下他的喜剧才华，让你经常能开怀大笑等。笑能把消极的因素转化为积级的因素，从而变成生命的能量。所以，你应该抓住每一次笑的机会，享受这人生最大的快乐。

8 美妙的想像之旅

听音乐或与准爸爸在一起的时候，甚至在乘车时，你都可以放飞你的想像，想像胎儿在腹中安然、快乐地生活，他（她）得到了充足的营养，他（她）很满足的样子。你也可以与准爸爸一起描绘宝宝的未来，他（她）

的小脸蛋是如何漂亮、可爱，体形是如何健壮完美，你们一起慢慢地走近他（她），微笑着张开双臂，你仿佛感觉到了他（她）那柔软的身体，这时，母爱就充满了你的全身。

9 记心情日记

在孕期，你将拥有很多空闲的时间，请给自己买一本装饰漂亮的日记本，重温少女时代的纯真与甜蜜。每天都写上一段，记录每天的心情。如果你的心情特别好，请多写一些，尽可能详细地描述，写下那些使你感受美好的事物。这是一分长久的记念，将来的某一天，你也许会与宝宝一起来重温这些精采的片断，这些珍贵的事物，将使你获得更多的快乐。如果你的心情特别抑郁，也要如实地记录，让笔与文字一起帮助你排除心中的抑郁和沮丧，当你写完了，你的负面情绪也就被释放出来了，你将如释重负。

七、准妈妈过度紧张的四种表现

极端化的心态其实对准妈妈和胎儿都是有害的，准妈妈过度紧张会加重孕吐及胎儿发育不良。

下面是准妈妈过度紧张的 4 种表现及预防方法：

1 孕吐不停

有些准妈妈的妊娠反应在 3 个月以后就会逐渐减轻甚至消失，但也有一些身体健康的准妈妈呕吐会持续到分娩的那一刻。研究人员发现，妊娠呕吐的持续性和剧烈性有一定的遗传因素，如果准妈妈本人的妈妈、姨妈及外婆当年孕吐很严重，那么准妈妈的孕吐也会很严重。如果准妈妈的婆婆（即胎儿的奶奶）当年有漫长孕吐史的，也可能会影响到准妈妈本人。

有的准妈妈因孕吐而导致胎儿发育过缓或营养不良，即使这样准妈妈也不必过于紧张。因为孕吐也是怀孕过程中母体保护胎儿的一种自然反应。准妈妈一闻就会吐的那种食物，可能含有胎儿容易过敏的物质，所以预防胎儿发育过缓的办法是替代性食物，如禽肉、鱼虾、蛋类、奶类、蔬果类、杂粮类等，以保证某种食物不能摄入时，可从其他食物中获得相同的营养素。

2 胎位不正

一般情况下，臀位的胎儿会在32—34周间自动调整为头位，这对宝宝来说很轻巧、很简单，就像在温暖的羊水里翻身。做跪操是可以促进胎儿早调头，不过这也是因人而异的，并不是将跪操时间延长一倍，宝宝就能早调头。假设胎儿到34周还没有调头，也不必强迫自己再去做跪操，或有自责心理。做得不好反而会发生脐带绕颈。如果胎儿不能调头，可以与你的妇产科医生研究剖腹产方案。这样，可以不必再受跪操之累，只要监测好胎动即可。

3 孕晚期水肿

判断孕晚期的水肿是否正常的标准是卧床休息6个小时以后，下肢的水肿能否消退，能消退的就不是病理性的。如果不能消退并逐渐向上发展（有些准妈妈出现脸肿及眼皮肿），就要引起高度重视，有可能合并有心脏病、肾病、肝病或高血压等。

为预防水肿加重，准妈妈要多卧床休息，保证每晚9—10小时睡眠，不要久站和久坐，不要拎重物。上班坐着时，抬高双腿也有一定的功效。饮食要清淡，但不要完全禁盐，因为妊娠后期体内增加了排钠的激素。可经常用活鲤鱼和新鲜冬瓜煮汤喝，利用冬瓜和鲤鱼的利尿消肿功效，可有效地避免下肢肿胀。

4 擅自用药

胚胎发育最为敏感、最易致畸的时期是最后一次月经28天后到满3个月为止。在这段时期，如果准妈妈有病，不要擅自用药，一定要咨询医生，在医生的指导下用药。有些过度紧张的准妈妈，甚至会询问怀孕之前所服的药物及保健品是否会危及胎儿的健康，这更是不必要的担心，因为大部分药物的正常浓度在体内只能维持6—9小时，12小时后，药物在血液中的残存量已降到最低值，只要怀孕的时间与孕前服药时间相隔一昼夜，就没有什么影响。对准妈妈来说，有病要及时在医生的指导下用药，不要强忍着。如病毒性感冒、泌尿系统炎症等，如果不治疗，疾病对胎儿的影响可能比药物的副作用大。

八、准妈妈应谨防孕期抑郁症

精神对疾病的影响是非常重要的，但对胎儿的影响，也同样非常重要。对大多数女性来说，怀孕期间是一生中感觉最幸福的时期之一。然而，事实上，也有将近10%的女性在孕期会感觉到程度不同的抑郁。也许正因为人们都坚信怀孕对女人来说是一种幸福，所以很多妇产科医生都忽视了对孕期抑郁症的诊断和治疗，而简单地把准妈妈的沮丧归结为一时的情绪失调。其实，如果没有得到足够重视和及时治疗，孕期抑郁症也具有相当危险性，它会使准妈妈照料自己和胎儿的能力受到影响，并给母婴带来不良后果。

1 孕期抑郁症的常见症状

孕期抑郁症主要表现为注意力不集中、焦虑、容易发火、睡眠不佳以及容易疲劳或有持续的疲劳感，不停地想吃东西或者毫无食欲，对什么事都不感兴趣，总是提不起精神，持续的情绪低落，想哭，情绪起伏很大，喜怒无常等。

2 导致孕期抑郁症的原因

（1）家族或个人的抑郁史

如果你的家族或本人曾有过抑郁史，那么当你怀孕时，就更容易患上孕期抑郁症。

（2）通过药物等手段怀孕的准妈妈

如果准妈妈是通过服用药物来使自己怀孕的，那么在服药过程中，必须长期忍受由于药物副作用而导致的内分泌失调，以及由此引发的情绪不稳。一旦怀孕，又将面临万一失去这个千辛万苦得来的胎儿的担忧和恐惧，这种准妈妈也极易患孕期抑郁症。

（3）有过流产经历的准妈妈

如果准妈妈过去有过流产的经历，那么在这次怀孕中可能会为胎儿的安全而担忧。如果上次流产与本次怀孕时间相隔不久，或者在一年中有多次流产的经历，那么身体可能还没有完全复原，在这种精神和肉体相对脆弱的情况下，也容易引发孕期抑郁症。

（4）生活中出现重大变动的准妈妈

怀孕期间，生活上的任何重大变动，如搬家、离婚、失业、失去亲友等都可能会使准妈妈患上孕期抑郁症。

（5）曾经有过痛苦经历的准妈妈

怀孕有可能触发准妈妈对于从前所经受的情感、性、肉体或语言虐待的痛苦回忆。此时准妈妈身体的变化已不受意志的控制，这种由身体的变化而引起的失控感，可能会使准妈妈回想起受到虐待时所感受到的失控，并且使准妈妈长时间地抑郁不欢。

3 预防孕期抑郁症的措施

尽量使自己放松，放弃那种想要在婴儿出生以前把一切都打理周全的想法。要善待自己，一旦孩子出生，就再也没有那么多时间来照顾自己。多读一些书，去树林里散步，尽量多做一些使自己感觉愉快的事情。注意多与丈夫交流，保证每天有足够的时间和丈夫在一起。如果身体允许，可以考虑一起外出度假，尽量使夫妻关系更加融洽，这样，当孩子降生时，会有坚强的后盾，可以放心依靠。及时将自己的感受表达出来，向爱人和朋友们说出自己对于未来的恐惧和担忧，轻松而明确地告诉他们自己的感觉。保证充足的睡眠，多做运动，注意营养。

九、良好的心态孕育健康宝宝

良好的心态、融洽的夫妻关系是幸福美满家庭的一个重要条件，也是优孕优生的重要条件。准妈妈在心态良好的情况下，受精卵就会安然舒适地在子宫内生长发育，生下的宝宝就会更健康、更聪慧。

现代医学、心理学研究证明，母亲孕期的心理状态，如恐惧、紧张、悲伤、忧愁、抑郁、狂喜等，都在一定程度上影响胎儿的正常生长和健康发育。 胎儿生长发育所需的营养成分，都是母亲血液循环通过胎盘提供的，母亲不良的情绪变化会影响营养的摄取、激素的分泌和血液的化学成分。健康向上、愉快乐观的情绪会使血液中增加有利于胎儿健康生长发育的化学物质，使胎儿生长发育正常，分娩时也会较顺利；否则，不良的情绪会使血液中对神经系统和其他组织器官的有害物质剧增，并通过胎盘影响胎儿生长发育，导致胎动异常、胎儿畸形、早产、智力低下、未成熟儿等。临产时，如果准妈妈受到精神刺激而极度不安，就有可能会发生滞产或产后大出血等。

第7章 胎教的成功要素

胎教就是输入良性信息，确保胎儿生存的内外环境良好，使胎儿健康生长发育。不过，胎教的成功必须具备以下要素。

一、孕前做好心理准备

孕育宝宝是夫妻双方的事情。夫妻双方在怀孕前应该有良好的沟通，心理上要有准备且达成共识。女性在孕前及孕期生理上的变化、情绪的改变，都可能会给夫妻双方造成心理上的压力，因此夫妻之间的沟通非常重要。孕前，一定要先建立好夫妻之间的沟通与相处模式，另一半的支持、包容及倾听都将是最重要、最需要的。

孕育宝宝，至少需要半年的时间来准备，包括身体、心理、经济等方面。在这段时间里，要多与周围新生宝宝的父母沟通，从他们身上总结出适合自己的方法和经验。

二、及时补充叶酸

孕育一个健康的宝宝，在孕前及孕后 3 个月，摄取丰富的叶酸是至关重要的，在孕前 3 个月，女性每天要补充 400 微克叶酸。研究证明，准妈妈体内叶酸缺乏是造成早产的重要原因之一。叶酸具有抗贫血的功能，不但可有效地降低胎儿发生神经管畸形的几率，还有利于提高胎儿的智力，使宝宝更健康、更聪明。

三、调整饮食结构

从计划孕育宝宝开始就要保持健康的饮食习惯，进行科学的锻炼，保持一份好心情。孕前要保证每天摄入均衡充足的营养，这不仅是为将来的胎儿准备的，而且会帮助你轻松地应对孕后及产后出现的各种变化。此外，饮酒、抽烟、乱吃药或过量服用药物等，都有可能会影响生育能力和未来宝宝的健康。

四、避免接触有害物质

1 在家中

避免在刚装修过的房屋内居住，如果确实要居住，最好检测一下房屋内甲醛的含量是否超标。家中各种清洁剂，包括去污剂、胶水、地板蜡、

杀虫剂等在使用前均需阅读产品说明书，避免有害物质侵袭。尽量食用没有喷洒过农药的水果、蔬菜等绿色食品，避免接触宠物，如猫、狗等。

2 工作中

应立即停止接触化学有毒物质的工作。办公室里的打印机、复印机、计算机等，尽管辐射小，但为了优生还是不要长时间接触为好。尽量减少物理或化学中不良因素对身体的影响。不要在办公室里被动吸烟。

3 户外

不要去人多、密集的地方。避免与患感冒的人接触。避免在强电磁场周围活动。而且外出旅游要注意安全。

五、孕前不宜减肥

有些爱美女性担心孕期体重过度增加会影响体形，所以在孕前开始节食减肥或口服降脂药物，这是极其错误的。孕前及孕期都不宜节食减肥。节食会造成短暂的维生素和矿物质缺乏，减少母体营养素的储备，而母体营养缺乏会对胎儿的生长发育极为有害。所以，女性孕前应向营养师咨询，合理地调整膳食，以达到既能减轻体重又不缺乏营养的目的。

六、孕前避免接种疫苗

接种疫苗可增强机体对某些致病因素的抵抗力，因此，有些女性为避免孕期生病，在怀孕前接种疫苗。

专家认为，孕前接种疫苗是不明智的，疫苗并非绝对安全，有些疫苗的危害是明确的，如风疹疫苗。而有些疫苗对胚胎是否有影响，目前尚无确定。所以，还是不接种疫苗为好。如果非要接种疫苗，那么最好在怀孕前半年接种疫苗。

七、孕前开始锻炼身体

怀孕是女性生命中一个重要而特殊的阶段。在这期间，女性不仅生理上有很大的变化，而且心理上也会受到一定冲击。一方面，要求女性对怀孕有正确的认识与了解，认识到怀孕是一种正常的生理现象，从而以一种平和、愉悦的心态应对各种变化；另一方面，要求女性孕前在体力和精神上做好充分的准备，加强锻炼，增强体质。怀孕和分娩会消耗大量体力，也可能会感染各种疾病。如果女性孕前能拥有健壮的身体，那么对生育是很有好处的。

八、孕前应做全面的身体检查

女性孕前应做一次全身检查，以便知道自己身体是否健康，是否适合怀孕。尤其是超过 30 岁的女性。检查的内容主要包括以下几个方面：

1 血常规检查

通过血常规检查，可以了解血红蛋白数值、白细胞数量、有无潜在感染，以及是否贫血等。如果患有严重的贫血，那么很有可能在孕期会出现铁供给量不足，影响胎儿生长发育，而且不利于产后恢复。通过血小板的数值，可以了解凝血机能，以及是否有血液系统或免疫系统疾病。红细胞的体积（MCV）及脆性检查，有助于发现地中海贫血携带者。

2 尿常规检查

尿常规检查有助于肾脏疾患的早期诊断。女性孕前通过尿常规检查，可以诊断肾脏的健康状况，否则，如果患有肾脏病的女性怀孕，会加重肾脏的负担，严重的还可能会出现肾功能衰竭，增加患高血压的风险，而且病情会随着孕期的继续而加重，引起流产、早产、胎儿宫内发育受限等，甚至必须终止妊娠。

此外，尿常规检查还能够发现是否有泌尿系感染或糖尿病等疾病。

3 肾功能检查

肾功能检查可以早期发现肾脏病，了解肾脏受损的部位和程度，有助于诊断和指导治疗。避免因肾脏疾病影响胎儿的正常发育，甚至危及胎儿的生命。

4 血型检查

血型检查是为了及时发现 ABO 血型不合的准妈妈，如果母亲是 O 型血，父亲是 A 型、B 型或者 AB 型血，那么，宝宝有可能是 A 型或者 B 型，母亲和胎儿的血型不一致，可能会在腹中发生一些问题，出生后容易发生黄疸。同时，如果母亲是 O 型血（RH 阴性），父亲是 A 型、B 型或 AB 血型（RH 阳性），还有可能会出现新生儿溶血。

5 梅毒血清学检查

梅毒是仅次于艾滋病对人体伤害最大的性病。它潜移默化地“蚕食”机体，危害健康，它可以传染给配偶，造成流产、早产、死胎及新生儿先天性梅毒等。但是，这种疾病只要早期发现，早期治疗，是完全可以治愈的。

6 艾滋病的血清学检查

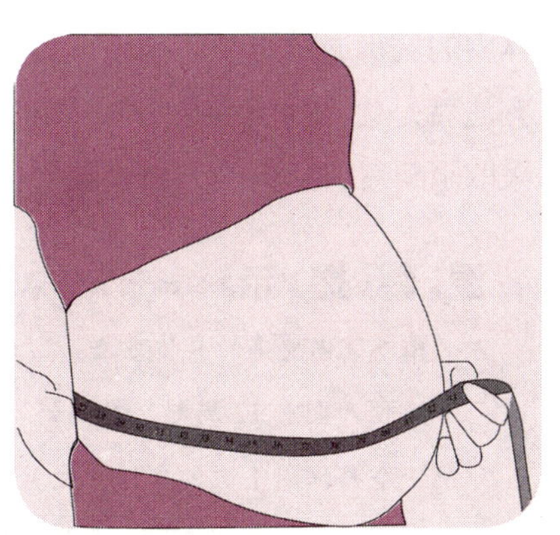

艾滋病是一种获得性免疫缺陷综合征。临床特征主要为条件性感染和肿瘤的发生。其病因是人类免疫缺陷病毒感染，临床表现是继发性细胞免疫功能缺陷，死亡率极高。

艾滋病病毒传播途径主要为性传播。如果准妈妈感染了病毒，可以通过胎盘传染给胎儿，或分娩时经产道以及出生后经母乳传染新生儿。

7 淋病的细菌学检查

人体是淋球菌的惟一宿主，主要通过性接触和产道感染。据统计，生育期女性的淋病 99%—100% 是通过性交感染。准妈妈感染淋病，可发生在妊娠期任何阶段，有 80% 以上无明显症状，因此多数未能得到及时治疗，直到出现严重症状或新生儿患有淋病时，才知道严重性。淋病所致的流产约占自然流产的 32%，但在妊娠早期发现淋病时，不需要做人工流产，只要经过正规治疗后，一般都能治愈。如果准妈妈感染了淋病而没有治疗，在分娩的过程中，产道内的淋球菌就会传染给新生儿，导致新生儿患淋菌性结膜炎等症。

8 乙型肝炎病毒学检查

在病毒性肝炎中，以乙型肝炎发病率最高。妊娠早期可使早孕反应加重，极易发展为急性重症肝炎，危及生命。乙肝病毒可通过胎盘感染胎儿，母婴传播的几率达到 90% 以上。由于胎儿及新生儿的免疫系统尚未完全成熟，所以在孕期感染乙肝病毒，尽管不会影响胎儿的生长发育，但

多数孩子将来会成为乙肝病毒携带者。而这些宝宝将来成人后，患慢性肝炎、肝硬化和肝癌的可能性会大大增加。同时，这些人也是传染源，会把体内的病毒通过水平传播方式传染给别人。要阻断病毒的传播，最有效的方法就是让新生儿接受免疫预防，阻断率可达 90% 左右。在分娩前如果采取阻断宫内感染的方法，效果会更明显。

温馨提示

阻断宫内感染的具体方法：

从预产期前 12 周起，准妈妈肌肉注射乙肝高效免疫球蛋白 200 国际单位，每隔 1 个月注射 1 次，直到分娩。这样，胎儿在子宫内受到感染的机会就会减少。宝宝出生后 24 小时、1 个月、6 个月都要接种乙肝疫苗。

9 丙型肝炎病毒学检查

丙型肝炎的临床症状、体征和其他病毒性肝炎无显著区别，所以诊断丙型肝炎，除了进行肝功能检查外，主要依靠病毒学指标。

10 唐氏综合征产前筛查

唐氏综合征是染色体异常的结果，主要表现为严重的智力障碍，俗称傻子。而且还伴有其他严重的多发畸形，如先天性心脏病、听力和视力障碍及白血病等。产前筛查是预防大多数先天缺陷儿出生的一种手段，主要是通过检测准妈妈血液中的一些特异性指标，判断是否怀有先天性缺陷儿。

11 心电图检查

心电图是反映心脏兴奋的电活动过程，心电图检查对心脏基本功能及其病理研究具有重要的参考价值。目前，心电图检查是广泛应用于临床无创性检查的方法之一，对某些疾病，特别是心血管疾病的诊断具有重要的意义。

温馨提示

唐氏综合征产前筛查流程：

1. 孕 14—20 周→产前筛查→低危→定期做产前筛查→分娩

2. 孕 14—20 周→产前筛查→高危→遗传咨询→B 超检查→染色体检查→异常→告知准妈妈→知情选择。

3. 孕 14—20 周→产前筛查→高危→遗传咨询→B 超检查→染色体检查→正常→定期做产前筛查→分娩。

12 风疹检查

风疹感染主要通过呼吸道传播，如果准妈妈在妊娠 3 个月内感染，这种病毒可以传染给胎儿，使胎儿患先天性风疹综合征，其表现为先天性白内障、先天性心脏病和神经性耳聋。但在孕 20 周后感染者几乎无影响。

13 超声波检查

超声波检查是最常用的产前检查方法之一。那么，准妈妈究竟什么时候接受超声检查最适合呢？

一般在孕前 3 个月最好不要进行超声波检查，因为这段时间是胎儿器官形成、发育最关键的时期。任何不良的因素都可能会影响到胎儿。虽然短时间的超声波检查对这一时期的胎儿发育是否有害尚无定论，但是尽量避免可能不利于胎儿的因素。最近几年宫外孕的发生几率逐渐升高，先兆流产也并不少见，在这种情况下，必要时还要接受超声波检查。但准妈妈不要过于担心超声波检查，医生会在最短的时间内完成。

14 阴道分泌物检查

主要检查滴虫、霉菌、细菌的感染。如果女性患有性传播疾病，应在彻底治愈后再怀孕，否则会引起流产、早产、胎膜早破等现象。

15 妊娠糖尿病检查

妊娠糖尿病是指在妊娠期间发生的糖尿病或不同程度的葡萄糖耐量异常，也就是怀孕后发生的糖尿病。此病多发生在妊娠的第24—28周。分娩结束后，多数患者血糖会恢复正常，糖尿病症状会自然消失。

那么，妊娠糖尿病对准妈妈和胎儿都有哪些影响呢？

（1）对准妈妈的影响

① 妊娠高血压综合征发生几率是正常准妈妈的3—5倍。

② 自然流产率高达15%—30%。

③ 继发感染，尤其是泌尿系统感染几率高达7%—18.2%。

④ 羊水过多，可诱发准妈妈心肺功能不全。

⑤ 容易产伤。

⑥ 剖腹产及早产的机会增多。

⑦ 再次妊娠时，妊娠糖尿病复发几率高达33%—56%。

⑧ 患Ⅱ型糖尿病的机会增多，发病的几率是25%—60%。

（2）对胎儿的影响

① 过多的糖分，会使胎儿长得比较大，容易出现重量超过4千克的巨大儿。

② 常见骨骼、心血管和中枢神经系统畸形的胎儿。

③ 容易发生胎儿宫内缺氧，严重时可造成死胎。

④ 新生儿易发生急性呼吸窘迫综合征等并发症，死亡率增高。

⑤ 新生儿出现高胰岛素血症、代谢综合征的几率增高。

16 弓形虫检查

弓形虫检查有以下两种方法：

（1）常规血清弓形虫的抗体检查

对准妈妈进行常规弓形虫抗体检查的方法是，在怀孕早期进行血清抗体检查，如果是阴性（即没有感染过），那么准妈妈要注意预防感染，并定期复查；一旦发现准妈妈出现急性感染，立即用螺旋霉素治疗，同时对胎儿进行羊膜穿刺和超声波检查。如果胎儿发生感染，准妈妈可用磺胺加乙胺嘧啶治疗；如果发现胎儿有明显的病症，那么准妈妈可考虑终止妊娠。

（2）打破细胞法检查

打破细胞法检查弓形虫已经取得突破性进展。其原理是，弓形虫是专性细胞内寄生虫，在没有发生散播之前，血液内很少有弓形体存在，所以要采取特殊方法打破细胞，这种检查方法的准确率非常高。

17 染色体检查

正常男性的染色体核型为 44 条常染色体和 2 条性染色体 X、Y，检查报告中常用 46、XY 来表示。正常女性的常染色体与男性相同，都是 44 条，而性染色体为 2 条 X，常用 46、XX 表示。46 表示染色体的总数目，大于或小于 46 都属于染色体的数目异常。缺失的性染色体常用 O 来表示。

染色体检查的临床适应证主要有：

（1）白血病及其他肿瘤患者。

（2）接触过有害物质者。

（3）第二性征异常者。

（4）外生殖器两性畸形者。

（5）性情异常者。

（6）生殖功能障碍者。

（7）婚前检查。

九、最佳生育年龄

20 多岁的年轻人，正是学习知识，增长才干的时期，过早结婚生子，必然会在家庭事务和养儿育女中耗费大量的时间和精力，严重影响学习和工作。从女性生长发育这方面来看，在 18—20 岁时，虽然性器官已发育成熟，但性成熟并不代表身体其他脏器官功能健全，一般女性要到 24 岁时，骨骼和神经系统才能发育成熟。如果过早结婚生育，母体不仅要供给胎儿生长发育所需的各种营养，还需继续完成自身的发育，必定会影响母子健康。

然而，生育年龄也并非越大越好。由于就业、经济、工作环境不稳定等各种原因，导致不少数女性到了 35 岁以后，有的甚至到了 40 岁才考虑生育，这样可能会对后代造成不利的影响。因为，随着女性年龄增大，卵巢功能开始减退，排出的卵子质量可能会下降，有的还会发生染色体异常，怀孕后可能会导致胎儿发育畸形，增加患先天性疾病的几率。而且 30 岁以上准妈妈发生妊娠异常的风险会增加，35 岁以上的准妈妈发生妊娠异常的风险更大，无论在怀孕期还是分娩期，发生妊娠高血压、妊娠糖尿病、流产、早产等症明显高于年轻的准妈妈。分娩时，由于母体的骨盆和韧带的松弛度下降，使产道的弹性差，易发生难产，对母婴安全不利。所以说，25—29 岁是女性最佳的生育年龄。

十、最佳受孕季节

从优生优育这方面来看，什么季节怀孕也有一定的讲究。虽然一年四季都可以怀孕，但相比较而言，冬、春季怀孕没有夏、秋季好。这是因为冬季室内外空气污染比较严重，春季容易患病毒性疾病，这两种情况均对早期胚胎发育不利。

另外，家庭生活用的煤球、煤气、液化气等对胎儿发育也有一定影响，再加上冬季天气寒冷，不经常开门窗，室内的有害气体会不断增多，因而冬季怀孕的胎儿畸形几率要高于其他季节。

春季空气湿度大，温度逐渐升高，有利于各类病毒的繁殖和生长，使病毒性疾病明显增加。此外，春季天气多变，容易受凉，故准妈妈感染病毒的机会增多。

夏末秋初，天气凉爽，身体舒适，加上这个季节的蔬菜、水果充足，这对保证准妈妈营养和胎儿大脑发育十分有利。到了临产期，又正好是春末夏初，天气温和，食物丰富，这又为产妇摄取丰富的营养、顺利地度过产褥期提供保证，使身体尽快得到康复。而且这个季节，婴儿穿着单薄，便于护理。等到婴儿渐渐长大，需要大量添加辅食时，已进入冬季，可避免夏天肠道传染病流行高峰。到了断奶时，已是春暖花开，丰富的新鲜蔬菜又不断上市，这有利于孩子的身体健康和智力发育。专家认为，春末夏初出生的婴儿体质好，不易患病。

为了达到优生优育的目的，夫妻双方应注意以下几个方面：

1 受孕必须建立在夫妻双方身体情况俱佳的前提下

这里的俱佳是指无论是健康状况、情绪状态，还是客观因素都要好才可以。

2 受孕的外部环境很重要

亲密的场所要相对私密，不受打扰。嘈杂的环境和恶劣的天气不宜受孕。

3 受孕的时机最好不要选在节假日或聚会后

酒精、疲惫的身体状况都是受孕不良的因素。如果希望受孕的质量高，就要避免频繁地亲密，尤其是在夫妻新婚燕尔、久别重逢后，否则会影响精子的数量和质量。

温馨提示

夫妻如果想做爸爸妈妈，由于某种原因而暂时不能怀孕时，请及早到专业的医院接受正规的治疗，千万不要错过了生育的最佳时机。因为有些引发不孕不育的疾病治疗需要一定的时间，有的疾病即使治好了也需要恢复一段时间才能怀孕。在这期间，又会有其他影响怀孕的因素出现，所以打算做父母的夫妻，要做好孕前检查，如果有问题应及时解决。千万不要错过了受孕的最佳时间及受孕的最佳季节，最终错过受孕的最佳年龄。

第8章 营养是实施胎教的物质基础

准备怀孕的女性应给未来的胎儿准备好全面的营养，如果妊娠后再加强营养，虽然有亡羊补牢之效，但为时太晚了。这是因为，新的生命在形成的最初，需要诞生在全面营养的基础上。母壮儿肥是有科学道理的。至少从孕前半年就要开始加强全面营养食谱的调配，注意蔬菜、水果、各种肉类和豆制品食物的摄取，通过蛋白质及多种维生素的吸收、转化，充分地为子宫内膜输送未来胚胎发育所必需的各类营养物质做好准备。此外，不应忽略丈夫的饮食。由于精子产生的周期需要10周，所以丈夫应当在妻子怀孕前3个月开始调整饮食结构。研究表明，丈夫的饮食将会影响精子的质量，最终会影响胎儿。

一、孕前与孕期营养的重要性

孕前女性营养的摄入直接关系到能否正常怀孕、产后身体恢复是否容易、宝宝身体是否健康等几个方面。不同身体状况与素质的女性必须根据

自己的实际情况，补充所需要的蛋白质、脂肪、碳水化合物、维生素与矿物质等。

孕期准妈妈营养的好坏，直接影响胎儿的生长发育。尤其是胎儿的大脑发育状况对婴儿期的智力发育十分重要。妊娠 3 个月到出生后 4 个月是宝宝大脑迅速发育的时期，而脑细胞的发育需要足够的营养。如果这一时期准妈妈营养不良，就会使胎儿大脑发育迟缓，导致出生后智力低下及其他发育障碍，严重的还会引起流产、早产、胎儿畸形或胎死腹中等。对准妈妈自身来说，如果营养不良就会导致全身无力、头晕、贫血等症状，甚至会影响产后的恢复。所以，准妈妈在整个妊娠期都要注意营养，调理好身体，为正在发育的胎儿提供必要的营养物质，保证胎儿健康发育。

但是，强调营养并不意味着准妈妈吃得越多越好，如果一味地多吃就会造成体重过重，增加身体负担，而胎儿生长过度又会给分娩带来困难。有些准妈妈因饮食失调而造成肥胖，产后数年仍不能恢复，从而影响体形。据研究，营养过剩与糖尿病、慢性高血压、血栓性疾病等发生都密切相关。因此，准妈妈必须科学、合理地安排饮食，做到以下几点：

1 养成良好的饮食习惯

不同食物中所含的营养成分不同，含量也不等，所以，准妈妈应当吃得杂一些，不偏食，不忌口，什么都要吃些，养成一个良好的膳食习惯。

2 在饮食中注意加强营养

各种豆类、蛋、瘦肉、鱼等都含有丰富的蛋白质，海带、紫菜、海蛰等食物含碘较多，动物性食物含锌、铜较多，芝麻酱、猪肝、黄豆、腐乳中含有较多的铁，瓜果、蔬菜中含有丰富的维生素。准妈妈可以根据自己的饮食习惯和居住地区、季节等情况，科学地安排好一日三餐。在保证营养的同时，注意不要营养过剩。

3 避免吃各种被污染的食物

食物从其原料生产、加工、包装、运输、储存、销售，直至食用前的整个过程中，都有可能会不同程度地受到农药、金属、霉菌毒素及放射性元素等有害物质的污染，对人体的健康产生严重危害。因此，准妈妈在日常生活中应当重视饮食卫生，防止食物污染。尽量食用新鲜天然的食物，避免食用含有添加剂、色素、防腐剂的食物。蔬菜应充分清洗干净，必要时可以浸泡一下。水果应去皮后再食用，以避免农药污染。经常饮用白开水，避免饮用咖啡、饮料、果汁等各种饮品。在家庭厨具中，应尽量使用铁锅或不锈钢的炊具，避免使用铝制品及彩色搪瓷制品的炊具，以防止铝元素、铅元素对人体细胞的伤害。

二、孕前夫妻双方的饮食原则

孕前夫妻双方的营养供给方案应按照平衡膳食的原则，结合受孕的生理特点进行饮食安排。

1 保证热能的充足供给

夫妻双方在每天的饮食中都要保证有一定的热能，以补充身体能量。

2 保证充足优质蛋白质的供给

夫妻双方应在每天的饮食中摄取充足、优质的蛋白质，保证受精卵的正常发育。

3 保证脂肪的供给

脂肪是机体热能的主要来源，其所含必需脂肪酸是构成机体细胞组织不可缺少的物质，而且增加优质脂肪的摄入对怀孕有益。

4 摄取充足的无机盐和微量元素

钙、铁、锌、铜等都是构成骨骼、制造血液、提高智力，以及维持体内代谢平衡不可缺少的主要元素。

5 保证摄取适量的维生素

维生素有助于精子、卵子及受精卵的生长与发育，但是，如果摄入过量的维生素，如脂溶性维生素就会对身体造成伤害。因此，夫妻双方应从食物中摄取一定量的维生素，慎重补充维生素制剂。

三、准妈妈饮食中不可缺少的食物

1 粗粮

粗粮含有多种微量元素。粗粮中的玉米、小米等所含有的蛋白质、碳水化合物和维生素均比大米和白面高。而且除了能保证准妈妈热量和维生素的供给外，还可预防便秘。

2 水果和蔬菜

水果和蔬菜是维生素 C、维生素 B 等多种维生素与钙、镁、锌等矿物质及膳食纤维的主要来源。水果和蔬菜还含有丰富的叶酸，叶酸在孕早期可降低胎儿神经管缺陷的发生。所以，准妈妈应多摄取维生素A及维生素C。含有维生素A的食物主要有蛋黄、奶油、动物肝脏、胡萝卜、蕃茄、菠菜等；含有维生素C的食物主要有新鲜水果，如柠檬、橘子、柳橙、蕃石榴等。

3 奶类

准妈妈摄取足够的钙质不仅可以满足胎儿的生长发育，还可预防女性中年以后骨质疏松症的发生。而奶及奶制品含钙丰富，并且吸收利用率高，是天然钙质的最佳来源。准妈妈最好每天喝 3—4 杯牛奶。

4 豆制品及肉类、鱼类

豆制品含有丰富的蛋白质及亚油酸。而亚油酸又是胎儿生长发育必需的脂肪酸。大豆中的钙、维生素含量比较多，只要摄入适量的豆制品就能达到补钙的目的。

鱼、肉类是优质蛋白质、矿物质、维生素 A、维生素 B 的主要来源。其中鱼类含有不饱和脂肪酸，对胎儿的大脑和视觉功能发育非常重要。而肉类含有丰富的铁，经常食用可预防缺铁性贫血。

5 坚果类

各种坚果除了能供应必要的热量外，还含有丰富的维生素 E 和脂肪酸，对胎儿的大脑发育和成熟有促进作用，准妈妈不妨多食用一些坚果。

四、准妈妈应少吃的食物

准妈妈应少吃哪些食物？哪些食物不该吃？如果吃了会对胎儿有什么

影响？在这里，给大家做个简单介绍，以供参考。

1 容易引起流产的食物

（1）螃蟹

螃蟹味道鲜美，但其性寒凉，有活血祛瘀之功效，因此，对准妈妈不利。尤其是蟹爪，有明显的堕胎作用。

（2）甲鱼

甲鱼虽然具有滋阴益肾的功效，但是甲鱼性味咸寒，有较强的通血络、散瘀块效果，因此有一定的堕胎作用，尤其是鳖甲的堕胎作用比鳖肉更强。

（3）薏米

薏米是一种药食同源之物，中医认为其质滑利。药理实验证明，薏仁对子宫平滑肌有兴奋作用，可促使子宫收缩，因而有诱发流产的可能。

（4）马齿苋

马齿苋既是草药又可作菜食用，其药性寒凉而滑利。实验证明，马齿苋汁对子宫有明显的兴奋作用，能使子宫收缩次数增多、强度增大，容易造成流产。

2 对胎儿有害的食物

（1）罐头食品

罐头食品在制作过程中都加入一定量的添加剂，如人工合成色素、香精、防腐剂等。尽管这些添加剂对健康的成人影响不大，但如果准妈妈食入过多，则会对健康不利。另外，罐头食品营养价值并不高，经高温处理后，食物中的维生素和其他营养成分都会受到一定程度的破坏。

（2）菠菜

人们一直都认为菠菜含有丰富的铁质，具有补血功能，所以被当做孕期预防贫血的佳蔬。其实，菠菜中含铁并不多，却含有大量草酸，草酸会影响锌、钙的吸收。如果准妈妈体内钙、锌的含量减少，就会影响胎儿的生长发育。

（3）巧克力和山楂

准妈妈过多食用巧克力会产生饱腹感，影响食欲，其结果是身体发胖，而必需的营养却缺乏。准妈妈较喜欢吃酸性食物，山楂便成了首选果品。而山楂对子宫有兴奋作用，如果准妈妈过多食用，有导致流产的可能，所以要少吃。

（4）猪肝

芬兰和美国已向准妈妈提出了应少吃猪肝的忠告。因为在给牲畜迅速催肥的饲料中，添加了过多的催肥剂，其中维生素A含量很高，致使维生素A在动物肝脏中大量蓄积。如果准妈妈过多食用猪肝，大量的维生素A便会很容易进入体内，对胎儿发育危害很大，甚至会致畸。

（5）久存的土豆

土豆中含有生物碱，存放越久的土豆，生物碱含量就越高。如果准妈妈过多食用这种土豆，会影响胎儿正常发育，导致畸形。当然，人的个体差异很大，并非每个人食用后都会出现异常，但准妈妈还是不吃为好，特别是不要吃长期贮存的土豆。

（6）热性作料

准妈妈吃热性作料，如小茴香、八角、花椒、胡椒、桂皮、五香粉等，容易消耗肠道水分，使胃肠分泌减少，造成肠道干燥，导致便秘。准妈妈发生便秘后，大便时必然会用力屏气解便，使腹压增加，这样会压迫

子宫内的胎儿，容易造成胎动不安、早产等不良后果。

（7）味精

味精的主要成分是谷氨酸钠，血液中的锌与其结合后便从尿中排出。准妈妈摄入过多的味精，会消耗大量的锌，导致体内缺锌。而锌又是胎儿生长发育的必需物质，所以准妈妈要少吃味精。

（8）桂圆、荔枝、石榴

这些都是热性水果，容易上火，所以准妈妈应少吃。

（9）腌制的酸菜

腌制的酸菜含有亚硝胺，可导致胎儿畸变，准妈妈要少吃为好。

（10）西瓜

准妈妈要少量吃西瓜，每天吃西瓜不宜超过 250 克，因为西瓜有利尿的作用，容易造成脱水。

五、准妈妈要远离的饮品

1 茶叶

茶叶中含有很多的氟化物成分，一杯浓茶中氟化物含量可达 1.25 毫克。如果用浓茶来喂养孕鼠，则发现所生的小鼠有骨骼方面的畸形。虽然氟对胎儿的危害尚未明确，但准妈妈还是不饮浓茶为好。饮浓茶，不仅易患缺铁性贫血，还会影响胎儿的营养供给。由于浓茶含有咖啡因，会增加准妈妈的心跳和排尿次数，增加心脏和肾脏负担，有损母体和胎儿的健康。

2 咖啡和可乐

咖啡和可乐的主要成分是咖啡因、可乐宁等生物碱。咖啡因和可乐宁是一种中枢神经的兴奋药物。据测定，一瓶 340 克的可乐型饮料中含咖啡因 50—80 毫克，如果一次饮用 1 克以上的咖啡因饮料，就会导致中枢神经系统兴奋，表现为躁动不安、呼吸加快、肌肉震颤、心动过速及失眠、眼花、耳鸣等症状。即使服用 1 克以下，由于对胃黏膜的刺激，也会出现恶心、呕吐、眩晕、心悸及心前区疼痛等中毒症状。而且胎儿对咖啡因尤其敏感，咖啡因能迅速通过胎盘作用于胎儿，使胎儿受到不良影响。为了下一代的健康，准妈妈应当慎饮或禁饮咖啡及可乐型饮料。

3 酒

准妈妈饮酒是造成婴儿畸形和智力迟钝的重要原因。这是因为，任何微量酒精都可以毫无阻挡地通过胎盘进入胎儿体内，使胎儿体内的酒精浓度和母体内酒精浓度一样高。国外专家曾对 127 名有饮酒癖的女性所生的孩子进行观察，发现他（她）们都有共向的缺陷：单眼皮，即使双眼皮也不明显，鼻子扁平，内侧眼角眼皮外翻，脸蛋扁平且窄小，鼻沟模糊，上嘴唇薄且紧，下巴短等。这种受酒精毒害而面部发育不健全的孩子约占饮酒母亲所生孩子的 1/3。更为严重的是，酒精对大脑和心脏的危害更大，准妈妈饮酒导致婴儿患心脏病的约占 30%。

准妈妈饮酒过多，所生下的孩子不久就夭折的也屡见不鲜。对死婴的解剖结果表明，其大脑不仅小于正常儿，而且脑发育不全或呈明显畸形状态。不少国家曾对胎儿期受酒精毒害的儿童进行智力测验，发现他（她）们的智商都低于一般水平，大多数表现为反应迟钝、智力低下或者白痴等。

六、不同孕期准妈妈的饮食

1 孕早期

大多数准妈妈都会出现恶心、呕吐、食欲不振等妊娠反应，所以，这

个阶段的准妈妈不用刻意让自己多吃，应多选择自己喜欢的食物，以增进食欲。对于油腻、抑制食欲的食物，大可不必勉强吃下去。准妈妈的膳食应以清淡、易消化吸收为宜。为保证蛋白质的摄入量，可适当补充奶类、蛋类、豆类、坚果类等食物。

2 孕中期

准妈妈的食欲会渐渐好转，这个时期也是胎儿迅速生长发育的时期。只有准妈妈补充足够的热能和营养素，才能满足自身和胎儿迅速生长的需要。当然，准妈妈也不能不加限制地过多进食。过度进食不仅会造成身体负担过重，还可能会导致妊娠糖尿病的发生。

所以，这一时期，准妈妈的饮食要荤素兼备，粗细搭配，食物品种多样化。避免挑食、偏食，防止矿物质及微量元素的缺乏。避免进食过多的油炸、油腻的食物和甜食，以免出现自身体重增加过快。可适当注意补充含铁丰富的食物，如动物的肝脏、血和牛肉等，防止出现缺铁性贫血。

3 孕晚期

营养的贮存对准妈妈来说显得尤为重要。安全、健康、合理的饮食，是胎儿健康出生的必要前提。最后 3 个月是胎儿生长最快的阶段，准妈妈的膳食既要保证质量，又要保证品种齐全。

由于每位准妈妈的情况不同，产科医生通常会根据孕晚期的饮食原则，结合准妈妈的具体情况，给准妈妈的饮食做出相应调整。这个时期，可适当增加热能、蛋白质和必需脂肪酸的摄入量，适当限制碳水化合物和脂肪的摄入，少吃水果，以免胎儿长得过大，影响顺利分娩。增加钙和铁的摄入，经常食用奶类、鱼和豆制品；虾皮、动物的肝脏和血液含铁量很高，应经常食用。应注意控制盐分和水分的摄入量，以免发生浮肿，甚至会引起尿毒症；对于一些含能量高的食物，如白糖、蜂蜜等甜食应少吃，防止食欲降低，影响其他营养素的摄入量。

七、准妈妈补钙的方法

1 通过饮食补钙

怀孕 20 周后，胎儿骨骼生长加快，到了 28 周骨骼开始钙化，仅胎儿体内每日就需约 110 毫克的钙，而这完全来源于母体。所以，每个准妈妈都需要补钙。

孕早期与孕前一样，准妈妈每日需钙总量为 800 毫克，而随着胎儿的生长发育，到了孕中期为 1000 毫克，孕晚期为 1500 毫克。为改善准妈妈体内钙的不足，应从饮食开始。专家特别强调，准妈妈要多吃奶类和大豆类食品，因为奶类及奶制品是钙的主要来源，每天喝约 250 克的奶就可以获得 260 毫克的钙，相当于每天钙需要量的 1/3。100 克酸奶含钙 118 毫克，每天饮用 200 克的酸奶，相当于补充 236 毫克的钙。其他奶类的含钙量也很高，所以增加奶类的摄入量是准妈妈补充钙的最佳途径。豆制品中含钙量也很高，100 克豆腐中含钙 164 毫克。所以准妈妈的饮食中应经常增加豆制品，既经济又实惠。此外，各种蔬菜、海带、芝麻、瓜子等食物，含钙量也比较多，准妈妈可经常食用。

2 服用钙制剂补钙

服用钙元素含量高的钙片也是准妈妈补钙的一种方法。不过，我们所见到的钙制剂，其实钙元素含量也有很大差别，在购买时，准妈妈不要只注意钙化合物的含量，如碳酸钙的钙元素含量最高，达 40%，而葡萄糖酸钙的钙元素含量最低，只有 9%。所以要注意说明书中实际钙元素的含量。

此外，钙制剂的安全性最重要。在选购钙制剂时，准妈妈要注意厂家、厂址、生产日期、保质期、批准文号等，以避免买到伪劣产品。一些用贝壳烧制的钙制剂，因为受海水污染，可能会含有超过标准的有害重金属，如铅、砷等，所以准妈妈要慎重使用。

3 选择含有维生素 D 的复方钙制剂

维生素 D 能促进钙的吸收，对于冬季晒太阳少的准妈妈，可选择一些含有维生素 D 的复方钙制剂。这样，就不需再另外服维生素 D 和鱼肝油，以免造成维生素 D 过量。

八、不可盲目补充维生素

维生素是维持人体健康必不可少的营养物质。根据维生素的溶解性将其分为两大类：即脂溶性维生素，包括维生素 A、维生素 D、维生素 E 和维生素 K；水溶性维生素，包括维生素 B_1、维生素 B_2、维生素 B_6、维生素 B_{12}、维生素 C、泛酸、生物胆碱、叶酸。它们各有不同的重要的生理生化功能。但维生素与碳水化合物、蛋白质和脂肪的不同之处在于，维生素既不是构成机体各种组织的原料，也不能提供能量，多数是属于体内某些酶的组成成分。所以，当某种维生素供给不足或吸收不良时，就会引起相应的维生素缺乏，使细胞的功能发生障碍。维生素和其他营养物质一样，补充过量也有害于人体健康，甚至会发生中毒。所以，准妈妈不可盲目补充维生素。

其实，每个宝宝出生前就从妈妈体内吸收并储存了充足的维生素，而且储存的维生素量可以维持 2 个月内的身体需要。如果出生后是母乳喂养，一般就不需要再额外为宝宝补充维生素了。

但是，在现实中，仍有不少母乳喂养的宝宝，会出现缺乏某种维生素的情况。这是因为母亲怀孕时偏食，造成宝宝储存的维生素不均衡。宝宝早产，也会造成维生素和矿物质储备不足。哺乳期母亲营养不充足，造成宝宝体内维生素消耗后不能很好地进行补充。由于维生素的种类很多，不同的维生素对身体起着不同的作用，所以缺乏某种维生素会严重影响宝宝的生长发育。

准妈妈严重偏食导致早产的宝宝，应在宝宝刚出生时为其补充相应的维生素。但不可自行购买服用，应在医生的指导下给宝宝服用复合维生素制剂。同时也要注意，补充维生素不可过量。否则，不但会加重宝宝的身体负担，还会影响宝宝的生长发育。

九、叶酸对妊娠的重要性

叶酸属于B族维生素，是一种水溶性维生素，是蛋白质和核酸合成的必需物质。叶酸对育龄女性和准妈妈都非常重要，是胚胎发育过程中不可缺少的营养素。

叶酸与妊娠的关系十分密切，怀孕早期缺乏叶酸是引起胎儿神经管畸形的主要原因。胎儿神经管闭合是在胚胎发育的3—4周，如果在这期间叶酸缺乏，可引起神经管未能闭合，可导致以脊柱裂和无脑畸形为主的神经管畸形，主要包括脊柱裂和无脑等中枢神经发育异常。无脑畸形为严重脑发育不良，并有颅骨缺损，一般患有此病的胎儿会在出生前或出生后短时间内死亡。脊柱裂患儿虽可存活，但将会终身残疾。

据中国妇婴保健中心和日本优生优育协会调查结果表明，中国是世界上脑部和脊髓缺陷儿高发的国家，每年约有10万个准妈妈产下脑部和脊髓缺陷儿，即每1000个出生婴儿中就有3个患有此缺陷。其主要原因是中国妇女在计划怀孕和怀孕期间普遍缺乏叶酸。中美合作项目组最近公布的一项叶酸应用效果评价研究证实，女性从孕前1个月至孕早期3个月内，每日增补680微克叶酸，可有效地降低神经管畸形的发生儿率达85%。

叶酸缺乏不但会使妊娠高血压症、胎盘早剥的发生率增高，还会导致准妈妈患巨幼红细胞贫血，出现胎儿宫内发育迟缓、早产及新生儿出生体

重轻等症状。

所以，为了减少胎儿脑部和脊髓缺陷的发生，女性在准备受孕的前3个月就要开始补充叶酸，但实际上，很多女性在得知自己怀孕后才开始补充叶酸，而这个时候通常已是受精后的一两个月，这就会使早期胎儿的脑部和脊髓因得不到足够的叶酸而发育不健全，导致脑部和脊髓缺陷的发生。可见，叶酸不但对早期妊娠非常重要，在整个怀孕期间也同样必不可少。随着胎儿身体组织迅速生长发育，准妈妈需要补充大量叶酸（是平时需要量的1.5倍）来满足胎儿的需要。

十、40周营养全方案

0—8周

这个阶段，很多女性甚至并未意识到自己已经怀孕了，所以，在饮食方面也不会特别注意。但只要保持积极的生活方式，让体重保持在一个适当的水平就可以了。如果因为以前曾经流产或者存在其他健康情况，那么建议你不要从事剧烈的运动。除了要照顾好自己的身体，还要戒烟戒酒。

（1）最重要的营养物质——叶酸

怀孕前的几个月和怀孕最初的3个月，女性都应每天补充叶酸。很多食物中都含有天然叶酸，在整个怀孕期间，准妈妈都要多吃含叶酸丰富的食物，如芦笋、梨、甜菜根、黑豆、哈密瓜、橘子、菠菜、强化早餐麦片和全麦面包等。

（2）最常见的不适——疲惫

如果准妈妈发现自己白天感到疲惫，那么有可能是缺铁，造成疲惫的原因一般是贫血。这时，可定时进餐，如果想吃零食，可以吃一些碳水化合物，能为你供几个小时的能量。不要选择饼干、巧克力和甜饮料等食物，这些食物只会提供短时间的能量，吃过一会儿又会觉得饥饿。

9—12周

这个阶段，胎儿的身体结构已经发育完整，如果给予良好的营养，则更有助于胎儿的发育。

（1）最重要的营养物质——镁和维生素A

这两种营养素是宝宝健康的至关重要的营养素。镁不仅对胎儿的肌肉健康至关重要，而且有助于骨骼的正常发育。研究表明，怀孕头3个月，准妈妈摄取镁的量多少，直接关系到新生儿的身高、体重和头围大小。色拉油、绿叶蔬菜、坚果、大豆、南瓜、甜瓜、葵花籽和全麦食物等都含有镁。镁对准妈妈的子宫肌肉恢复也很有好处。怀孕后期，如果准妈妈体内镁含量下降，有可能会导致阵痛。

胎儿发育的整个过程都需要维生素A，它能保证胎儿皮肤、胃肠道和肺部的健康。怀孕头3个月，胎儿自己并不储存维生素A，所以一定要供应充足。甘薯、南瓜、菠菜和芒果中都含有大量的维生素A。

（2）最常见的不适——疲劳和恶心

怀孕期间，疲劳是正常的现象。准妈妈也许还会感到恶心，一般是在早上。不过，一天中的任何时间也都有可能感到恶心。下面是能够帮助准妈妈缓解恶心的一些小窍门：

① 在床头放一些小零食，如饼干等，起床前吃上一两块。

② 恶心时喝点姜汁饮料，或在一杯热水里放一片生姜。

③ 两餐之间吃一些刺激性小的零食，如面包干或饼干等。

④ 如果炒菜的气味让你受不了，可让家人下厨。

⑤ 如果准妈妈真的不能吃、不能喝，可咨询医生。

（3）适宜的营养早餐

① 稀的食物：如果早上吃不下，可喝点酸奶。

② 甜的食物：买几种不同的小包早餐麦片，吃的时候搭配一两块水果。

③ 开胃的食物：可以自制一个小三明治，如果不喜欢奶酪，可以用酸奶代替，加一些清爽的菜叶、黄瓜、西红柿、火腿或者是煎鸡蛋等。

13—16周

这个时期，妊娠反应减轻了，准妈妈也有了胃口。如果食欲比较好，可以买一些与往常不一样的蔬菜和水果来拓宽营养来源。孕期食物要多样，这一点很重要，因为胎儿生长发育需要一系列营养。这期间最重要的营养物质，包括维生素D、Omega-3脂肪酸中的DHA，这些对胎儿的大脑和眼睛的发育很重要。鱼类和海鲜都是这些营养物质最好的来源。如果准妈妈不喜欢吃鱼，可在医生的指导下吃一些替代品。

温馨提示

最重要的营养物质—碘。

14周左右，胎儿的甲状腺开始起作用，制造自己的激素。而甲状腺需要碘才能发挥正常的作用。鱼类、贝类和海藻等海产品都是碘最丰富的食物来源。所以，下面这些食物每周至少要吃两次：鳕鱼、紫菜、大虾、沙丁鱼、海藻、鳟鱼、海带等，但尽量不要吃鱼罐头和生鱼片。

17—20周

这段时期，最重要的营养物质是维生素D和钙。准妈妈需要充足的维生素D和钙来帮助胎儿的骨骼生长。鱼类是维生素D的主要来源，鸡蛋里也含有维生素D，晒太阳也能合成维生素D，每天晒半个小时就足够了。

钙对神经传输和肌肉收缩具有很重要的作用，也对牙齿和骨骼健康影响很大。准妈妈要把钙供应给胎儿，促进胎儿的骨骼生长。因此，准妈妈一定要吃含钙丰富的食物，包括杏仁、豆类、奶制品、带骨鱼类、牛奶、芝麻酱、豆腐和菠菜等。

这一时期，最常见的不适是妊娠高血压综合征。

研究表明，容易患高血压的准妈妈补充钙质以后，患妊娠高血压综合征的几率比没有补钙的准妈妈要低。但是，准妈妈在选择补钙产品之前需要咨询医生，因为不同种类的钙所需的剂量各有不同。

21—24周

这一时期，准妈妈开始显怀了，食欲也不错。不过，准妈妈的身体能更有效地从食物中吸收营养，因此与往常相比，不必吃得太多。重要的是应该食用多种多样的食物，保证蔬菜、水果、面包、坚果等的供应。

可吃全麦食物，如糙米、全麦面包等对大多数准妈妈来说问题不大，但如果吃得过量，就会影响准妈妈身体对钙、铁、锌的吸收。

豆类不仅能提供能量和纤维，还含有一定量的铁，因此每个人的日常饮食都应该包括豆类。另外，橙子、西红柿等富含维生素C的食物也有助于铁的吸收，准妈妈可多吃。

温馨提示

最重要的营养物质—铁。

虽然准妈妈需要补铁，但并不是每个准妈妈都需要补铁。而且，补铁也可能会引起便秘。准妈妈是否贫血，可测量血液中的铁蛋白，这是血液中储存的铁的量，比测量血红蛋白更加可靠。

如果准妈妈不需要补铁，或者决定不补铁，那么要多吃含铁丰富的食物，如精肉、家禽、强化早餐麦片等。

25—28 周

怀孕第六个月，体内激素分泌增加会让很多准妈妈看起来更丰满。不过，不断长大的胎儿会压迫准妈妈的胃，引起胃部灼热，也可能会导致便秘。

怀孕期间，新陈代谢的速度增加 20% 左右，也就是说，即使准妈妈在休息，其体温也会比以往要高。如果准妈妈觉得体温过高，可多喝水，以补充排汗丧失的水分。这期间，如果准妈妈做过血检，会发现血液中胆固醇含量升高了，这是很正常的现象，不用担心。因为胆固醇是形成很多激素的基础，所以含量会增加。准妈妈不要盲目吃一些可以降低胆固醇的食物，除非有医生的建议。

（1）最重要的营养物质——食物纤维

食物纤维对保证消化系统的健康很重要，不但能够减轻便秘症状，还有助于维持稳定的血糖水平。食物纤维分为两种：即可溶性纤维和不可溶性纤维。可溶性纤维能更久地保持吃饱的感觉，让糖分稳定地进入血液。不可溶性纤维能让食物更快地通过身体，防止便秘，借助排便清除体内废物。含有可溶性纤维的食物主要包括苹果、豆类、燕麦、梨和黑面包等。含有不可溶性纤维的食物主要包括水果、绿叶蔬菜、扁豆和全麦麦片等。

（2）最常见的不适——睡眠不好、胃灼热、便秘

① 睡眠策略

放松自己。如果觉得入睡困难，可在睡前喝一小杯甘菊茶或热牛奶。

不要夜间起来吃东西。晚饭可多吃一些含碳水化合物的食物，如面包、米饭和土豆等，或者吃一些麦片，都有助于加速睡眠。

睡前做好准备。可在床边放一大杯水，晚上就不用起床了。如果半夜经常饿醒，那么可在床边放一瓶牛奶，醒来时喝上一杯，会让你重新入睡。夜间唾液分泌减少，所以不要吃任何甜食，如果吃甜食就要刷牙。

② 减轻胃灼热

胃灼热和消化不良是这一阶段的常见现象。体内的黄体酮和不断长

大的胎儿都会减缓胃排空，因而胃酸被顶了上去，就会感到胃灼热。减轻胃灼热的方法是少食多餐，让身体每次都有足够的时间去消化。避免吃辛辣和油腻的食物，不喝刺激性强的饮料，饭后不要马上躺着，穿宽松的衣服，这些都有助于减轻胃灼热和消化不良。

③ 便秘

防止便秘要比治疗便秘好得多。每天要喝足够的水，约6—8杯，多吃含纤维的食物。另外，运动对缓解便秘会有帮助，准妈妈应经常做些力所能及的运动。

29—32周

胎儿的体重正在迅速增加，胎儿变得很活跃，即使在晚上也一样。如果准妈妈在夜间感到烦躁不安，疲惫就会加重。疲惫也许是贫血的征兆，所以应吃些含铁食物。

（1）最重要的营养物质——不饱和脂肪酸

人的一生都需要不饱和脂肪酸，女性怀孕期间尤其如此。不饱和脂肪酸中的Omega-3脂肪酸有助于胎儿的眼睛、血液和神经系统的发育，整个孕期都需要这些元素。尤其是怀孕最后3个月，胎儿的大脑正在迅速发育。因此，专家建议，准妈妈的早餐应该经常包括：

① 各种鱼类，如鲭鱼、鲑鱼、鲱鱼等。

② 坚果类，如葵花籽等。

③ 绿叶蔬菜。

④ 从葵花籽、亚麻籽或油菜籽中提取的食用油。

（2）最常见的不适——睡眠问题

这个时期的胎儿容易乱动，尤其喜欢活动手臂和腿脚，这也许是胎儿的生物钟和准妈妈的不一样，这对准妈妈来说，许多夜晚将在不眠中度过。胎儿在子宫里占的空间越来越大，压迫膀胱，准妈妈有可能一两个小时就想上一次厕所。即使这样也不要减少白天喝水的次数，因为此时准妈妈仍需要大量的水。

33—36 周

由于准妈妈所需能量的增加，所以要多吃新鲜水果和蔬菜，这对准妈妈和胎儿都至关重要。

（1）最常见的不适——牙齿问题

面对怀孕所带来的许多改变，准妈妈很容易忽视口腔健康。很多焦急等待宝宝出生的准妈妈会发现自己的牙龈经常出血，这是体内激素的改变及血压升高的缘故。所以，准妈妈一定要爱护自己的牙齿，经常刷牙，用牙线清洁牙齿。怀孕期间，可去看一次牙医，但要告诉牙医你是个准妈妈。

准妈妈的饮食习惯也会影响牙齿的健康，如果一天进食几次，甚至晚上也吃宵夜，那么更应该经常清洁牙齿。否则，牙齿中的细菌会使食物中的淀粉和糖发酵，产生的酸性物质会腐蚀牙齿。如果能定期清洁牙齿，尤其是在吃完饭以后，就能够减少口腔内细菌的活动。

（2）护牙小窍门

① 经常清洁牙齿，每次吃完甜食都要刷牙。

② 选择低糖食物，如蔬菜等，可以生吃，可以蘸酱吃，可以做成沙拉吃，这样对牙齿健康有好处。

③ 多吃含维生素 C 的食物，有利于牙齿健康。

37—40 周

这个时期，准妈妈的消化能力减弱，容易发生便秘。引起这种情况的原因有很多。其中，胎儿越长越大，压迫准妈妈的脏器。另外，激素分泌的改变以及很少活动，也会产生负面影响。

预防胜过治疗。如果准妈妈开始感到不舒服，可多喝水，多吃富含纤维的食物。由于胎儿压迫膀胱，多喝水可能会增加准妈妈小便的次数，但要想大便通畅，多喝水还是可以改善便秘症状的。不要喝茶和咖啡，因为茶和咖啡会加重便秘的症状。

这一阶段，最重要的营养物质是补充维生素 B_{12} 和维生素 K。因为胎儿的神经开始发育出具有保护作用的髓鞘，发育过程将持续到出生以后。而髓鞘发育依赖于维生素 B_{12}，这种维生素几乎只存在于动物食品中。如果准妈妈吃一些精肉或家禽，吃足够的低脂肪奶制品，基本上就可以满足需要。如果准妈妈吃素，那么要补充维生素 B_{12}。可吃强化早餐麦片，以保证吸收足够的维生素 B_{12}。

维生素 K 对血液凝结很重要，人的一生都需要它，对怀孕的女性来说尤其重要。椰菜、甘蓝、菠菜、香瓜、青豆、强化早餐麦片和全麦面包等都含有维生素 K，准妈妈可适量吃。

随着分娩日期的临近，准妈妈要准备一些零食和饮料带到医院。不过，分娩时能否进食，取决于准妈妈所在的医院，最好要先咨询医院的医师。在住院前，准妈妈可先吃一些容易消化的食物，以免在住院初期感到饥饿，像巧克力、饼干、葡萄干和糖果等都是理想的零食。

第9章

孕期保健胎教

胎教是开发胎儿智力的一个重要因素。但是胎教并非神话，要想使孩子健康聪明，就必须在母腹中为胎儿提供一个良好的胎内环境。首先，在孕前和孕期内，父母都不能吸烟、喝酒，更要避免药物、射线、污染等不良因素影响胎儿。其次，准妈妈在怀孕期间心情一定要愉快，因此创造一个温馨的家庭环境十分重要。尤其是丈夫要多关心和照顾妻子。最后，准妈妈自身的心理调适也十分重要。生活中难免有矛盾，工作中难免有不愉快，公共场所中拥挤碰撞也会时常发生，准妈妈一定要保持心平气和、通情达理，避免争吵。从某种角度来说，准妈妈保持情绪安定、心情愉悦，不愠不怒，不急不躁，也就是保持平静心态，这才是最好的胎教。

一、孕期性生活是最有效的胎教

从怀孕直至分娩，大约需要 10 个月。在这漫长的日子里，要想让精力旺盛的青年夫妻禁止性生活，几乎是不现实的。因此，在怀孕期间，能否过性生活以及如何过性生活，这就成了众多夫妻想知道而又羞于启齿的问题。

从人们的传统观念上看，在怀孕期间是不宜过性生活的，就连以往很多医学教科书也普遍认为妊娠期夫妻不宜过性生活。而事实上，很多研究结果表明，在孕期过性生活的准妈妈所出现的并发症并不比无性生活的准妈妈多。由此可见，在女性怀孕期间，有合理的性生活，对于母子的健康并无什么影响。

相反，孕期性生活属于最有效的胎教，而且它是胎儿生长发育阶段最温柔、最体贴的刺激。除了怀孕前 3 个月与最后 1 个月要禁止性生活外，其他时间都可以进行性生活，但要取决于准妈妈的身体健康情况。愉悦的性生活，可以让胎儿充分感受到父亲温暖的精子给予最贴切的刺激，同时也是最好的听觉胎教。

在达到性高潮时，夫妻双方互相发自内心的爱意表白是最美丽、最动听的语言，对胎儿来说，这比任何形式的语言胎教都有效。脑神经与听觉神经发育到一定程度的胎儿，可以感知父母性生活所带来的愉悦感受。

值得注意的是，在孕期夫妻应该减少性生活的次数，同时也应注意性生活的姿势，避免压迫准妈妈的腹部，性生活的动作要轻柔，不能过于粗暴，而且还要注意性生活前后的清洁卫生。对有习惯性流产史、早产史、孕期有阴道流血、妊娠高血压综合征，以及妊娠合并心脏病、糖尿病者，在孕期还是应该避免性生活。

二、出现哪些情况要暂停性生活

如果出现下列可能危及准妈妈及胎儿的健康与安全时，就必须暂时停止性生活。

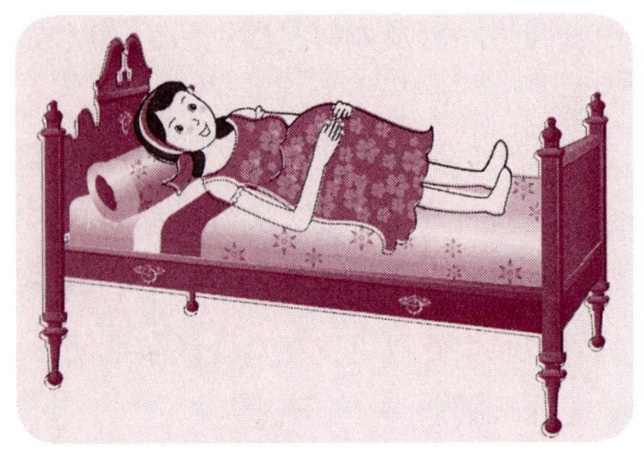

1 曾有流产的经历

如果准妈妈曾经流过产，那么，医生会建议准妈妈在怀孕初期最好禁止性生活，直到流产的危险期过去为止。

2 已有流产的威胁存在时

如果准妈妈在性交时或之后有阴道流血的情况，或有下腹疼痛的现象，应及时找医生检查，一旦发现有流产的迹象，应立即停止性生活。

3 准爸爸患有性病

性病的病菌会在性交时传染给准妈妈和胎儿。因此，如果准爸爸有性病，在彻底治愈之前，夫妻双方应禁止性生活。

4 准妈妈阴道发炎

如果准妈妈的阴道发炎时，在性交时会将病菌传染给胎儿。因此，在彻底治愈阴道炎之前，应禁止性生活。

5 胎盘有问题

如果准妈妈有前置胎盘，或胎盘与子宫连接不紧密时，性交可能会导致流产。所以，应暂时停止性生活，等情况稳定后才可恢复。

6 子宫收缩频繁

如果准妈妈的子宫收缩很频繁，为了避免发生早产，应该避免性生活，同时要到医院检查一下。

7 子宫闭锁不全

凡有子宫闭锁不全的准妈妈，随时都有流产的危险，应避免性生活。

8 早期破水

如果没有到预产期，保护胎儿的羊膜已破裂，准妈妈此时过性生活，病菌就会进入子宫感染胎儿，所以应避免性生活。

总之，当有以上 8 种情况出现必须禁止性生活时，准妈妈可以用手的爱抚来满足准爸爸的欲望。但是，必须注意的是，若医生已警告准妈妈禁止性生活是因为子宫收缩，那么，此时任何可能会引起准妈妈性兴奋的行为都必须禁止，包括触摸乳房及外阴部等，因为这些刺激都会引起子宫收缩，危及胎儿安全。

三、孕期性生活注意的事项

孕期性生活的安全很重要，夫妻双方都不能马虎，这将关系到宝宝未来的健康。我们把孕期性生活注意的各种事项，总结为以下 4 点：

1 注意个人卫生

在性生活之前，夫妻双方都要做好个人卫生，如果不注意卫生，容易引发细菌感染。所以，孕期性生活的卫生很重要。但手部的卫生却往往会被忽视。在性交时，如果不干净的手与性器官接触，同样也会导致细菌感染。因此在性交前，夫妻双方应充分对手掌及指甲等部位进行清洗，以防感染细菌。

2 前戏不要过于激烈

有些准妈妈会因过度刺激乳头而引发腹部肿胀，所以，准爸爸要尽量避免过度抚摸准妈妈胸部。特别是当乳头流出液体时，就不要再进一步刺激乳房。除此之外，还要尽量避免过度激烈地刺激阴道。

3 选择不压迫腹部的体位

如果性生活时的体位让准妈妈感觉疼痛、辛苦或者腹部受压，准妈妈千万不要强迫自己忍耐，应该马上换另一种体位。由于精液中含有使子宫收缩的前列腺素，所以曾经有过剖腹产或早产的准妈妈，以及腹部易肿胀的准妈妈，在性交时最好让丈夫戴安全套。

4 暂时中断一下

性生活时，如果准妈妈感到腹部肿胀或疼痛，可暂时中断休息一会儿。当肿胀或疼痛消失后，还可以继续。如果采取仰卧性交时，准妈妈有时会因血压下降而感觉不舒适，也应暂时中断休息一下，并适当地将身体左右倾斜调整，这样，不适感就会慢慢消失。

四、不同孕期的性生活

1 孕早期的性生活

妻子怀孕后，如何过性生活应该引起高度重视。为了保证胎儿的健康，妊娠头 3 个月要禁止性生活

女性由于怀孕后，内分泌发生改变，对性生活的要求降低。同时还有心理方面的因素，担心性生活会影响胎儿正常生长发育。更重要的是，妊

娠头 3 个月，由于胚胎正处于生长发育阶段，特别是胎盘和母体子宫壁的连接还不紧密，如果此时进行性生活，很可能会由于动作的不当或精神过度兴奋，使子宫受到震动，导致胎盘脱落，造成流产。即使性生活时十分小心，准妈妈因盆腔充血，子宫收缩，也会造成流产。

另外，要防止细菌感染。准妈妈的阴道分泌物增多，外阴部不仅容易溃烂，而且对细菌的抵抗力也会减弱。准妈妈一旦感染细菌，如果症状严重就有流产的危险。所以，平时准妈妈要注意卫生，特别注意阴道的卫生，丈夫也同样要注意阴部的卫生。

2 孕中期的性生活

怀孕中期胎盘已经形成，妊娠较稳定；早孕反应也过去了，准妈妈的心情开始变得舒畅。性器官分泌物也增多了，是性感高潮的时期，因此，可以适当地过性生活。但是要有节制，注意性生活的体位与时间，避免对胎儿造成不良影响。

这个时期的子宫逐渐增大，胎膜里的羊水量增多，胎膜的张力逐渐增强，准妈妈的体重增加，而且身体笨拙，皮肤弹性下降。所以，最重要的是维护子宫的稳定，保护胎儿的正常环境。如果性生活次数过多，用力比较大，压迫准妈妈的腹部，胎膜就会早破，导致脐带从破口处脱落到阴道里，甚至阴道外面。而脐带是胎儿的生命线，这种状况势必会影响胎儿的营养和氧气，甚至会造成死亡，或者引起流产。即使胎膜不破，没有发生流产，也可能会使子宫腔感染。重度感染能使胎儿死亡，轻度感染也会使胎儿智力发育受到影响。

由于性感高潮可引起子宫收缩，有诱发流产的可能性。所以准妈妈自身的调节也是极其重要的。如果准妈妈对性生活仍然没有兴趣，做丈夫的一定要尽量理解她。

3 孕晚期的性生活

怀孕 8 个月以后，准妈妈的肚子突然膨胀起来，出现腰痛、身体懒得动弹、性欲减退的现象。此阶段胎儿生长迅速，子宫明显增大，对任何外来刺激都非常敏感。因此，夫妻应尽量停止性生活，以免发生意外。如果一定要过性生活，但必须节制，注意体位，控制性生活的频率及时间，动作不宜粗暴。这个时期最好采取丈夫从背后抱住准妈妈的后侧位。这样既不会压迫她的腹部，又使其运动量减少。

临产前 1 个月或者 3 周时，必须禁止性生活。因为这个时期胎儿已经成熟，为了迎接胎儿的出生，准妈妈的子宫已经下降，子宫口逐渐张开。如果这时过性生活，羊水感染的可能性会更大。在产褥期发生感染的女性中有 50% 在妊娠的最后 1 个月有过性生活。如果在分娩前 3 天过性生活，20% 的女性可能会发生严重感染，这不但威胁着即将分娩的产妇安全，也会影响胎儿的安全，可使胎儿早产。而早产儿的抵抗力差，容易感染疾病。即使不早产，胎儿在子宫内也会受到母亲感染疾病的影响，使身心生长发育受到影响。

对于丈夫来说，这个时期是忍耐的时期，只限于与准妈妈温柔地拥抱和亲吻，禁止具有强烈刺激的性行为。为了不影响准妈妈和胎儿的健康，夫妻间要学会克制情感，最好分床睡，避免不必要的性刺激。

有自然流产和习惯性流产的准妈妈，应在整个妊娠期间都要避免性交，千万不要因一时的冲动而造成永久的悔恨。

五、准妈妈怎样提高睡眠质量

对于准妈妈而言，保证良好的睡眠质量非常重要。

准妈妈应在每天晚上 10 点前就寝，睡足 8—9 个小时。尤其是晚上 11 点到次日凌晨 4 点这段时间，一定要保证最佳的睡眠质量。养成有规律的睡眠习惯，晚上在同一时间睡眠，早晨在同一时间起床。但是，对于大多数处于孕晚期的准妈妈来说，这样的睡眠只能是一个美好的愿望。

下面是准妈妈失眠的常见原因及应对方法：

1 激素的变化

准妈妈在精神和心理上都比较敏感，对压力的耐受力也会降低，常有忧郁和失眠的现象。这都是由体内激素水平的改变引起的。影响准妈妈身体的激素主要是雌激素和黄体酮，这两种激素会使准妈妈情绪不稳、压力过大，导致胎儿早产，或者出现视力、听力和智力缺陷。因此，准妈妈自身适度的压力调适，以及家人的体贴与关怀，对于稳定心情十分重要。

2 饮食习惯的改变

准妈妈饮食习惯的改变会影响睡眠质量，可见，均衡的饮食很重要。准妈妈必须远离影响情绪的食物，如咖啡、茶、油炸食物等，尤其是食物中的饱和脂肪酸会改变体内的激素分泌，造成很多不适。准妈妈只要在入睡前 3 小时吃些有助于睡眠的食物，大多数情况下能提高睡眠质量。但睡前不要吃生冷及刺激性的食物。

3 尿频

准妈妈常会发生尿频。怀孕初期可能有一半的准妈妈尿频，到了后期，有将近 80% 的准妈妈尿频，晚上频繁地起床上厕所，严重影响了睡眠质量。尿频大多数是由于增大的子宫压迫膀胱，使准妈妈总有尿意。也有一些心理因素或某个器官的病变，如情绪紧张或膀胱尿道炎等。

有许多准妈妈发现自己尿频，就以为是正常现象未加处理，或是担心服药会影响胎儿的健康发育而拒绝看病，最后导致流产等严重后果。因此，如果准妈妈出现尿频严重时，必须注意是否有其他感染同时存在，如感冒、念珠菌阴道炎等。除此以外，准妈妈最好避免食用刺激性食物、过多使用化学药物等，这些情况都会增加准妈妈心理上的不适，加重尿频。

4 食物过敏

过敏是比较容易被忽视的失眠原因，尤其是对食物的过敏反应会造成免疫系统的负担。有的人可能知道自己吃了某些食物以后，皮肤很快就会发痒起疹子，就把这些食物排除在菜单之外。但是，还有一种迟发性过敏反应，是长期重复摄取某种食物所致，如牛奶、乳制品、鸡蛋、芝麻等，症状不十分明显，常见的有失眠、焦虑、头痛、肌肉关节酸痛等，导致准妈妈产生情绪上的紧张和失眠现象，所以，准妈妈要特别注意食物的选择。

5 抽筋

到了妊娠后期，许多准妈妈常常会发生抽筋，这也是影响睡眠质量的原因之一。而抽筋大多与睡眠姿势有关，睡眠脚掌向下时较容易发生抽筋。另外，也可能与局部血液循环、血液酸碱度有关。一般正常的血液是弱碱性，如果情绪不稳定，饮食中甜食和肉食过多，都很容易让血液偏酸性，引起电解质的不平衡，造成局部肌肉抽筋。

如果准妈妈经常在睡眠中抽筋，就必须调整睡姿，尽量采取左侧卧位入睡，并注意下肢保暖。另外，多吃蔬菜和水果，可以减少血液酸碱

度不平衡的现象或者可以请家人帮忙热敷和按摩，以缓解抽筋的痛苦，尽快入睡。

六、日常生活本身也是胎教

胎教贯穿于整个孕期，它不仅在于如何使胎儿受到教育，还在于如何提高胎儿的生活环境质量，即母体内及母体周围的环境质量。所以，准妈妈生活本身也就是一种胎教。

1 不要久坐、久站和负重

妊娠晚期，由于增大的子宫压迫盆腔内静脉，阻碍下肢静脉的血液回流，容易发生下肢静脉曲张或会阴静脉曲张。

准妈妈久站久坐，因重力的影响，可使身体低垂部位的静脉扩张、血容量增加、血液回流缓慢，造成较多的静脉血液潴留于下肢内，致使下肢静脉曲张。常表现为下肢酸痛、小腿隐痛、足背部水肿、行动不便等。而长时间站立又会使背部肌肉负担过重，造成腰肌疲劳继而发生腰背痛，故应避免久站。

准妈妈应避免负重或举重。因为负重或举重时，一方面可使腹压增高，另一方面可加重子宫前倾下垂的程度，从而刺激子宫收缩。据临床观察，准妈妈因搭晒被褥、挑担、提水、攀高、举重、搬运重物或推重车等，会加重或引起下肢静脉曲张，引起流产、胎膜早破或早产等。

2 要讲究正确的卧姿

怀孕早期，可采取仰卧位，并在膝关节下方和足部垫一个枕头，放松肌肉。也可采取侧卧位。怀孕中晚期，最好采取侧卧位，下面的手臂屈肘放在枕头上，上面的手臂屈肘斜放在背部，两膝略屈于身体前方，全身肌

肉放松。

3 既轻松又安全的坐姿

准妈妈坐椅子时，臀部紧靠椅背下方，背部紧贴椅背，全身放松。坐下时，动作要缓慢。站起来时，腰先向前倾，两脚用力。准妈妈最好是少坐沙发。

4 行走姿势要得当

准妈妈行走时，应抬头、直颈、收腹，使骨盆仍然保持正常的倾斜度。挺胸，放松肩部，双臂舒展地摆动，使呼吸顺畅，从容不迫。跨步时，足后跟先着地，足内侧后着地，待足大趾着地后，方可再举足。

5 正确的站立姿势可避免疲劳

准妈妈站立时，要挺胸抬头，臀部和腹部肌肉收紧，这样可以保持骨盆正常倾斜度，胎儿也可保持良好的位置。同时，两足要平行，保持一定的距离，这样可以减轻疲劳感。

6 洗澡

在怀孕早期，准妈妈洗澡时水温不宜过高，以皮肤不感到凉为宜。无论春夏秋冬，洗澡水的温度最好与体温接近，水温过低会影响血液循环，不利于母体健康及胎儿发育。而水温过高则可能会因缺氧而导致胎儿发育不良。有的准妈妈为了皮肤保健，在淋浴时，会将冷热水交替使用，这种方法会影响子宫和胎儿，不宜采取。

需要准妈妈注意的是，洗澡前后温差不宜过大，如果温差过大，很容易引起子宫收缩，造成早产、流产等现象。尤其是冬季气温低，准妈妈不宜马上进入高温的水中洗澡，可先进入浴室，慢慢适应浴室内逐渐升高的温度后，再开始洗澡。洗完澡后，要立即擦干头发及身体，将衣服穿好后，再走出浴室，以免浴室内外温差太大而着凉。

另外，每次洗澡的时间应控制在 15 分钟以内为佳。

准妈妈洗澡时，动作要轻缓，注意身体平衡，千万不要跌倒。

七、准妈妈要慎重使用电热毯

电热毯在接通电源后，将电能转变为热能时，会产生电磁场，影响胎儿的细胞分裂，尤其怀孕前 3 个月，正是胚胎生长发育的重要时期，任何细微的不良影响，都会引起胎儿畸形或流产。如果准妈妈使用电热毯整夜不关时，电热毯产生的热量会使准妈妈身体消耗过多的水分，不利于自身和胎儿的健康。如果使用不当发生触电，还会危及准妈妈和胎儿的生命。

所以，准妈妈最好不要使用电热毯，如必须使用时，可在睡前将电热毯接通电源，待被窝暖和后再关掉电源。准妈妈最好使用空调、电热器保持室内的温度，或使用热水袋放在双脚处取暖，但在使用热水袋时，注意不要烫伤。

八、准妈妈穿衣有讲究

女性怀孕后，生理功能和体形都有较大的变化，所以，准妈妈的衣着也与一般女性的衣着有不同的要求。准妈妈应选择质地柔软、透气性强、易吸汗、性能好的面料，因为怀孕期间皮肤非常敏感，如果经常接触人造纤维的面料，容易引起过敏。

市场上销售的一些孕妇装，外层面料可能为化纤成分，所以在选购时一定要注意贴身部分的面料必须是天然质地面料，否则容易引起皮肤过敏、发炎等，甚至会影响到胎儿在子宫内的正常发育。而合成纤维的面料透气性差，天热时会感到非常不舒服。

春、秋季节天气温和凉爽，孕妇装面料以平纹绒织品、毛织品、混纺织品及针织品为宜。冬季寒冷，准妈妈的抵抗力较差，可选择一些棉纺类、羽绒类的保暖衣服，能保护腹部、腰部、脚部不受寒，避免产后出现其他疾病。

夏天的衣服与皮肤直接接触，因此要选用透气性强，并具吸汗功能的面料，以防发生汗疹、疖肿等皮肤感染。随着妊娠月份的增加，准妈妈身体越来越笨重，而一些轻便、柔软面料的孕妇装会使准妈妈感到轻松。

到了怀孕晚期，准妈妈的体态变得臃肿起来，再选择娇小的衣服，就会束缚乳房，影响乳腺的发育，很可能会导致产后少奶或无奶，给哺乳带来麻烦。而且，娇小的衣服还会压迫腹部，减少胎盘的血流量，当胎儿得不到血中输送的养料时，便会影响胎儿健康生长发育。此外，准妈妈易出汗，腿脚也经常会浮肿，宽松的衣服有助于排汗与活动。所以，不管是哪个季节，不管什么款式的服装，准妈妈选择时，都应以宽松为原则，尤其是胸部、腹部，这样才会感到舒适。

九、准妈妈不能使用的化妆品

准妈妈要禁用下面介绍的美容化妆品。

1 祛斑霜

女性怀孕时，由于体内激素和内分泌的变化，会使脸上斑点的色素加深或长出斑点。针对这一现象，专家建议，在此期间准妈妈最好不要使用任何美白祛斑化妆品。因为美白祛斑化妆品都含有一定量的汞，而汞是对人体健康有危害的一种重金属，对皮肤的伤害很大。若长期使用含汞的化妆品，会对人体的神经、消化道、泌尿系统等有严重危害。特别是一些不合格美白祛斑化妆品，含汞量会严重超标，对人体的危害会更大。如果准妈妈要选用祛斑化妆品，一定要看清包装上是否注明特殊用途化妆品的卫生批准文号，这是国家为了保护消费者的身体健康，对化妆品生产商采取的管理措施。凡是在商品名称中冠以“祛斑”字样，或在说明书中表明有祛斑功能的未标注卫生批准文号的祛斑化妆品，都可以认为是不合格的产品。

2 染发剂

据国外医学专家调查发现，染发剂不仅会引起皮肤癌，还会引起乳腺癌，导致胎儿畸形。

因此，为了宝宝健康，准妈妈不宜使用染发剂。

3 香水

人工麝香作为高级香料的替代品，在化妆品和香水中广泛使用。日本的一个研究小组提醒妊娠期或哺乳期女性，人工麝香在体内残留，可能会造成危害。由日本几所高校研究人员组成的研究小组，首次在母乳和脂肪组织中检测出人工麝香残留。

由于胎儿和婴儿都容易受化学物质的影响，引发各种疾病，所以妊娠期和哺乳期女性应慎用香水。

4 冷烫精

女性怀孕后，头发不但非常脆弱，而且极易脱落。如果再用化学冷烫精烫发，会加剧头发脱落。而且化学冷烫精会影响胎儿的正常生长发育，少数女性还会对其产生过敏反应。所以，准妈妈不宜使用化学冷烫精烫发。

5 口红

口红由各种油脂、蜡质、颜料和香料等成分组成，其中油脂是由羊毛脂制成，羊毛脂除了会吸附空气中各种对人体有害的重金属微量元素外，还可能会吸附大肠杆菌。准妈妈涂了口红以后，空气中的一些有害物质就容易被吸附在嘴唇上，随着唾液侵入体内，危害胎儿。因此，准妈妈最好不要涂口红，尤其是不要长期涂口红。

6 香薰精油

香薰精油是某些植物的提取物。很多芳香保健师认为，芳香疗法可以刺激内分泌系统，平衡体内激素水平，缓解压力。

芳香疗法中用到的很多精油和按摩技巧的确能起到放松、安抚的作用，可以改善健康状态，感觉很舒服。但是，孕妇是否可以用精油，要视情况而定，有些精油在怀孕期间应避免使用。

因为，有些精油的通经属性可导致流产，所以准妈妈要尽量少用香薰精油来美容护肤，尤其是怀孕 3 个月内的准妈妈最好不用。即便是怀孕 3 个月以后，准妈妈也要慎重选择香薰精油来美容护肤。

7 指甲油

指甲油含有一种酞酸酯的物质，这种物质若被人体吸收，对人的健康有害。如果准妈妈使用指甲油，容易引起流产及生出畸形儿。酞酸酯还可危害胎儿腰部以下的器官，引起生殖器畸形。如果母亲在哺乳期使用含有酞酸酯的化妆品，孩子长大后，就有可能会患不孕症或阳痿。

8 脱毛剂

女性怀孕期间，体内雌激素和孕激素水平都要比未怀孕时多，内分泌也会有细微的变化，有些准妈妈的毛发可能会比孕前明显。即使出现这些现象，准妈妈也绝对不能使用脱毛剂脱毛，更不宜用电针脱毛，可以用专用脱毛刀刮除。脱毛剂是化学药品，会影响胎儿健康；而电针脱毛效果并不理想，电流刺激还会使胎儿受到伤害。

十、准妈妈出行注意事项

怀孕期间，准妈妈同样需要上班、购物、探亲访友。孕早期担心胎儿保不住，孕中期大腹便便行动不便，到了晚期更是担心胎儿不知何时出生。下面给准妈妈介绍几个出行的小秘决，以确保安全、减少不适。

1 汽车族

如果家里有私家车，那么，准爸爸开车送准妈妈上班，省时、省力，尤其是在怀孕早期，可以避免剧烈的动作，确保胎儿的安全。但是，如果准妈妈总是坐在车里，较少活动，容易出现下肢水肿、发胖等现象，将来分娩时就有可能会发生一定的困难。因此，准妈妈适当地活动还是有必要的。

如果准妈妈自己开车，既要注意避免紧急刹车摇晃到肚子，又要注意安全带的位置，不要紧紧地勒在腹部。

如果准妈妈必须要旅行时，要避开孕早期和孕晚期，选择相对安全的孕中期，并在丈夫或亲友的陪伴下，绕开颠簸的路途。

2 骑车族

女性怀孕后，骑自行车上下班比挤公共汽车要好得多，这不但是一种适当的体育活动，还能避免因乘公共汽车遭受碰、撞、挤而发生意外。但是，准妈妈骑自行车必须注意以下几点：

（1）适当调节车座的坡度

使车座后边略高一些，坐垫也要柔软一点，最好在车座上套一个海绵垫，以缓冲车座对会阴部的反作用力。

（2）骑女式自行车

如果准妈妈骑男式自行车遇到紧急情况时，容易造成骑跨伤。准妈妈骑车时的速度不要太快，防止因下肢劳累、盆腔过度充血而引起不良后果。准妈妈因体态的关系，上下车子不太方便，所以车后座不要驮重物。

（3）忌长时间骑自行车

一般情况下，准妈妈不适宜长时间骑自行车。因过于疲劳及气候环境的变化，对准妈妈和胎儿都有不良的刺激。骑车遇到上下陡坡或道路不太平坦时，不要勉强骑车通过，剧烈震动和过度用力都会引起会阴损伤，容易影响胎儿。

在妊娠后期，体形和体重都会有很大变化，为防止羊水早破而出现意外，准妈妈最好步行上下班，以确保母子安全。

3 公交族

有些公交车在专门位置设立了孕妇专座。可见，准妈妈中有相当大的一部分是公交族。虽然乘公交车上下班比较方便，但仍有一些特殊情况需要注意：

（1）每天上班在车站等车，要留出足够的时间。如果时间不充足，准妈妈就会像其他上班族一样，一溜儿小跑地奔向车站，甚至不顾一切地追赶即将发动的汽车，这都会造成危险。

（2）遇到上下班高峰期，公交车都会非常拥挤，准妈妈最好能避开这段时间出行。如果做不到，也不要争抢座位，因为在推搡中最容易出现问题。特别是在孕早期，准妈妈的体形变化不明显，同行的乘客们无法察觉到你与其他人不同。

（3）孕妇装一般比较肥大，在乘公交车时，要注意不要让车门夹住衣服，也注意不要让同车的乘客踩到，否则，会很危险。

（4）准妈妈上下车不要和他人争抢，要注意脚下的台阶。一旦出现见红、破水等现象，千万不要再乘公交车了，要尽快到熟悉的医院就诊。

十一、准妈妈运动注意事项

准妈妈适当地运动是必要的，但在运动之前，必须对自己的基本健康状况、所从事运动的专业程度、运动的种类、运动时的环境，以及运动的时间长短等都要有基本了解。一般来说，在运动时，脉搏不要超过每分钟140 次，体温不要超过 38℃，时间以 30—40 分钟为宜。运动开始时，要根据自己感觉的舒适程度及时调整，找到适合自己的一系列运动组合。如果在运动过程中，出现头晕、气短、宫缩频率增加、某个部位疼痛、阴道突然有血丝或大量流血等情况，就要立即停止运动，并向医生咨询，是否适合再继续运动。

下面详细地介绍孕期 3 个阶段准妈妈运动注意事项：

1 孕早期的运动

孕早期，也就是孕后的第 1—3 个月，多数准妈妈都会有眩晕感。随着胎儿发育，子宫逐渐增大，膈肌被增大的子宫抬高，胸腔容积变小，肺脏和心脏受到挤压，准妈妈感到呼吸困难。这时，准妈妈应根据自身的情况，选择运动项目、运动时间和运动量。

一般来说，准妈妈要多做有氧运动。散步是比较好的运动项目。刚开始时，可以将步子稍放慢些，散步的距离，可以先定为 0.6 公里，每周 3

次。以后每周增加几分钟，并适当地增加爬坡运动。最初5分钟要慢走，做一下热身运动。最后5分钟也要慢走。

有的人认为准妈妈游泳不安全。事实上，游泳对准妈妈来说是相当好的有氧运动，可根据身体情况而定。如果怀孕前就一直坚持游泳，而且怀孕期间身体状况也良好，那么从孕早期到晚期都可以继续游泳。

最重要的是，游泳可让全身肌肉都参加活动，促进血液流通，能让胎儿更好地发育。同时，孕期经常游泳，还可以改善情绪，减轻妊娠反应，对胎儿的神经系统发育有很好的作用。但是，游泳要选择卫生条件好、人少的游泳池，下水前要先做热身，下水时要戴上泳镜，还要防止别人踢到腹部。孕期游泳不但可以增加心肺功能，而且水里浮力大，还可以减轻关节的负荷，消除淤血、浮肿和静脉曲张等症状。

像跳跃、扭曲或快速旋转的运动此时都不能做，骑车更要避免。而日常的家务，如擦桌子、扫地、洗衣服、买菜、做饭都可以做。如果妊娠反应严重，呕吐频繁，就要适当地减少家务劳动。

2 孕中期的运动

怀孕中期，也就是孕后的第4—7个月之间，胎盘已经形成，所以不太容易造成流产。这个时期，胎儿还不是很大，准妈妈也不是很笨拙，最适合增加运动量。

这里所说的加大运动量，并不是增加运动强度，而是提高运动频率、延长运动时间。但需要注意的是，准妈妈一定要根据自己的情况来做运动，不要强迫运动。更要避免爬山、登高、蹦跳之类的剧烈运动，以免发生意外。

对于不会游泳的准妈妈，早晚散步也是一种好的运动方式，既能促进肠胃蠕动，又能增加耐力，而耐力对分娩是很有帮助的。在散步的同时，也可以刺激胎儿活动。在阳光下散步，可以借助紫外线杀菌，使皮下脱氢胆固转变为维生素 D_3，这种维生素能促进肠道对钙、磷的吸收，对胎儿的骨骼发育特别有利。但散步要注意速度，最好控制在每小时 4 公里左右，每天一次，每次 30—40 分钟，步速和时间要循序渐进。同时，散步要先选择好环境，如在花园或树林里。沙尘天气尽量别外出。

另外，健身球运动也很适合准妈妈。准妈妈可以到专业的妇幼保健机构做，也可以买回家自己做。那种大大的、软软的健身球，很有弹性，可以承受 300 多公斤的重量，准妈妈坐在健身球上，就像浮在水面上一样，非常舒服，能大大地减轻下肢的压力，而且前后左右运动都可以。这样，既锻炼了骨盆底肌肉的韧带，有助于分娩，又对胎儿的生长有帮助。

这个时期，由于体重增加，身体失衡，准妈妈做起家务来要困难很多，所以要避免过高或过低的劳动，像擦高处的玻璃、弯腰擦地等都有危险，必须停止。

3 孕晚期的运动

怀孕晚期，也就是孕后的第 8—10 个月，临近预产期，准妈妈体重增加，身体负担加重。这时候的运动既要注意安全，又不能过于疲劳，更不要在闷热的天气里进行。每次运动的时间最好不要超过 15 分钟。而且运动的节奏要慢，过快或时间过长都不好。

在早上和傍晚，准妈妈可以做一些慢动作的健身操，如伸展运动。坐在垫子上曲伸双腿。平躺下来，轻轻扭动骨盆。身体仰卧，双膝弯曲，用手抱住小腿，身体向膝盖靠等简单动作。每次做 5—10 分钟，如果出现不适，应立即停止。

十二、孕晚期常见症状及处理方法

进入孕晚期，由于内分泌变化和膨大子宫的压迫，准妈妈的身体会出现一些不舒服的症状。如果不太严重，可以采取一些措施予以缓解，不必为此烦恼。分娩后，这些不适症状都会自然消退。下面是孕晚期常见现象及应对方法：

1 牙龈出血

（1）症状：牙龈出血，特别是在刷牙后更明显。

（2）处理方法：

① 进食后用牙刷彻底清洁牙齿。

② 服用维生素。

2 气喘

（1）症状：当用力做事或讲话时，感到透不过气。

（2）处理方法：

① 尽可能多休息。

② 如果感到透不过气，附近又没有椅子，就试着蹲伏。

③ 晚上睡觉时，可多加一个枕头，如果气喘严重就去医院就诊。

3 胃灼痛

（1）症状：在胸部中央有强烈的烧灼感疼痛。

（2）处理方法：

① 避免吃大量谷类、豆类及有很多调味料的食物或油煎的食物。

② 晚上喝一杯温热的牛奶，多用一个软垫把头垫高。

③ 在医生指导下，服用治疗胃酸过多的药物。

4 便秘

（1）症状：排出硬而干的大便，次数较平时少。

（2）处理方法：

① 吃富含纤维的食物，多喝水。每当有便意时应立即去厕所。

② 经常运动。

③ 服用医生开的补铁剂时，应在饭后服用。

④ 如持续便秘，应去医院就诊，不要乱服轻泻剂。

5 痛性痉挛

（1）症状：经常发生在夜间。一般是小腿肚和脚部肌肉发生痛性收缩。通常是伸腿伴脚尖向下的动作引起。

（2）处理方法：

① 按摩发生痉挛的小腿肚或脚。

② 为了改善血液循环，可以走一走，活动一下，如果疼痛减轻，可多走一会儿。

③ 服用钙片及维生素 D。

6 尿频

（1）症状：常常要小便。

（2）处理方法：

① 如果夜间经常起来去厕所，在傍晚时就少喝水。

② 若感觉排尿疼痛，可能有感染，应立即去医院就诊。

7 漏尿

（1）症状：每当奔跑、咳嗽、打喷嚏或者大笑时，会有尿液漏出。

（2）处理方法：

① 排净小便。

② 锻炼骨盆底肌。

③ 防止便秘，避免提重物。

8 皮疹

（1）症状：红色皮疹常出现在乳房下方，或腹股沟被汗液湿透的皮肤褶皱内。

（2）处理方法：

① 用无香味的肥皂清洗患处，并使之干燥。

② 用痱子粉可减轻皮肤的不适。

③ 穿宽松的棉布衣服。

9 失眠

（1）症状：很难入睡，或醒来以后就很难再入睡。有些准妈妈会围绕着分娩或胎儿做很可怕的梦。

（2）处理方法：

① 睡前看一会儿书、运动一会儿，或睡觉前洗个温水浴，都有助于睡眠。

② 睡觉时多加一个枕头，如果采用侧卧位睡觉，就把枕头夹在大腿的中间。

10 阴道分泌物

（1）症状：清澈或黄色分泌物较平时多，没有瘙痒、疼痛或异味。

（2）处理方法：

① 不要使用阴道除臭剂及有香料的肥皂洗。

② 用淡色的卫生垫。

③ 如感到痒、疼痛，或分泌物有颜色、有异味，就去医院就诊。

11 出汗

（1）症状：稍用力后就会出汗，或者夜间醒来感觉热并出汗。

（2）处理方法：

① 穿宽松的棉布衣服。

② 多饮水。

③ 夜间开窗通风。

温馨提示

如果有下列症状，应立即治疗：不能消除的严重头痛，视力模糊，严重而持续的胃痛，阴道出血，阴道有液体流出，排尿频繁、疼痛。

如果有以下症状，应在 24 小时内就诊：两手、面部及两踝部水肿；严重频繁呕吐；体温达 38℃以上；妊娠 28 周后，胎动减少，12 小时少于 10 次。

第10章

环境与胎教的关系

一般来讲，胎儿生长的整体环境是由母体内胎儿生活的环境和母亲生活的大环境构成的。其中，母亲的营养、文化修养、孕期保健等因素构成了胎儿的生理环境；母亲的疾病，服用的药物，接触的化学药品、食品添加剂以及情绪变化等因素所引起的体内内分泌的改变，则构成了胎儿生活的生物化学环境；母亲的运动、子宫内的条件以及母体接受的阳光、空气、声响、辐射等因素又构成了胎儿生长的物理环境。以上各种环境互相作用，构成了影响胎儿生长发育的大环境，也可以说是胎教环境。

环境胎教是指夫妻双方在准备受孕前6个月，做好物质和精神方面的充分准备，使母体的内外环境都有利于胎儿的生长发育。也就是说，对准妈妈和胎儿所处的环境加以改善和调整，达到促进胎儿生长发育的目的。

如果合理的营养是孕育一个健康、聪慧宝宝的肥料，那么，环境胎教就是促进宝宝能更好地发育成长的阳光雨露。

具体的环境胎教可分为两大类：避免有害的环境，即消极的环境胎教；促进适宜的环境，即积极的环境胎教。

一、胎教的内环境

人类从受精卵→胚胎→胎儿直到出生瞬间成为新生儿，大约经历 280 天。妊娠过程中胎儿能否正常生长发育，除了与父母的遗传基因、孕育准备、营养因素等有关外，还与准妈妈在妊娠期间的内环境有着密切的联系。

1 准妈妈的情绪影响宝宝的性格

决定孩子的性格，不仅有遗传因素，而且母亲体内环境情绪因素也是一个重要的因素。

胎儿 7 个月大的时候，就可以正确地分辨母体外的声音。大脑神经的运动也非常活跃，脑波可以在画面上清楚地显示出来。因此，胎儿可以察觉母亲的情绪变化。

夫妻吵架和对准妈妈的暴力行为，都会让准妈妈感到很大的精神压力，而这种压力会转移到胎儿身上，导致出生后的宝宝天生就有一种不安情绪。

胎儿可以读到母亲的心。对于父母的行为，虽然无法看见，但能清楚地感觉到。因此，胎教中，最重要的就是准妈妈的心情要时刻保持平静，这样，良好的心态才是胎儿正常发育的保证。

但是，准妈妈在孕育新生命的同时，可能会为宝宝和自己的未来担心忧虑，如为宝宝的生育费用担心，为怀孕可能丢失工作担心，为自己的体形日益臃肿而烦恼，等等。这些不良情绪很容易使准妈妈陷入无休无止的焦虑中，这样的心情久而久之就会使腹中的胎儿心理发生变化。宝宝出生后容易形成胆小怕事的性格，心理承受能力差，做事容易情绪化，而且会经常莫名其妙地大哭大闹。

准妈妈改变这种不良情绪最好的方法，就是要随时调整自己的情绪。一旦发现自己正在陷入忧郁、焦虑的情绪中，就应立刻想办法疏导或转移注意力。可以通过看书或电视来缓解紧张的情绪，让自己变得开朗起来。

2 准妈妈患病对胎儿的影响

如果准妈妈患有糖尿病，会使胎儿体重过重，出生时最重达 7 千克，这种巨大儿容易发生呼吸窘迫综合征。同时，胎儿受糖尿病准妈妈内环境的影响，也会导致先天性心脏病或无脑儿，这两种病的发病率高达 2.9%。如果准妈妈患有甲状腺功能低下，胎儿受其内环境的影响，容易产生骨骼和牙齿畸形、隐睾、伸舌样痴呆、甲状腺肿大等病症。如果准妈妈患有心肺功能不全、严重贫血、高血压、妊娠中毒等病症，胎儿易出现畸形或死于宫内。

二、胎教的外环境

胎教的外环境是指准妈妈本身所处的环境。当准妈妈所处的外部环境不利于胎儿的生长发育时，会对胎儿的身体、心智造成不同程度的影响。

关于外环境对胎儿的影响，已经很清楚的有以下几种因素：外环境中放射线的影响、职业和嗜好的影响、环境污染如烟尘或噪声的影响。

1 色彩对准妈妈的影响

色彩能够影响人的精神和情绪，通过人的视觉产生不同感受的结果，给人以某种精神作用。因此，精神上感到舒畅还是沉闷，与色彩的视感有着直接的关系。可以说，不舒服的色彩如同噪音一样，使人感到烦躁不安，而协调悦目的色彩，则是一种美的享受。一般说来，红色使人激动、

兴奋，能鼓舞人的斗志；黄色明快、灿烂，使人感到温暖；绿色清新、宁静，给人以希望；蓝色给人的感觉是明静、凉爽；白色显得干净、明快；粉红和嫩绿则预示着春天，使人充满活力。因此，人们很早就已经懂得利用不同的色彩服务于人的不同精神要求。

实验证明，改变环境的色彩，能够立即改变人们的心情。

烈日炎炎的夏季，人们走在拥挤的大街上，进入琳琅满目、色彩缤纷的商店，都会感到心中烦躁不安。

相反，进入清爽、凉气袭人的冰淇淋室，望着墙壁上一幅幅引人食欲的消暑食品广告，就会觉得温度下降了许多，一种清凉之感便油然而生。

毫无疑问，这种心理上的感受是由周围环境色彩的变化造成的。可见，创造良好的环境，对于调整人们的情绪有多么重要。那么，在这七彩的世界里，如何选择适宜的色彩环境来促进胎儿的发育呢？

居室的色彩应该简洁、温柔、清淡，如乳白色、淡蓝色、淡绿色等，白色给人一种清洁、朴素、坦率、纯洁的感觉，而淡蓝色、淡绿色会给人一种深远、冷清、高洁、安静的感觉。

准妈妈从外面繁乱的环境回到宁静优美的房间，内心的烦闷便会趋于平和、安祥。如果准妈妈是在紧张、安静、技术要求高、神经经常保持警觉状态的环境中工作，那么，家中不妨用粉红色、橘黄色、黄褐色等装饰。这些颜色都会给人一种健康、活泼、鲜艳、悦目、希望的感觉。

2 准妈妈职业与不良嗜好对胎儿的影响

如果准妈妈是医院的麻醉师或手术室护士，因经常接触麻醉药，可引起胎儿畸形或流产；如果准妈妈吸烟，因尼古丁的毒性刺激，可使胎盘血管收缩。而胎儿在子宫内是通过胎盘从母亲的血液中获得氧气和营养素的，这样就必然会导致胎儿的供氧量减少，造成胎儿发育迟缓、体重减轻，再加上其他有害成分的毒害，可引起胎儿畸形、流产、早产或胎儿死亡等。

为了胎儿的健康发育，准妈妈应严禁吸烟。准爸爸吸烟应当躲开准妈妈，防止准妈妈受到“二手烟”的危害。除此之外，喝酒也会影响胎儿发育。若准妈妈喝酒，可使胎儿发生酒精中毒综合征。

3 准妈妈看电视对胎儿的影响

电视机是每个家庭不可缺少的家用电器，但彩电发出的射线和微波辐射都会对准妈妈和胎儿产生影响。

电视机的显像管在高压电的激发下，向荧光屏连续不断地发射电子流，从而产生对人体有影响的高压静电，并释放大量的正离子。而正离子可以吸附空气中带负电的尘埃和微生物，并附着在人体的皮肤上，使皮肤发生炎症。

荧光屏还能产生波长小于 400 纳米的紫外线，由此产生臭氧，当室内臭氧浓度达到 1%时，可导致咽喉干燥、咳嗽、胸闷、脉搏加快等病症。

因此，准妈妈不宜长期在荧光屏前工作，不宜近距离长时间看电视。若看电视时，应该距荧光屏 3 米以外，这样可以减少接受辐射的强度。控制看电视的时间，每天不要超过 2 小时。看电视时，注意室内光线与电视屏幕光线要协调，不要在光线对比度相差太大的室内看电视。若室内光线太暗，容易与电视画面形成较强的视觉反差，引起视觉疲劳。

准妈妈看电视时，要保持良好的坐姿，不要躺在沙发上或睡在床上，最好坐在椅子上，双足稍垫高，以舒适为宜。看完电视后，也不要立即睡觉，应用清水洗脸。

4 准妈妈应避免 X 线检查

X 线属于一种电磁波，因其波长短、能量高，在使用时如果不严格控制，会对人体产生严重伤害。其伤害程度与放射设备、放射时间、放射剂量、射线与人体的作用方式、外界环境、个体差异等因素有关。如果准妈妈在孕早期接受 X 线照射，可使生殖细胞受到影响，严重的还会出现胎儿畸形。在受孕 18—20 天接受 X 线照射，受精卵可能死亡排出。在受孕 20—50 天接受 X 线照射，可引起胎儿的中枢神经、眼、骨等严重畸形，如果剂量大，可引起胚胎死亡。因此，怀孕早期应当严禁 X 线照射腹部。即使在妊娠中、晚期，也应尽量避免 X 射线照射。

5 电脑对准妈妈的影响

电脑微波对身体有一定的危害，容易引起中枢神经失调，尤其是准妈妈容易发生生殖功能及胚胎发育异常。每周使用电脑超过 20 小时以上，容易导致胎儿畸形。因此，准妈妈每日使用电脑的时间不应超过 5 小时，在操作电脑时，要注意做好防护措施，身体与电脑要保持一定的距离。在妊娠头 3 个月，应避免从事电脑工作。

6 家用电器对准妈妈的影响

家电辐射对准妈妈和胎儿均有一定的影响。除遗传、用药等因素外，家电辐射很大程度上成为损害人体生殖系统的元凶，主要表现在女性容易发生自然流产、胎儿畸形以及男子精子质量降低等。

家庭室内家电辐射检测结果表明，微波炉辐射超过国家标准近一倍，成为危害准妈妈健康的头号杀手，容易导致胎儿死亡或流产。孕早期，如果准妈妈使用电热毯，容易引发流产和胎儿畸形。而音响、电视、空调等

家电的辐射很小，只要准妈妈不近距离、长期靠近就可以避免危害。

据不完全统计，在我国每年出生的2000万新生儿中，有25万为智力障碍，有专家认为，电磁辐射就是影响因素之一。

所以，准妈妈的房间最好不要放太多的家用电器。

温馨提示

准妈妈防辐射五招

做好家庭日常防护措施，尽量避免家电辐射对准妈妈的伤害。需要注意以下几点：

1. 挑选正规厂家生产的名牌家电产品。

2. 对各种电器的使用，应保持一定的安全距离。准妈妈要远离微波炉至少1米以外，电视与人的距离应在3—5米，与灯管距离应在2—3米。

3. 不要把家用电器摆放得过于集中。特别是电视机、电脑、冰箱等更不宜集中摆放在准妈妈卧室里。

4. 缩短使用电器的时间。准妈妈接听手机时，不要将手机挂在胸前。

5. 准妈妈最好穿防辐射服装，使用电脑、电视防辐射屏以及防辐射窗帘等。

第11章

遗传优生与胎教

目前，我国实行的计划生育政策，无疑对控制我国人口的增长，提高人民的健康水平和生活水平具有十分重要的意义。我们在控制人口数量增长的同时，还应该进一步提高人口质量。因为我国人口的身体素质与一些发达国家相比，在婴儿死亡率、平均寿命等方面还存在着差距，所以提倡优生，开展优生学的研究，已成为我国人口政策中的一项重要内容。

一、什么是优生

优生一词由英国人类遗传学家高尔顿于1883年首次提出，其原意是“健康的遗传”，主张通过选择性的婚配，来减少不良遗传素质的扩散和劣质个体的出生，从而达到逐步改善和提高人群遗传素质的目的。通俗地说，优生的“生”是指出生，“优”是优秀或优良，优生即是生优，就是运用遗传原理和一系列措施，使生育的后代既健康又聪明。

要想优生就要控制劣生。我国每年出生的异常婴儿多达38万，其中

不少是无脑、脑积水等严重残疾的婴儿。

目前，我国开展优生工作的内容主要有：禁止近亲结婚，进行遗传咨询，提倡适龄生育和产前诊断等。

二、优生的条件

优生学研究表明，孩子出生后的体质和智力的好与坏，很大程度上取决于胎儿时期所得到的营养是否充足、均衡。因此，孕期营养极为重要。要保证孕期营养，必须从准备怀孕前 3 个月开始积极储备。除了营养以外，孕期保健也是优生的一个重要内容。

下面我们详细地介绍一下优生必备的条件：

1 营养储备

（1）要保证产生优良的精子和卵子，在饮食上注意主副食搭配合理，并要多样化。做到不偏食、不素食、不依赖滋补品。少吃精加工的食品，多吃五谷杂粮，越新鲜、越原汁原味的食物，人体吸收的营养就越多。

（2）男性可多吃花生、芝麻、鳝鱼、泥鳅、鸽子、牡蛎、麻雀、韭菜等食物，这些食物富含能促进生育的锌元素，猪肝、瘦肉等富含氨基酸的食物可补精壮阳，有助于形成优良精子。

（3）为减少早孕反应对身体摄取营养造成的损失，孕前女性可多摄取富含叶酸、锌、铁、钙的食物，为早期胚胎正常发育打下充足的物质基础。

（4）为避免怀孕后容易发生便秘、胀气，甚至痔疮等症，孕前女性可多吃一些富含纤维素的食物，如全麦面包、糙米、果仁、韭菜、芹菜、无花果等。

（5）为补充孕期饮食中营养缺乏，可在妇产专家的指导下于孕前 3 个月开始服用营养素胶囊，这对预防胎儿畸形及早产有一定的作用。

2 摄取叶酸

如果育龄女性缺乏叶酸，容易使胚胎的神经管发育出现畸形，导致无脑儿、脊柱裂、脑膨出等先天性畸形儿出生。我国是神经管畸形儿发生率最高的国家。因此，女性从准备怀孕前 3 个月，就要开始注意摄取叶酸。

3 怀孕之前慎用药物

通常，女性在怀孕后对使用药物很慎重，但在怀孕之前，对使用药物就不那么重视了，特别是男性使用药物就更不注意了。其实，很多药物包括避孕药等，都会影响精子的生存，或使畸形精子数量大大增加；男性不育症、习惯性流产等，其中部分原因就是精子受损所致；睾丸中含有药物的精液，可通过性生活排入阴道，经阴道黏膜吸收后，进入女性血液影响受精卵，使低体重儿及畸形儿发生率增高。

温馨提示

避免药物损害的方法：

1. 孕前 3 个月，夫妻双方都要慎用药物，包括不使用含雌激素的护肤品等。

2. 避免使用吗啡、氯丙嗪、红霉素、利福平、解热止痛药、环丙沙星、酮康唑等药物，以免影响卵子的受精能力。

3. 如果长期采用药物避孕，应在停药后 6 个月再受孕。

4 调整体重

如果女性体重低于标准体重的15%，则为身体过瘦，如果高于标准体重20%以上，则为身体过胖。过胖或过瘦都会使体内的内分泌功能受到影响。这样，不但不利于受孕，还会导致孕后容易并发妊娠高血压综合征、妊娠糖尿病等症，同时也会增加婴儿出生后第一年患呼吸道疾病或腹泻的几率。因此，准备怀孕的女性，无论身体过胖、过瘦都应积极进行调整，力争达到正常水平。

下面是调整体重的两种方法：

（1）体重过瘦的女性，可多增加优质蛋白质和富含脂肪食物的摄取，如鸡、鸭、鱼、肉、蛋类及豆制品等。

（2）体重过胖的女性，除了积极进行运动外，还应及早请教营养医生，制订合理的食谱，控制热量摄取，少吃油腻食物及甜品，争取将体重控制在正常范围内。

5 锻炼

在准备怀孕时期，夫妻双方积极进行各种体育锻炼有很多好处，可使精子和卵子的活力增强，提高身体的免疫力，防止孕期被病菌感染，使全身更有力量，特别是骨盆肌，有助于日后顺利分娩；可消耗体内多余的脂肪，避免孕期发生并发症。

但是，在进行体育锻炼时，应采取积极主动的锻炼方法，量力而行，避免对身体造成不必要的损伤。女性身体特点是柔韧性和灵活性较强，耐力和力量较差，适宜选择健美操、瑜伽、游泳、慢跑等运动项目。最好在运动时结合音乐，这样更容易提高兴趣，将锻炼坚持下去。

6 检查

在准备怀孕之前，夫妻双方最好去医院进行一次全面体检，避免在身体健康不允许的情况下受孕，以免日后引发很多不必要的麻烦。

做身体检查时，如果女性患阴道炎、盆腔炎、严重痔疮，以及夫妻任何一方患结核病、肝炎、肾炎，特别是患心脏病、贫血、糖尿病、甲亢、哮喘、癫痫、肿瘤及性病都不宜受孕，应该积极治疗，等病愈 3 个月后再怀孕。风疹抗体阴性的女性，如果接种风疹疫苗，一定要在 3 个月后才能怀孕；患病毒性肝炎的女性，要等肝炎痊愈后至少半年、最好两年后再怀孕；若经检查确诊有弓形虫感染，应立即治疗，暂时不能怀孕。

7 远离有害的环境

凡是从事病理实验的研究人员、医院的麻醉师、手术室的护士，以及接触铅、汞、苯、镉、锰、砷、有机溶剂、高分子化合物的夫妻，或有射线病、慢性职业中毒及近期内患过急性中毒的女性，最好在怀孕前离开工作岗位。目前，由于有些对精子或卵子有害的职业因素还不完全明确。所以曾有过两次不明原因自然流产的女性，在准备怀孕时，最好在孕前 3 个月离开工作岗位。从事喷洒农药除草剂的工作人员或远航归来的海员，由于睾丸中的精子受损，至少在 70 天内避免让妻子怀孕。因为受损的精子大约要在 70 天后，才能从体内排除干净。

8 孕前营养特餐

（1）清炒血豆腐

取猪血 500 克，鲜姜一小块，植物油半两，料酒、盐、味精各少许；把猪血切成大块，放入锅里用开水氽一下，捞出滤干水后切小块；把鲜姜洗净后切丝入锅，待油烧至七成热时，下入猪血及料酒、盐，翻炒，放味精即可起锅。

营养功效：猪血可增加男性的精子和女性的血液，是孕育胎儿的基础，孕前夫妻应多吃猪血，有利于形成优良的受精卵。

（2）冰镇甜山药

取山药500克，红糖50克；先将山药切成块，锅里加水后，将山药块倒入、煮熟，捞出放入凉水中浸泡；把红糖溶化，加清水烧开、过滤、晾凉，放入冰箱稍冷冻后取出；把山药沥干水后放在盘中，再放入冷却的糖汁即可。

营养功效：山药可补肾强身，补气益精，非常适合夫妻孕前在夏季食用。

（3）甲鱼骨髓汤

甲鱼1只，猪骨髓2两，姜、葱及胡椒粉、味精适量；先把甲鱼去头，同猪骨髓一起放入锅里，加入姜、葱、胡椒粉和适量清水；用旺火煮沸后，再用小火煮至肉烂为止，吃时放入味精。

营养功效：甲鱼可补中、益气、滋阴，适用于中气不足，虚劳，适宜夫妻孕前服用。

三、优生优育男性要做什么？

近年来，由于人们生存环境日益恶化，男性的生育能力在不断下降。

其主要原因是男性的精液常规及精子的质量与数量出现了问题，产生了许多不合格的精子。如果在这种情况下生育，形成的胚胎往往容易发生自然流产，不利于胎儿生长，给优生优育带来困扰。

那么，保证优生优育，男性应该做些什么？

准备怀孕之前，男性最好做一次全面的检查，以排除疾病，了解精子状况。从临床观察的情况来看，随意抽查男性精液常规，结果并不让人乐观。有相当比例的男性精子数量减少、活力偏低，整体反应能力下降。经过治疗之后，因精子质量问题而出现自然流产的现象大大减少。这说明，生育之前检查男性精子的情况是十分必要的。

除此之外，准备生育的男性必须做到：

1 养成良好的生活习惯

不良的生活习惯，对男性生育的影响非常显著。男性大量饮酒，对生殖系统有一定的毒害作用，可使精子数量及活力不正常。如果妻子怀孕前一个月，丈夫每日饮酒量折合酒精 30 毫升，或一月内饮白酒 10 次，每次 50 毫升以上，或一月内曾饮酒 1 次，而酒量大于或等于 125 毫升，那么妻子所生下的新生儿出生体重较正常的下降 236 克。这样的低体重儿，不仅会给喂养带来困难，而且在抗病能力、生长速度、智力发育等方面，都会受到不良影响。需要提醒一下：父母一代喝酒多的行为，还会影响到未来的孩子，这已经得到美国医学科学家研究证实。

所以，男性生育之前，要保持良好的生活习惯。熬夜过多，可降低人体的免疫力，应注意休息；一些有害于生育的食物，如棉籽油等可降低精子的活力与数量，应该避免进食；烫发、高温等都不利于精子生成；避免洗热水澡，更不要蒸桑拿；男性过多吸烟可以影响精子的质量，而妻子被动吸烟会影响胚胎及胎儿正常发育，甚至会发生一些重大疾病。因此，男性应该在妻子受孕之前及受孕之后戒烟。

2 保持良好的精神状态

情绪和精神因素对优生优育的影响，越来越受到人们的重视。以往人们只重视母亲的情绪对胎儿的影响，忽略丈夫的精神状态对胎儿的影响。近年的医学研究证明，不融洽的家庭环境、紧张的工作压力、恐惧的生存环境等都不利于生育。在夫妻双方情绪不良的情况下孕育的孩子，其性情容易发生异常，很容易出现孤僻、变态的性格。

因此，男性保持良好的情绪，不仅对自身健康有益，还对生育产生积极的影响。夫妻双方在生育时，保持良好的家庭环境，夫妇恩爱，情绪欢

畅，不仅是人生的一大乐事，也是优生的基本保证。

3 积极治疗疾病

有许多疾病对优生优育都具有不良的影响。如果男性罹患乙型肝炎，抗精子抗体阳性，或患有解脲支原体、沙眼衣原体、人型支原体感染等性传播疾病，都会影响男性优生优育。如男性患乙型肝炎，特别是 HBVDNA、HBeAg 呈阳性，应经治疗转阴性后再生育；对于抗精子抗体阳性者，也要在治疗转阴后 3 个月以上再生育。经常使用的强的松、地塞米松等药物都对生育有不良影响；如果检测出有性传播疾病，就应该认真治疗，待病情治愈之后方可生育。

4 远离有害的工作环境

男性接触不良的环境，常会影响敏感的睾丸功能，致使精子受到伤害。研究证实，对精子有害的物质有铅、汞、镉、锡、砷、镍、钴、苯等，这些对男性生育都会产生恶劣影响。农田喷洒的农药可使精子异常，导致流产、死胎、新生儿缺陷等。如果丈夫接触过喷洒的农药，妻子怀孕后很容易发生意外，出现胎儿畸形等。而放射线、同位素、电磁波均可使男性精子异常，造成不同程度的新生儿缺陷。

因此，男性在准备生育前，应该暂时远离这些不利于生育的恶劣环境。如果确实无法离开，工作时也要注意自身防护，按照规章操作，提高自我保健意识。如果接触了不良环境，不管是否采取了保护措施，孕前都要进行检查，发现异常及时采取措施。

5 避免服用药物

男性在准备生育之前用药应谨慎，切忌滥用。临床研究表明，很多药物对男性的生殖功能和精子质量都会产生不良影响。常见的药物有抗组胺药、抗癌药、咖啡因、吗啡、类固醇、利尿药物等。这些药物容易导致新生儿缺陷，如发育迟缓、行为异常、颅脑肿瘤等。有人认为，一些大补中药对生育有好处。其实，这种观点是错误的，因为补药使用不当也会出现问题。

总之，男性在生育之前不可滥用药物，如果不得不使用药物，应先咨询医生，不可自行用药。即使是补药，也要咨询医生，在确定没有副作用的情况下，才可以放心服用。

四、优生有哪些禁忌

1 忌同病结婚生子

男女双方患同一种病，并最终结成眷属的婚姻，是一种极不健全的婚姻。从生育上来讲，夫妻双方患有同一种疾病，很容易将这种疾病遗传给后代，这将会严重影响孩子的健康。

2 忌近亲结婚

近亲结婚不仅会导致胎儿畸形，还会使孩子智力下降，并患有许多先天性疾病，这是科学界早已证明的事实。

3 忌带病结婚

带病结婚后，随着婚后生活的变化，会影响夫妻双方的健康。如果是大病，还会给家庭带来经济危机和裂痕。更为重要的是，如果在病情没有治好的情况下受孕生子，则很可能会给孩子的健康带来不良影响。

4 忌婚前不进行检查

婚前进行体检，是夫妻双方婚后生活和谐幸福的保障。在婚前体检中，可以检查出夫妻双方是否有影响优生优育的疾病，防患于未然。

5 忌对生育知识缺乏必要的了解

有不少新婚夫妻，由于对生育知识缺乏了解，婚后几年仍怀不上孩子。他们对此焦急万分，甚至相互埋怨，最终导致家庭解体。所以，夫妻双方应对生育知识有一定的了解。

6 忌蜜月受孕

受孕是生子的第一步，夫妻双方的身体状况直接决定了以后孩子的体质。蜜月期间，夫妻双方一般都很疲惫，而且性生活也不太协调，此时并非最佳受孕时期。此外，在酒后、旅游中都应避免怀孕。

7 忌高龄妊娠

对女性来说，最佳的生育年龄应在 25—30 岁之间。超过 35 岁时，有可能会影响孩子的健康和智力。虽然男性的生育年龄可以适当大一些，但也不能太大。

8 忌怀孕期间滥用药物

女性怀孕期间滥用药物，会直接影响体内的胎儿生长发育，有时可能会造成早产、流产或死胎等。所以，必须要避免。如果确实需要用药时，应在医生的指导下服用。

9 忌孕期感染病毒

准妈妈感染病毒，不仅会影响自身的健康，还会对胎儿构成一定的危险，故应避免。

10 忌孕期性生活过度

怀孕对女性来说是一个非常重要的时期。此时夫妻双方应节制性生活，不能频繁过度。尤其是妻子受孕初期和最后 3 个月，应特别注意，否则容易引起流产或早产。

11 忌孕期过度疲劳

准妈妈过度疲劳，会导致胎儿供养不足，影响胎儿的健康。

12 忌孕期不体检

准妈妈定期到医院检查身体能及时消除可能会出现的隐患，使胎儿得到一个更好的生长发育环境，这对母体和胎儿都是极为重要的。

13 忌孕期吸烟

准妈妈吸烟会导致胎儿发育迟缓、体重下降、早产或患先天性心脏病，甚至会影响孩子的智力。

14 忌孕期酗酒

准妈妈酗酒，可使胎儿患酒精中毒综合征，引起胎儿畸形。

15 忌孕期接触有害有毒物质

在异常的胎儿中，真正与遗传因素有关的仅占其中的1%，绝大多数与环境等因素有关。这些环境因素包括物理、化学、生物污染等，如有机溶剂、吸烟、酗酒及药物、病毒等。目前，各种燃料排出的二氧化硫、一氧化碳等有害气体和铅、汞、镉等有毒重金属，以及有机磷、有机氯、有机汞农药等化学性污染，是主要的污染源。

专家提醒，怀孕头3个月是胚胎发育的敏感期，准妈妈一定要避免接触上述有害物质。

五、什么是遗传

遗传对于优生优育是非常重要的因素之一。遗传，一般是指亲代的性状又在下代表现的现象。但在遗传学上，遗传是指遗传物质从上代传给后代的现象。如父亲是色盲，虽然女儿视觉正常，但她从父亲那里得到色盲基因，并有一半的几率将此基因传给她的儿子，显现色盲性状。故从性状来看，父亲有色盲性状，而女儿没有，但从基因的连续性来看，可代代相传。因此，色盲具有遗传性。

六、智商取决于遗传还是胎教

遗传既是优生的基础，又是胎教的先决条件。在自然界中，只有优良的种子，才有可能结出良好的果实。同样的道理，只有继承了父母双方良好遗传基因的健康胎儿，才有可能达到优生，才有可能谈得上胎教。我们知道，胎教就是对母腹中胎儿的感觉器官进行刺激，但前提是胎儿必须具备健全的感觉器官和神经系统。一个先天性痴呆的胎儿是不可能接受胎教的。

研究证明，每个人都有一个范围相当广阔的智力潜力，这个范围的上限和下限都是由遗传决定的。虽然孩子父母的遗传基因很好，但是，如果孩子生活环境差，无良好教育，个人不努力，那么孩子的智力发育就会受到限制，导致智商较低。相反，虽然孩子父母的遗传基因一般，但孩子得到良好的教育，个人又勤奋努力，孩子的智力就会得到充分发育，所以智商较高。当然，如果孩子父母的遗传基因很好，孩子出生后又得到良好的教育，个人又勤奋上进，那么孩子的良好的遗传智力潜力与外界环境、教育及个人努力之间有着决定性的关系。因此，先天的遗传基因、后天的环境、教育条件（包括胎教）以及个人的主观努力程度等是决定人们智力差异的主要因素。

七、遗传对胎儿的影响

许多遗传病与宝宝的智力发育有直接关系，如唐氏综合征等属于大脑发育不全症中最常见的一种。患有这种病的儿童，面部与常人不同：眼裂较小、两眼距离宽、塌鼻梁、流涎水、常伸出舌头傻笑等，并常常伴有其他先天性畸形等，其中以先天性心脏病最为普遍，患者对疾病几乎没有什么抵抗力，很容易因感染疾病而夭折。该病患者存活的时间也不一样，症状不明显的病人，虽然可以活到成年，但智力低下，男性与女性患者都有

生育能力。这些患者多半在婴儿期就表现出呕吐、湿疹、烦躁不安和尿中有霉味等症状。如果在此症状发生后1个月即开始治疗，智力发育可接近正常；如果在2—3岁以后治疗，那么已经引起的脑损伤就难以恢复，智力受到的影响也就无法挽回。

造成这些病症的主要原因是：准妈妈在妊娠期间患有风疹、水痘等病毒感染；妊娠期间受到过放射线的照射；有妊娠毒血症及其他全身性的疾病等。这些因素，一方面可造成胎儿发育障碍，导致胎儿脑细胞发育不完善；另一方面可影响骨髓、内分泌系统的发育，反过来又影响脑部发育。

总之，要培养一个健康、聪明的孩子，就必须从预防遗传疾病入手，做好结婚、妊娠、分娩、哺乳、教育的每一个环节，即使父母的智商不是很高，也可以培养出一个高智商的孩子。

八、孩子会遗传父母的哪些优缺点

所有的父母都想知道，孩子将来会遗传自己身上的哪些优缺点。众所周知，孩子会与父母有许多相似之处，如身材高矮、体形胖瘦、肤色深浅、眼睛大小、鼻子高低等，这些部位都与父母的遗传有关。

遗传与孩子的生长发育关系密切，如健康、智力、体力和绝大多数疾病等都是遗传与环境相互作用的结果。如果父母多了解一些这方面的知识，就可以在养育孩子的过程中，采取一些积极的做法和防范措施。

1 寿命

寿命是有遗传性的。有些家族中的成员都长寿，有些家族中的成员却短命。寿命的长短有家族聚集的倾向性。如果你的家族中有长寿的先例，那么你的孩子长寿的可能性就很大。资料统计，60—75岁死去的双胞胎，男性双胞胎死亡的时间平均相差4年，女性双胞胎仅差2年。不过，寿命也受饮食习惯、生活环境及工作环境等因素的影响，这些因素在不同程度上左右着人的寿命。

2 身高

研究表明，人的身高有 70% 取决于遗传，后天因素的影响只占到 30%。一般来讲，如果父母双方身材较高，那么孩子身材高的几率为 30%，矮的几率为 10%。如果父母双方身材偏矮，则反之；如果父母中一个人较高，一个人较矮，那么孩子的身高取决于其他因素。

3 胖瘦

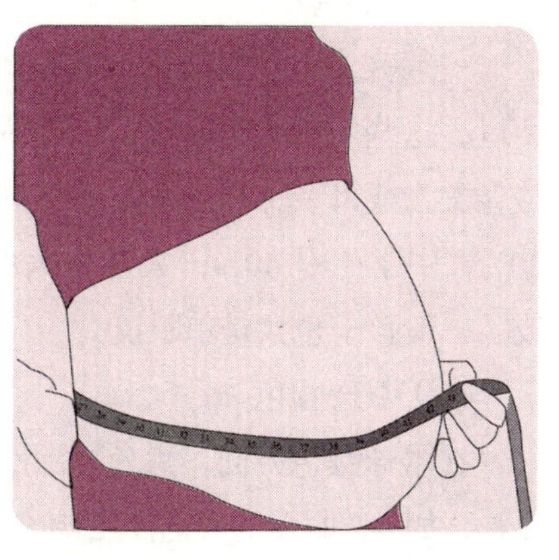

人的体形有一定的遗传性。如有一些人，吃同样的食物，有着同样的运动量，但有些人体形正常，有些人却偏胖或偏瘦。研究表明，不同的人有着不同的代谢率，通常代谢率较低的人就容易长胖，这是由体形遗传基因决定的。如果父母的体形属于容易长胖的那种类型，那么孩子就容易偏胖。因此，这样的孩子出生后，在喂养上要注意营养平衡，不要让孩子吃得过多。如果父母中有一个人肥胖，孩子发胖的几率是 30%。如果父母双方都肥胖，孩子发胖的几率是 50%—60%。另外，也有一种观点认为，母亲在孩子体形方面起的作用较大，也就是说孩子不论性别如何，都比较像母亲。

4 肤色

肤色在遗传时往往不偏不倚，让人别无选择。肤色总是遵循着“相乘后再平均”的自然法则，所以，孩子的肤色是父母肤色的“综合色”。如果父母双方的皮肤较黑，绝对不会生出白嫩肌肤的孩子；如果父母中一人

的皮肤较黑，另一人的皮肤较白，那么，孩子的肤色是不黑不白的中性肤色。因此，黄种人生的孩子，一定是黄种人的肤色。一个非洲人和一个肤色偏黑的中国女子结婚，他们生出孩子的皮肤也很黑。

5 眼睛

（1）形状

父母的眼睛形状决定着孩子的眼睛形状。孩子的眼形、眼睛的大小均遗传于父母，而且大眼睛相对小眼睛而言是显性遗传。如果父母中有一个人是大眼睛，那么，他们生大眼睛孩子的可能性会大一些。

（2）双眼皮

一般来讲，单眼皮与双眼皮的人结婚所生的孩子极有可能是双眼皮。所以，这些父母生出的孩子，虽然在出生时是单眼皮，但在成年后就会变成像父亲或母亲那样的双眼皮。据统计，在婴幼儿中双眼皮的比例不超过20%，中学生是40%，大学生大约占到50%。但如果父母双方都是单眼皮，一般孩子也会是单眼皮。

（3）眼球颜色

在眼球颜色方面，黑色等深颜色相对于浅颜色而言是显性遗传。也就是说，如果蓝眼球的人选择黑眼球的人结婚，那么他们所生的孩子有50%的几率不会是蓝眼球。

（4）睫毛

长睫毛也是显性遗传的。父母双方只要有一个人拥有动人的长睫毛，孩子遗传长睫毛的可能性就会非常大。

九、父母最容易遗传给下一代的疾病

我们的健康有一部分是由基因决定的，但至少还有很大一部分的主动权控制在自己手中。遗传基因也许会让你患某种疾病的概率比正常人高出

1 倍，但一个正确的决定、一种科学的生活方式却可以把患病的风险降到最低。下面是专家针对几种最具代表性的家族遗传病做了具体分析，希望夫妻双方能及时、有效地树立健康意识，做到未雨绸缪。

1 结肠癌

如果双亲都曾患过结肠癌的女性，她患病概率高达 17%。不仅如此，有卵巢癌、子宫癌和乳腺癌家族病史的女性，她患此病的概率普遍高于其他来自健康家庭的女性。

2 2 型糖尿病

糖尿病是一种不及时控制就一定会有进一步发展的疾病。它本身并不可怕，可怕的是它导致的并发症。糖尿病病人患心脏病的概率是健康人的 5 倍，甚至有失明、肾功能衰竭等危险。

3 乳腺癌

如果你的家族中有乳腺癌患者又是远亲，即表姐妹或曾祖母，那么，你的患病概率将略高于平均危险系数。如果是你的近亲曾患有乳腺癌，那么你的患病概率要比普通人高 2 倍；如果你的直系亲属是在 50 岁前就确诊患上乳腺癌的，那么，你以后患上此病的概率还要更大一些；如果你有两位或者两位以上的近亲都曾有乳腺癌病史，那么你患病的概率则是普通人的 3 倍以上。

4 心脏病

如果你有两位兄妹或其他直系亲属曾患心脏病（男性 55 岁前，女性 65 岁前首次犯病），那么你将来患上心脏病的概率就会比常人高 12 倍；如果你有一位亲属患有心脏病，那么你患心脏病的概率则高出常人 3—4 倍。

十、预防遗传病

所有的父母都希望自己的宝宝健康聪明。从怀孕开始，准妈妈全家人的注意力都放在了这个小生命上，总是担心哪里不注意就会影响到胎儿的健康。但最让父母们担忧的是遗传病。那么，哪些疾病容易遗传？如果遗传给了孩子，我们应如何应对？下面是专家指出的与遗传密切相关的五大常见健康问题。如果我们能够及时预防，就可以让孩子远离这些疾病。

1 偏头痛

如果父母一方有偏头痛，那么孩子患病几率是50%，如果父母双方都患有此病，那么遗传几率就更高。偏头痛症状包括头前侧或者两侧刺痛、恶心、呕吐，以及怕光、怕声等。偏头痛常会在孩子8岁左右发作。

2 肠易激综合征

澳大利亚悉尼大学的研究表明，患肠易激综合征的人，其直系亲属也有此类症状。肠易激综合征的典型症状是痉挛性腹痛或者便秘和腹泻交替出现。如果经医生诊断是此类疾病，就要改变孩子的饮食习惯，让孩子多吃一些含益生菌的食物。

3 视力

近视、色盲和弱视都具有遗传性。父母双方都近视，孩子近视几率是25%—50%。色盲基因由母亲携带，而且只有男孩会患病，患病几率是50%。如果孩子头疼，看书、看电视或放学回来眯眼睛、流泪，就应带孩子去医院检查，有可能是视力出现了问题。

4 湿疹

湿疹是过敏反应的一种，遗传几率是 50%。有的父母没有湿疹，而他们的孩子却有。美国临床遗传基因学霍华德·萨尔医学博士指出，父母遗传给孩子的是过敏基因，而不是具体的过敏疾病，所以湿疹也可能是由遗传引起的。在所有过敏性疾病中，婴儿期发病的只有湿疹。如果发现孩子的脸颊、肘关节和膝关节内侧皮肤干痒，起红斑，就要及时就医了。德国慕尼黑理工大学的一项研究发现，父母分居或者离异，他们的孩子患湿疹的几率会增加 3 倍。

5 情绪低沉

某些心理问题和情绪状况与家族遗传有关。如果家族中有抑郁症、狂躁症和强迫症等病史，就要注意孩子是否有烦躁、焦虑、注意力不集中以及厌食等情况，如果有这些症状，就要及早就医。

第12章 胎儿发育与训练离不开胎教

有关研究表明，胎教是教育的启蒙。由于胎儿在子宫内是通过胎盘接受母体所供给的营养和母体神经反射传递的信息，使胎儿脑细胞在分化、成熟的过程中不断接受母体神经信息的调节与训练。所以，妊娠期母体“七情”的调节与孩子智力的发育有很大的关系。

一、胎儿有听觉

胎儿生活在羊水里，与外面的世界又有层层设防，除了羊水、羊膜外，还有绒毛膜、子宫、母亲的腹壁等。虽然胎体居于深宫之中，但生长到 6 个月左右的时候，就可以清楚地听到母亲子宫内的血流声、心脏的跳动声、母亲与父亲的对话声，以及来自于外界的各种声音等，并且能对声音的强弱、音调的高低产生不同的反应。

在音乐会上，当准妈妈沉醉于优美的音乐声中时，腹中的胎儿也在尽情地倾听，并有规律地活动。当演奏完毕、响起热烈的掌声时，胎儿会立即受惊般地加速活动，心率也急剧加快。如果在新生儿室内播放母亲子宫的血流声及心脏跳动声的录音，正在哭泣的新生儿很快就会安静下来，情绪稳定，饮食与睡眠也好，而且体重迅速增加。这是因为，胎儿在母腹内听惯了这些声音，出生后一旦再重复听到就会觉得既安全又亲切。上述这些现象表明，胎儿确实具有分辨声音与接受外界信息的能力。正是由于胎儿具有听觉功能，所以可采用积极正确的音乐、对话等方式对胎儿实施胎教。

二、胎儿有视觉

胎儿的视觉器官比其他感觉器官发育缓慢。这是因为，子宫虽然不是漆黑一片，但也不适合用眼睛看东西。而且，胎儿的眼睛并不是完全看不见东西，从怀孕第 4 个月起，胎儿对光线就非常敏感。如果准妈妈进行日光浴时，胎儿可感觉出光线强弱的变化。

如果直接对准妈妈腹部进行光线照射，胎儿就会感到不舒服。即使胎儿不背过脸去，也会显出惊恐不安的样子。用 B 超观察发现，用电光一闪一灭地照射准妈妈腹部，胎儿心跳就会出现剧烈变化。由此可见，胎儿有视觉。

三、胎儿有记忆力

记忆是思维活动的一种形式。有人认为，从妊娠第 4 个月开始，胎儿的大脑中已经偶尔会出现记忆痕迹；也有人认为，8 个月以前的胎儿有可能具有记忆功能，同时又认为，记忆力从胎儿期就已经开始萌芽。目前科学界普遍认为，胎儿具有记忆力，而且这种能力还将随着胎龄的增加而逐渐增强。

1 胎儿具有记忆力的例证

钢琴家鲁宾斯缇、小提琴家美纽因等人对一些从未接触过的曲子皆似曾相识，即使不看乐谱，乐曲的旋律也能不由自主地在脑海中源源不断地涌现。究其原因，原来是他们的母亲在怀孕时曾经反复弹奏过这些乐曲。

加拿大哈密顿乐团的指挥鲍里斯在一次演奏时，一首从未见过的曲子突然在脑海里出现，而且感到十分熟悉和亲切，这使他迷惑不解。后来经过了解，原来他的母亲曾是一位职业的大提琴演奏家，在怀鲍里斯时曾多次练习、演奏过这首曲子。

一位名叫海伦的妇女，只要给她腹中 7 个月大的胎儿唱一首摇篮曲，胎儿立即就会安静下来。这些例子都无可辩驳地说明了这样一个问题：胎儿具有一定的记忆力。

胎儿既然有记忆力，那么准妈妈就应设法开发胎儿的记忆力，把良好的、积极的、健康的信息及时传递给胎儿，让胎儿输入脑子里，受用一生。

2 胎儿能“学习”

人们都说婴儿就像一张白纸，这种说法是不正确的。婴儿从出生第 1 天起就能辨别出母亲的声音，而且对这种声音表现出极大的兴趣。可见，早在胎儿时期，这张白纸就已经开始描绘图画了。

准妈妈腹中的胎儿伸出小脚来探测胎盘，“这是什么东西？”经过几个回合的研究，胎儿终于确认这是一个柔软、安全的物品；一转身，胎儿的手又碰到了漂浮在旁边的脐带，“这又是什么东西？”很快，脐带就成了胎儿的玩具，一有机会便抓过来玩弄几下；对包围着胎儿的羊水，胎儿更是潜心研究，不时地吞咽几口品尝一下；母亲子宫的血流声、肠道的蠕动声以及心跳的搏动声，对胎儿来说，无异于一首美妙动听的曲子，储存在大脑的记忆系统，以至于出生后依然念念不忘；对于外界传入的音乐声，胎儿也颇感兴趣，转动头部，让耳朵贴近准妈妈的肚皮认真倾听。久而久之，一旦这种声音传来，胎儿便会产生一连串的动作反应。

这一切都说明，子宫内的小生命具有学习能力，胎儿利用一切可能的机会来学习，学习呼吸、学习吞咽、学习吮吸、学习运动等，通过母亲传递进来的信息，揣摩着母亲的心绪，感受着母子间的心理感应。

鉴于胎儿这种潜在的记忆和学习能力，在妊娠期间，尤其是在孕晚期准妈妈应强化与胎儿的交流，及时实施早期胎教，通过各种渠道，使胎儿接受有益的刺激，获得良好的胎内教育。

四、胎儿的训练

胎教主要是通过对胎儿进行听觉、视觉、感觉运动、记忆等方面的训练，激发胎儿的大脑神经细胞增殖到最佳的数量。由于脑神经细胞一旦完成，就不会增殖，所以对未出世的胎儿进行最佳的训练就显得十分重要，可以使胎儿从生理上和心理上得到良好的发展。

目前，随着胎教的深入研究，出现了各种各样的对胎儿进行的训练项目，综合起来，主要有 16 种，概括介绍如下：

1 听力训练

胚胎学研究证明，胚胎从第 8 周开始，神经系统就初步形成，听觉神经开始发育，当胎儿进入 5—7 个月时，听觉神经发育完成。不但能分辨出各种声音，还能做出相应的反应。下面是几个有趣的实验研究：

（1）有人曾做过这样的实验，让新生儿吸吮一个与录音机相连的奶嘴，婴儿以某种方式（长吸或短吸）吸吮就可听到母亲的声音，而且通过辨别声音，表示出对母亲的声音特别敏感。

（2）有人选择在怀孕最后 5—6 周，让准妈妈给胎儿朗读《戴帽子的猫》，历时 5 个多小时，然后在胎儿出生后进行吮吸试验：先准备两篇韵律完全不同的儿童读物，一篇是婴儿在母亲体内听到过的《戴帽子的

猫》，另一篇是婴儿从未听过的《国王、小耗子与奶酪》。婴儿通过不同的吸吮方法才能听到这两篇不同的儿童读物。结果发生了让人非常惊喜的事情，婴儿完全选择了在出生之前听过的《戴帽子的猫》。

（3）有一个曾经引起世界轰动的年青人布莱德·格尔曼，当他从医生那里知道，5 个月以后的胎儿具有听力，可以进行学习时，他就开始设想，自己怎样才能够同他未出世的孩子建立联系，后来他发明了“胎儿电话机”，这种电话机有点像收录机，它可以将录下的声音通过母亲的腹壁传递给胎儿，并可以随时记录胎儿在子宫内对外界各种声音刺激的反应。他把这些微弱的子宫内的声音再放大，就可以了解胎儿对声音的反应。他相信，通过“胎儿电话机”，可以使他和胎儿之间的关系与他太太和胎儿的关系一样亲密。为此，布莱德·格尔曼每天不间断地将电话机放在妻子腹部子宫的位置，有时通过话筒直接与胎儿讲话和唱歌。他渐渐地发现，当胎儿喜欢听某种声音时，会表现得很安静，并且头逐渐移向准妈妈腹壁。听到不喜欢的声音时，头会马上离开，并用脚踢准妈妈的腹壁，表示不高兴。

布莱德·格尔曼经过一段时间的观察与训练，已经知道了胎儿喜欢听什么声音和不喜欢听什么声音了。而且他常常很兴奋地对朋友说：“我的孩子生下来不久，当她一听到我的声音就会掉转头来对着我，我简直无法形容她这样做我是多么高兴。”后来，格尔曼发明“胎儿电话机”的消息传开了，世界各地许多人给他打电话，感谢他的贡献。

以上这些事实均说明了胎儿在未出生前就已经具备了听力。此外，科学家们还发现，如果胎儿患有先天性耳聋，通过听力训练，可以做出初步的诊断，等胎儿出生后就可以采取相应的治疗措施。

2 运动训练

运动可以促进胎儿生长发育得更好。从第 7 周开始，胎儿就可以在母体内蠕动了，由于活动幅度很小，只能借助 B 超才可以观察到。当胎儿发育到 16—20 周时，活动能力大增，动作多种多样，如吮吸手指、握拳、伸腿、眯眼、吞咽，甚至转身、翻筋斗等。运动使胎儿逐渐强大，这时准妈妈就感受到了胎动。

对胎儿进行适当的运动训练，可以激发胎儿运动的积极性，促进胎儿身心发育。我们可以通过对胎动的观察来了解胎儿的健康状况，现代医学已经证明，胎动的强弱和胎动的频率都可以预示胎儿在母体内的健康状况。活动力较强的胎儿，出生后其动作的协调性和反应的灵敏度均优于活动弱的。凡是在母体内受过运动训练的胎儿，出生后翻身、爬行、坐立、行走及跳跃等动作都明显早于一般的孩子。因此，胎儿的运动训练确实是一种积极有效的胎教手段。

有些准妈妈对胎儿进行运动训练表示担心，认为锻炼会伤害胎儿。其实，这种担心是没有必要的。孕后 4 个月，胎盘已经很牢固了，而且母体内也具有较大的空间。羊水环绕着胎儿，对外来的作用力具有缓冲的作用，可以保护胎儿。所以对胎儿进行运动训练不会直接碰到胎儿，这一点准妈妈可以放心。

3 记忆力训练

对于胎儿是否有记忆，这一问题曾经引起不少国内外学者和专家们的争议，并对此进行了长期的深入研究。西班牙一所胎儿教育研究中心对“腹中胎儿的大脑功能会被强化吗”这一课题进行了研究，结果表明，胎儿对外界有意识的激励行为的感知体验，将会长期保留在记忆中，直到出生后，对孩子的智力、能力、个性等都有很大的影响。

德国的一位医生保罗·比库博士曾经治疗过一位男性患者，这位患者的发病症状，恰恰证明了胎儿期的潜在记忆对人的一生所产生的巨大影

响。当这位患者出现不安状态时，全身就会出现暂时性发热反应。为了查明发病原因，比库博士采用催眠法将患者引人睡眠状态。于是，这位患者渐渐地回忆起了胎儿时期，回想起当时发生的重大事情。他讲述胎儿 7 个月以前的情况时，语调平和，神情也很自如。但是，当他讲述 7 个月以后的情况时，突然出现嘴角僵硬、浑身颤抖、身体发热，露出惊恐的表情。很明显，是患者回忆起了导致他出现这一症状的胎儿期的体验。那么，这到底是什么原因呢？几个星期后，比库博士走访了这位患者的母亲，据他母亲回忆，在她怀孕 7 个月后，曾洗过热水浴，试图想堕胎。此时，胎儿的大脑发育已经基本完善，记忆储存迅速增大，致使这位母亲在怀孕晚期带给胎儿的恐怖，直到出生后仍难以消失。

其实，在生活中类似的情况还有很多。当刚出生的宝宝哭闹不止时，如果马上将宝宝的头转向母亲的左侧胸部，让宝宝的耳朵贴近母亲的心脏，当母亲的心脏跳动的声音传到宝宝的耳朵里时，宝宝会立即停止哭闹或安静入睡。这是因为，胎儿已经习惯了母体内的声音，包括心脏的跳动声音等。虽然胎儿未出生，但记忆犹新。当宝宝来到一个完全陌生、听不到熟悉环境的声音时，就会产生不安和恐惧，出现哭闹等。一旦宝宝听到了熟悉的心脏跳动声音，会立即产生一种安全感，停止哭闹，安静入睡。

以上事实说明，胎儿并不是无知的生命。准爸爸准妈妈可以根据胎儿的这一能力，及时进行合理地训练，使胎儿的智力得到更进一步的发展与完善。

4 语言训练

对胎儿进行语言训练是一种行之有效的胎教方法。

法国学者曾经对一些婴儿进行过法语和俄语的选择试验，结果发现，这些婴儿对法语的发音反应更为强烈。

美国“胎儿大学”的一个“小学生”，在妈妈肚子里经过“胎儿大学”的语言学习后，出生仅仅 9 周，就能对录像机放映的节目说“哈罗”。

从这两个实例说明了这样一个问题，一个小生命在胎儿期就已经具备了语言学习的能力。根据胎儿这种潜在的能力，准妈妈只要不失时机，认真、耐心地对胎儿进行语言训练，等胎儿出生后，其听力、记忆力、观察力、思维能力和语言表达能力，将会大大地超过未经语言训练的孩子。

5 呼唤训练

根据胎儿具有能辨别各种声音并做出相应反应的能力，准爸爸准妈妈可以经常对胎儿进行呼唤训练，也可以说是“对话”训练。孩子出生后会马上辨别出自己父母的声音，这对父母来说是一个激动人心的时刻。对宝宝来说，刚来到这个完全陌生的世界时，如果能听到一个熟悉的声音，则是莫大的安慰和快乐，同时也消除了因环境的突然改变而带给宝宝心理上的紧张与不安。

曾有一位父亲，从妻子怀孕 7 个月开始就经常向胎儿说：“小宝贝，我是你的爸爸！”当这个宝宝出生后，因环境的突然改变产生不安而哭闹不止时，其父亲突然想到了与胎儿经常说的话，于是马上说：“小宝贝，我是你的爸爸！”话刚出口，宝宝就像着了魔法一样突然停止了哭声，并掉转头来寻找发出声音的方向，同时高兴地笑了。以后每当宝宝哭闹时，父亲说出这句话就会使宝宝从哭闹中安静下来。

由此可见，父母通过声音和动作与腹中的胎儿进行呼唤训练，是一种积极有益的胎教方法。在对话过程中，胎儿能够通过听觉和触觉感受到来自父母的呼唤，增进彼此感情上的沟通和联系，这对胎儿的身心发育是很有益处的。

6 体操训练

如果说人们做操是为了增强体质，有利于身心健康。那么，对胎儿来说，早期进行这方面的训练，可以培育出心灵手巧、体格健壮的孩子。如果对腹中的胎儿进行长期的体操训练，孩子出生 2—3 个月后，就可以顺利地完成各种动作，其中有些动作是 1 周岁以上的幼儿才能完成的，如翻身、抓握、爬等，还可以自己转动袖珍收音机的旋扭，捡起床上的瓜子皮，抓住小奶瓶吮吸等，这种超前的运动能力实在令人惊讶。专家们观察发现，这些孩子身体健康，很少得病，精力充沛，智力发育良好。

此外，准妈妈坚持给胎儿做操，还有利于顺利分娩。有一位产妇分娩时发生难产，经医生检查后发现，胎儿心跳减慢，心律不齐，于是立即决定进行剖腹产手术。这时，这位产妇突然想起已经到做操时间了，于是她立即抚摸胎儿为胎儿做操，之后，奇迹发生了，胎儿很快就安静下来了，而且自然顺利分娩，宝宝平安出生。由此可见，准妈妈经常为胎儿做操，不仅对胎儿的发育有利，而且有助于顺利分娩。

7 游戏训练

与胎儿做游戏，可能会有人疑惑不解，胎儿怎么会做游戏呢？其实，胎儿在母体内有很强的感知能力。下面是通过超声波的荧屏显示观察到的胎儿在母体内的活动情况：胎儿醒来，伸了一个懒腰，打了一个哈欠，又调皮地用脚蹬了一下妈妈的肚子，这样宝宝感到很满意。一个偶然的机会，胎儿的手碰到了漂浮在旁边的脐带，很快，脐带成了宝宝的游戏对象，一有机会便抓过来玩弄，有时还抓住脐带送到嘴边，这个动作使宝宝产生了一阵阵快意。从胎儿的这些动作和大脑的发育情况分析，科学家们认为，胎儿完全有能力在父母的训练下进行游戏活动。

父母对胎儿做游戏胎教训练，可增强胎儿活动的积极性，有利于胎儿的智力发育。

据国外报道，一些天才儿童在母亲腹内第 3 个月时，其父母亲就开始对他（她）进行游戏训练，通过敲母亲的腹壁观察他（她）的反应情况。

经过一段时间的训练，胎儿已经会调皮地与人玩游戏了。当有人敲母亲一下，他（她）也回敲一下，你敲两下，他（她）也敲两下。后来，他（她）的父母很自豪地说，他们的孩子一出世就马上认出父母。可见，胎儿是很有潜能的，只要父母不失时机地通过各种渠道对胎儿实施早期胎教，使胎儿获得良好而有益的刺激，才能利于胎儿的智力潜能的开发。

目前，有些国家正在研究通过对胎儿实施一种特殊的训练，以培养体育方面的超级明星。这一愿望经过人们对胎儿潜能的不断认识和挖掘一定会实现。

8 性格培养

性格是儿童心理发展的一个重要组成部分，在人生的发展中起到举足轻重的作用。人的性格早在胎儿期就已经基本形成，这一点已被专家们所证实。因此，在怀孕期间，注重胎儿性格方面的培养就显得非常重要。胎儿性格的形成离不开生活环境的影响，母亲的子宫是胎儿生活的第一个环境，小生命在这个环境里的感受，将直接影响到孩子将来性格的形成和发展。

20 世纪 70 年代初期，一直被妇产科医生用来防止妇女流产的一些药物，如雌激素和黄体酮等，最近却被发现对胎儿的性格有不良的影响。美国纽约州立大学的一项研究报告表明：孕期女性使用雌激素和黄体酮会使胎儿出现明显的女性特征，表现为男性性格软弱，很少有攻击能力，而女性则更加女性化。而且，还与女性的服药量有密切关系，同时注射了黄体酮、雌激素的女性所生的孩子与只注射黄体酮的女性所生的孩子相比，前者比后者更具有明显的女性特征。

这是我们从报告中看到的激素对胎儿性格形成的影响。那么，是不是只要不使用这些激素，对胎儿的性格形成就没有影响呢？许多研究表明，准妈妈的精神状态、情感、行为、意识等也同样可以引起激素分泌的异常改变，从而影响胎儿的性格形成。

瑞典有一名女婴，虽然她长得很健壮，却不愿吮吸母亲的奶，母亲

把奶头对着她，她却把头转过去。她情愿去吮吸其他母亲的乳汁或奶瓶的奶，也不愿吮吸自己母亲的奶。后来经过调查才发现，原来这位女孩的母亲在怀孕时打算流产，但因其丈夫执意不肯才勉强生下了她。女孩在母亲的腹中已经感到母亲不希望生下她，出生后就对母亲心怀不满，因此拒绝吃母亲的奶，对母亲仍存有戒心。

如果母亲是一位热爱胎儿，不论在任何不良环境中都能够表现出坚强的个性，那么，对胎儿会产生良好的效果。

有一位遭受沉重打击的准妈妈，在怀孕数周后被丈夫抛弃，为此，她常常忧愁，当她怀孕到 6 个月时，在一次检查中发现一侧卵巢患有癌前性囊肿，需要立即手术切除。这时，医生建议她打掉孩子，但她毅然拒绝，为了这个孩子，她做好了冒任何风险的准备，最终这位准妈妈生下了一个完全健康的胖儿子。

从这个事例说明，只要母亲有坚强的性格就会感染胎儿，使其同母亲一道战胜困难，并从中得到性格方面的锻炼。心理学研究证明，胎儿能敏锐地感知母亲的思维、心理活动以及母亲对自己的态度。所以，胎儿也并不像人们想像的那样娇弱。通过以上的事例，希望能给将要做母亲的女性一个深刻的启示。

9 行为培养

行为也是一种语言，只不过它是一种无声的语言。准妈妈的行为通过信息传递，可以影响胎儿。

我国古人在这方面早就有论述，古人认为，胎儿在母体内会受到母亲言行的感化。因此，女性在怀胎时，应清心养性，守礼仪，循规蹈矩，品行端正，给胎儿以良好的影响。相传周文王的母亲在怀文王时，做到了目不视恶色，耳不听淫声，口不出恶言，甚至坐立端正，以身胎教。所以，文王生而贤明，深得人心。

明代一位医生也认为：妊娠以后，则需行坐端严，性情和悦，常处静室，多听美言，令人诵读诗书，陈说礼乐，耳不闻非言，目不观恶事。如此则生男女福寿敦厚、忠孝贤明，不然则生男女鄙贱不寿而愚顽。

由此可见，早在古代时，人们就已经懂得了母亲的良好行为对后代的影响。时至今日，虽然我们已经进入高科技时代，但我国的古代胎教学说却一直被中外学者所重视，而且经过长期的研究，证明了我国古代胎教理论是有科学根据的。

华盛顿大学医院的精神病科医生经过大量的调查研究认为，如果父母是罪犯，那么，他们生出的男孩即使给别人喂养，成长后比亲生父母不是罪犯的人，犯罪的几率要大 4 倍之多。他们还发现，如果父母双方其中有一位是经济罪犯，那么，他们的儿子很可能也会成为经济罪犯。但他们的女儿却不是这样。使人迷惑不解的是，女儿往往患有头痛之类的毛病。

美国南加利福尼亚大学一位心理学家耗时 30 年，专门研究犯罪和家庭成员的关系。他研究了 1447 名丹麦男性，发现这批人中，如果父母是经济罪犯，那么，孩子成为经济罪犯的可能性达到 20%—24.5%。如果父母是守法公民，那么，这个比率将下降为 13.5%。

以上事例均说明，父母尤其是准妈妈行为的好与坏，将会对胎儿一生的行为产生重大的影响。

10 习惯培养

我们每一个人都有各种各样的生活习惯，有的人习惯早睡早起，有的人则喜欢晚睡晚起。但不论我们每个人有什么样的生活习惯，养成一种良好的生活习惯是不容易的，有的人可能一辈子生活都是没有规律的。这是为什么呢？俗话说“江山易改、本性难移”，也就是说，人一旦养成了一种习惯，想改成另一种习惯是很困难的事情。

那么，一个人的习惯是什么时候养成的呢？有人说是儿童时期养成的，也有的人说是出生后开始逐渐养成的。其实，一个人的某些习惯在胎儿时期就基本养成了。胎儿的生活习惯在母亲腹内就会受到母亲自身的习惯影响，并潜移默化地继承下来，这不是哪个人的凭空想像，而是经过科学家实践证明的事实。下面是一项有趣的实验。

瑞典有一位医生，曾对新生儿的睡眠类型进行了实验，结果证明：新生儿的睡眠类型是在准妈妈怀孕后几个月内，由母亲的睡眠所决定的。这位医生把准妈妈分为早起型和晚睡型两种类型，然后对她们进行追踪调查，结果发现：早起型的准妈妈所生的孩子，天生就有同妈妈一样的早起习惯，晚睡型准妈妈所生的孩子，也同妈妈一样喜欢晚睡。

通过这个实验，我们可以得出这样一个结论：胎儿形成几个月内，可能和母亲在某些方面就有共同的节律了。母亲的习惯将直接影响到胎儿的习惯。因此，对那些生活无规律、生活习惯不良的女性，从怀孕起就应从自身做起，养成一个良好的生活习惯，只有这样才能培养出具有良好习惯的孩子。

11 美学培养

我们生活的这个世界，到处充满了各种各样的美。人们通过看、听，体会并享受着美。对胎儿进行美学培养，需要准妈妈将感受到的美，通过神经传给胎儿。美学培养也是胎教学的一个组成部分，主要包括音乐美学、形体美学和大自然美学 3 部分。

（1）音乐美学

对胎儿进行音乐美学的培养，可以通过心理作用和生理作用两种途径来进行。

心理方面：优美、舒缓的音乐能使准妈妈心旷神怡，浮想联翩，从而使情绪达到最佳状态，并通过神经系统将这一信息传递给胎儿，使其深受感染。同时安静、悠扬的音乐节奏可以使躁动不安的胎儿安静下来，使他（她）朦胧地意识到世界是多么和谐，多么美好。

生理方面：悦耳、怡人的音乐能激起准妈妈植物神经系统快速活动，由于植物神经系统控制着内分泌腺，所以能使其分泌出许多激素。这些激素经过血液循环进入胎盘，使胎盘的血液成分发生变化，有利于胎儿健康的化学成分增多，从而激发胎儿的大脑及各系统的功能活动来感受母亲对他（她）的刺激。

（2）形体美学

形体美学主要是指准妈妈本人的气质。首先，准妈妈要有良好的道德修养和高雅的情趣，知识广博，举止文雅，具有内在的美。其次，颜色明快、适合得体的装束，一头干净、利索的短发，再加上面部恰到好处的淡妆，更显得精神焕发可研究结果证明，准妈妈化妆打扮也是胎教的一项内容，可使胎儿在母体内受到美的感染而获得初步的审美观。

（3）大自然美学

准妈妈到大自然中去饱览美丽的景色，可以促进胎儿的脑细胞发育。

12 情趣培养

想要保持身心健康，就应适当地丰富精神活动，如听音乐、看书、读诗、旅游或欣赏美术作品等，这些美好的情趣有利于调节情绪，促进健康，陶冶情操。

胎儿和母亲是血肉相连的，胎儿与母亲之间有着微妙的心理感应。因此，母亲的一言一行都将对胎儿产生潜移默化的影响。

相传在我国古代有一位神童，能将从未见过的几篇文章和诗句倒背如流。那么，这个孩子为什么会有如此先知先觉的本领呢？原来，这些作品都是这位神童的母亲在怀孕的时候喜欢读的，并经常朗诵。

已故的俄罗斯著名提琴家列昂尼德·科，曾讲过他自己的一段有趣经

历：在一次音乐会上，他在妻子的伴奏下，演奏了俄罗斯作曲家创作的新乐曲，在此之前曾短期练习过这首乐曲。当时他的妻子临近分娩，不久就生下了儿子。当他的儿子长到4岁时，便学会了拉提琴。有一天，他的儿子突然奏出了一首从来没有人教过他的乐曲，而这首曲子正是他在那次音乐会上演奏的乐曲。而且那首乐曲仅演奏过一次，后来从未演奏过，亦未录制成唱片。他的儿子出生以后也没有听过那首乐曲。

科学家们还发现，广泛的情趣对改善大脑的功能有着极为重要的作用。有人认为：乐队指挥、画家、书法家等生活情趣较丰富的人，之所以具有创造力，这与他们经常交替使用左、右大脑，促进左、右大脑的平衡，提高大脑的功能有关。因此，准妈妈的生活情趣无疑对胎儿大脑左、右半球的均衡发育起到很关键的作用。

上述事实均说明，准妈妈良好的生活情趣对后代有极大的影响。

13 形象意念

有些科学家认为，在怀孕期间，如果准妈妈经常设想孩子的形象，在某种程度上与将要出生的胎儿的形象较相似。因为，准妈妈与胎儿具有心理与生理上的相通。从胎教的角度来看，准妈妈的想像是通过意念构成胎教的重要因素，并且转化、渗透在胎儿的身心感受之中。同时，准妈妈在为胎儿形象的构想中，会使情绪达到最佳的状态，可促进体内具有美容作用的激素增多，使胎儿面部器官的结构组合及皮肤的发育良好，从而塑造出自己理想中的胎儿。在我们的日常生活中，经常会看到许多相貌平平的父母，却能生出非常漂亮的孩子，这与准妈妈经常强化孩子的形象是有关系的。

14 音乐熏陶

心理学家认为，音乐能渗透人们的心灵，激发起人们无意识的超境界的幻觉，并可以唤起平时被抑制的记忆。生物学家认为，有节奏的音乐可以刺激生物体内细胞分子发生一种共振，使原来处于静止和休眠状态的分子和谐运动起来，促进新陈代谢。

有人曾做过这样的试验，给怀孕的女性听音乐，2 分钟后，准妈妈的心跳加快，如果在准妈妈的腹部子宫位置放音乐给胎儿听，5 分钟后，发现胎儿也出现心跳加快，而且对音乐的高调和低调都有不同的反应：胎儿比较喜欢低缓、委婉的音乐，不喜欢尖、细、高调的音乐。当给 6 个月的胎儿用丝竹乐器演奏欢畅、轻柔的乐曲时，胎儿在子宫内安详、舒适地蠕动。当宝宝出生后每次听到同类的乐曲时，就会高兴得手舞足蹈。

澳大利亚堪培拉医院有一位产科大夫，他曾对 36 名每天按时来医院接受音乐胎教的准妈妈进行追踪调查，发现她们的宝宝降生后神经系统发育良好、体格健壮、智力优良、反应也特别灵敏。10 年后，有 7 名儿童获得音乐大奖，有 2 名成为舞蹈演员，其他孩子的成绩均为良好，并且无一人有不良行为。显而易见，音乐确实是一种能促进胎儿智力、体能健康的有效方法。可以说，音乐在诸多胎教方法中占有重要的位置。

15 意识诱导

近年来，国外出生前心理学的研究发展迅速，研究证明，胎儿具有思维、感觉和记忆的能力，尤其是 7 个月以后的胎儿更是如此。美国纽约大学教育中心托马斯·伯尼博士在自己的著作中讲了一段真实的故事。

巴黎某医院的语言心理学教授托马蒂斯接待了一位 4 岁的患儿，名叫奥迪尔，他患有孤独症，不爱讲话，不论父母怎样启发开导都无济于事，只好送到医院求助该教授。刚开始，托马蒂斯教授用法语和患儿交谈，他毫无反应。经过一段时间的治疗和观察，教授发现了一个奇怪的现象：每当有人同这位小患儿讲英语时，他的兴趣立刻就来了，表示出既爱听又喜欢开口和别人交谈，每当这时小患儿的病就好了。教授找来了孩子的父母，并了解他们在家里是否经常讲英语，可他们的回答是在家里几乎不讲英语。教授又问他们曾经什么时候讲过英语，这时，孩子的母亲突然回忆起自己怀孕期间，曾在一家外国公司工作过，因为那里只允许用英语讲话，所以她在怀孕时一直讲英语。教授听完后顿时明白了，说："胎儿意识的萌芽时期是在怀孕后 7—8 个月，而且胎儿的脑神经已十分发达！"

以上事实充分说明，胎儿具有意识，所以，准妈妈自身的言语、感情、行为都能影响胎儿，直到出生后。

在日常生活中，有少数准妈妈为了一点暂时的身体不适，就会表现出对胎儿的怨恨心理，这时胎儿就会意识到母亲的这种不良情感，从而引起精神上的异常反应。专家认为，这样的胎儿出生后，大多数会出现情感障碍、神经质、感觉迟钝、情绪不稳、易患胃肠疾病、疲乏无力、体质差等。为此，妊娠期间准妈妈应排除这些不良的意识，将善良、温柔的母爱充分地体现出来，通过各种方法爱护、关心胎儿的成长。

16 大自然的陶冶

对一个新生命来说，要让他（她）了解大自然，这是促进胎儿智力开发的很重要的胎教基础课。

在大自然中，准妈妈可以欣赏到飞流直下的瀑布、卷起千堆雪的惊涛拍岸、幽静的峡谷、叮咚的泉水、奇花异草等美丽的风景，这不但可以使准妈妈心情舒畅，还可以将这些美景不断地在大脑中汇集、组合，然后经母亲的情感通路，将这一信息传递给胎儿，使他（她）受到大自然的陶冶。

在国外，曾发生过一件令人惊讶的事情。一个 3 岁的孩子，在人群中大讲异国风光，人们发现这个孩子所说的异国风光，竟然大部分是事实。可是，没有人对他进行过这方面的教育，他怎么知道得这么多呢？经调查后得知，他的母亲在怀孕期间，曾旅游过那个国家，正是母亲的感知变成思维的信息传递给了胎儿。

大自然中新鲜的空气有利于胎儿的大脑发育。有人曾在动物身上做实验，将怀孕的兔子和老鼠分别放在箱子里，然后进行观察，发现这两种动物所生的幼仔，出现无脑畸形的比率非常高。

这项实验说明，氧气对动物大脑发育的重要性，这一点对人类来说也是一样的。而大自然恰好能给胎儿提供充足的氧气。不仅如此，大自然中，如郊外、公园、田野、瀑布、海滨、森林等，对人身心健康极其有益的负离子含量很高，可达数千个，甚至上万个。而在我们城市的室内，只含 40—50 个负离子。如果准妈妈经常到山川、旷野去，就会有机会获得这种“空气维生素”。

当准妈妈从大自然中归来时，皮肤会变得黑红，这正是阳光的无私馈赠。太阳光不但可以促进血液循环，杀灭麻疹、流脑、猩红热等传染病中的细菌和病毒，还能促使母体内钙的吸收，促进胎儿的骨骼生长发育。总之，大自然是无限美好的，不仅能使人大开眼界，增长知识，陶冶情操，而且能得到锻炼和休息，有利于母子身心健康。

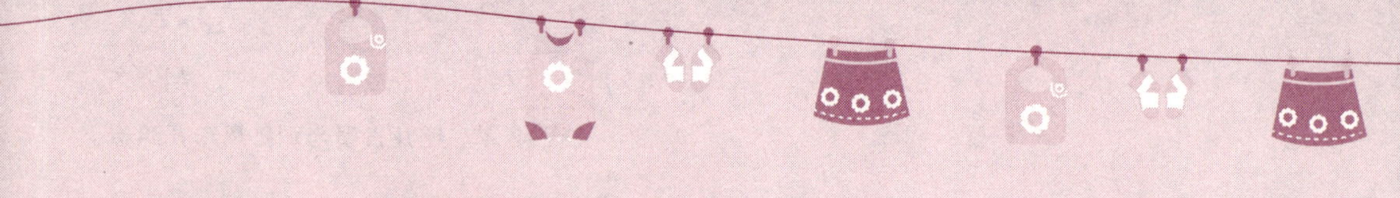

第13章

专家解读十月胎教历程

人的生命，是从精子和卵子相结合的那一瞬间开始的。“零岁”是指人生的历程是从胎儿期开始的。因此，准爸爸准妈妈必须努力创造一个优良的子宫内环境，以适应一个新生命生长发育的需要。

在我国古代，早就有胎教之说。相传孟子的母亲曾说过：“吾怀孕是子，席不正不坐，割不正不食，胎教之也。”传说中的后稷母亲姜源氏怀孕后，十分注重胎教，在整个怀孕期间保持着“性情恬静，为人和善，喜好稼穑，常涉足郊野，观赏植物，细听虫鸣，迩云遐思，背风而倚”。因此，出生后的后稷成为我国农业上最有成就的始祖。

而现在，胎教已受到人们的普遍重视。在妊娠期间对胎儿反复实施良性刺激，可以促进胎儿的大脑良好发育。据美国著名心理学家布卢姆对千余名儿童多年的研究，最后得出的结论是：人的 50% 的智力是在 4 岁以前获得的，30% 的智力是在 4—8 岁之间获得的，另外 20% 的智力是在 8 岁以后获得的。4 岁以前获得的智力，应该包括胎教在内。

总之，古今中外的大量事实都说明，胎教对促进人类智商的提高是至关重要的。

一、孕一月

1 胎儿的发育情况

受精卵种植在母亲的子宫内膜上的第一个月，从现代胚胎学的角度来说，是卵裂期、胚层期和肢节期，胚胎生长速度非常快。到第一个月月末，胚胎的体积能增长近 10000 倍，大约已有 1 厘米长。这时，母亲的血液已在小生命的血管中缓缓地流动，心脏已经形成，并开始了工作。

2 母体的变化情况

怀孕第一个月，准妈妈可能还没有什么感觉。虽然胚芽已经悄悄在子宫里着床了，但准妈妈没发现身体的变化。

这个月，子宫内膜受到卵巢分泌激素的影响，变得肥厚松软而富有营养。血管轻轻扩张，水分充足，受精卵不断分裂，移入子宫腔后形成一个实心细胞团，称为桑椹胚，当周围的透明带消失后，胚泡与子宫内膜接触，并埋于子宫内膜里，称为着床。着床一般在受精后 6—7 天开始，在第 11—12 天内完成。

在第一个孕月里，胚胎的体积增加了很多，准妈妈体内的胚胎细胞将以惊人的速度分裂。细胞的快速分裂过程需要大量的携带有父母遗传基因的脱氧核糖核酸，脱氧核糖核酸的生成需要大量的叶酸参与。如果准妈妈缺乏叶酸，就会引起胚胎细胞分裂障碍，导致胚胎细胞分裂异常、胚胎细胞发育畸形。如果是神经管发育畸形，就会导致胎儿出现无脑或脊柱裂等疾病。

这个阶段，有的准妈妈会有类似感冒的症状，常常在没有任何原因的情况下出现发烧、发冷等现象，过几天，这些症状便会自动消失。

3 本月需注意的重要事项

（1）生殖器的卫生

女性的外生殖器结构比较复杂，皮肤黏膜褶皱较多，而且前后又有尿道口和肛门，很容易受到污染。因此，女性保持外生殖器的清洁卫生，对怀孕非常重要。在月经期间，每天的清洗和更换内裤必不可少，清洗时用温水洗就可以了，不建议用专门的清洁液。

（2）不要擅自进补

再好的补药，也要经过人体代谢过程，不但会增加肝肾负担，还有一定的副作用，会给准妈妈和胎儿带来不同程度的影响。有的准妈妈服了大量的蜂乳，导致严重腹泻，最终流产。准妈妈常服人参蜂王浆、洋参丸等补品会损伤自身和胎儿。虾、蟹、甲鱼等营养丰富的食物，在孕一月吃反而会加重内分泌激素失调。因此，本月最重要的是吃好平常吃的食物，可坚持喝孕妇奶粉。

（3）远离电磁污染

要特别注意电磁波对人体的危害。听音乐、看电视及使用微波炉时，都要保持一定的距离。准妈妈打手机时最好使用耳机，这样可以将手机辐射降低 50% 以上。

（4）吃熟透的食物

食用生的蔬菜和肉类会造成弓形虫、原虫等细菌感染，可对怀孕女性产生隐形的危害。所以，在这个时期，烹煮的食物要熟透。另外，切完生肉以后，一定要把手洗干净。

（5）不要与宠物亲密接触

在怀孕前和怀孕期间，与宠物亲密接触，有可能会感染弓形虫，而弓形虫会导致胎儿畸形。因此，这个阶段，准妈妈要与宠物保持一定的距离。

（6）孕前检查

孕前检查包括血常规、尿常规、大便常规、肝功能、胸透、妇科内分泌全套、白带常规、染色体以及全身体格检查共 9 项，可以对女性是否适合生育做出正确的评估。

（7）改善居住环境

良好的居住环境可以使准妈妈心情愉快，从而达到调节身心的目的。但是，要注意家居装修是否存在污染以及居家周围是否存在噪音问题。居室里最好不要使用地毯，不要使用电热毯取暖。

（8）不要戴隐形眼镜

怀孕早期，由于内分泌发生改变，准妈妈的角膜组织会轻度水肿，戴隐形眼镜容易加重角膜缺氧。由于孕期泪液分泌量减少，黏液成分增加，容易引发眼睛出现异物感、干涩、发磨等不适症，同时还会因眼膜小动脉挛缩而引发结膜炎。所以，准妈妈戴隐形眼镜不适感会比孕前增大，最好戴框架眼镜。

（9）可以做 B 超

B 超探头产生的机械波不会对早期胚胎造成损害。如果准妈妈有阴道出血，不能排除宫外孕时，就必须做 B 超检查。

（10）加强多种微量元素的摄取

此时，要加强多种微量元素的摄取。在保证均衡饮食的同时，要适当地多吃一些香蕉、动物内脏、瓜子、花生、松子等食物。坚持喝孕妇奶粉也是补充多种微量元素的好办法。

（11）不要去人多拥挤的场所

准妈妈在怀孕初期感染风疹、流感、水痘等疾病，会伤害胎儿正在发育的中枢神经系统，严重的会造成流产、死亡、畸形等。因此，准妈妈要避免去人多拥挤的地方，尤其是影剧院、商场等封闭的公共场所，特别是在冬、春季节流感高发期。平日在家里，要注意常开窗通风，保持室内空气新鲜。

（12）尽量吃温热的食物

温热的食物可以起到温胃、养胃的作用，对整个孕期营养的摄取很重要。准妈妈要避免吃温度太低的食物，特别是早餐，最好食用热粥、热牛奶、热面汤。

（13）少用化妆品

有些化妆品含有有害的化学成分，会对胎儿的生长发育产生不利影响，特别是有些祛斑类化妆品，含有铅或汞；染发剂和冷烫精有致畸的可能；口红会吸附空气中重金属微量元素；指甲油的原料中含有对人体有害的化学物质。所以，从这个月开始到整个哺乳期，女性都不要使用这些化妆品。

（14）谨慎服药

有很大一部分女性在怀孕前几天，都会产生类似感冒的症状，如低烧、轻微的咳嗽等。这个时候，如果想继续妊娠，那么不要擅自服药，因为许多感冒药可能会对胎儿产生不良影响。过了几天，如果症状加重，就应立即去看医生。

（15）计算预产期

当发现怀孕后，你要记下最后一次月经的时间。这样，可以准确地计算出你的预产期。

（16）高龄孕妇

如果是高龄孕妇，在知道怀孕后一定要去医院咨询医生，然后做个全面检查，以便获得更多专业性的建议。

（17）远离烟和酒

孕前喜欢饮酒、吸烟的女性，如果准备怀孕，要坚决戒掉烟酒，因为饮酒和吸烟会严重影响胎儿的脑部发育。

（18）感冒、发烧

每个准妈妈都希望自己拥有一个健康的孕期。但是，即使再小心，准妈妈仍有可能患上感冒。如果感冒症状不是很严重，那么，采用一些家庭食疗的方法，同样可以取得很好的效果。

4 本月最常见的现象

（1）怀孕 2 周左右有什么反应？

首先，准妈妈会感到乳房胀痛，轻微触摸会有刺痛感，乳头明显变大；因为子宫扩张的缘故，小肚子会有点变大，但是不明显，只有自己用手按下去时能感觉到不像以前那么柔软，而是有点儿硬；会常常犯困；部分准妈妈会出现食欲增强的现象，所以常常会觉得饥饿。相反，有些准妈妈会出现食欲下降的现象，食量明显减少，吃一点儿就饱。而且一闻到油烟味或看到油腻的食物就会恶心，甚至呕吐。

（2）怀孕 2 周左右，偶尔腹痛正常吗？

出现这种现象时，准妈妈可以留意一下，如果阴道不出血，就暂时不考虑宫外孕的情况，所以不要担心，再观察一段时间，这时不建议做 B 超。刚刚怀孕，孕囊正在落胎，子宫有一些轻微的不适都属于正常。

（3）怀孕 2 周，肚子胀得厉害该怎么办？

怀孕期间，受孕激素的影响，胃肠道蠕动减少，胃排空时间延长，腹部容易出现胀感，这些都属于正常现象，一般不需要治疗。专家建议，此时应加强营养，适当活动，保持乐观的心态。

（4）怀孕已经 3 周了，补充叶酸还来得及吗？

孕早期是准妈妈摄入叶酸的关键期。虽然孕 3—6 周正是胎儿中枢神经系统生长发育的关键时期，但不补充叶酸不一定就缺乏叶酸。

（5）怀孕 3 周可以做 B 超检查吗？

最好去做一次，确定是否宫外孕，3 个月后再做一次。然后听医生的建议，何时再去做。

（6）怀孕 3 周，应该注意什么？

要穿宽松透气的衣服，不要穿高跟鞋。少吃辛辣、生冷的食物，少吃肥肉。不吃桂圆、洋参之类性热或活血的食物。多吃粗粮、蔬菜和水果等。不要吃含防腐剂的食品。屋内要舒适安静，空气流通。卧室要收拾整齐干净。要多运动，但只限于散步之类的轻运动。走路要缓慢平稳，以不振到子宫为宜。

凡是有辐射的地方都不要去。如果你所处的环境辐射很多，要急时买防辐射服。只要是怀孕了，不管是多少天，从这一刻起都要做好准妈妈该有的准备。

（7）怀孕 3 周做 B 超可以测出胎心吗？

可以测出胎心，普通 B 超和彩超都可以，但仅仅是测出而已，可能不会太详细。最好是怀孕 50 天后去做 B 超，这样可以检查胎心搏动、胎囊大小以及其他各项常规。

（8）在怀孕 3 周内染发对胎儿会有影响吗？

染发剂中含有致癌物质，染发剂的化学物质会渗入头皮，影响胎儿发育。所以准妈妈最好不要染发。

（9）怀孕第 4 周感冒对胎儿会有影响吗？

怀孕早期患感冒，对胎儿有一定的影响，但是影响的程度无法预测。最好到正规医院，在医生的指导下，选择对胎儿影响较小的药物来治疗。

（10）怀孕第 4 周应该补充哪些维生素

可以吃维生素 B、C、E。叶酸是 B 族维生素的一种，不可过多服用。

（11）怀孕 4 周应该注意什么？

① 防止流产。不要提拉重物，不要干重活，性生活要有所节制。

② 饮食调整。多吃蔬菜和水果，少吃肥肉，可以吃鱼肉。可适量吃核桃、大枣、蘑菇等食物有好处，少吃或不吃油炸食品，更不要吃罐头、火腿、方便面等含有防腐剂的食品。

③ 远离辐射。不玩电脑，看电视时要保持一定的距离，最好不要随身携带手机。

④ 不要去人多的地方，以免传染疾病。

（12）怀孕 4 周有什么样的症状？

① 月经过期。如果平时月经很正常，近期有过性生活，月经没有按正常的日期到来，这时应该想到可能是怀孕了。

② 小便频繁。妊娠后生殖器充血压迫膀胱，可引起小便次数增多。

③ 乳房变化。在妊娠第一个月月末，乳房可有胀感和轻微疼痛。

④ 早孕反应。常有恶心、呕吐、食欲不好、疲乏、嗜睡等。

（13）怀孕 4 周能做 B 超检查吗？

45 天做 B 超比较好。如果确诊怀孕了，医生会建议做个孕产档案。

5 本月胎教的重点

（1）保持心情愉悦

听一些舒心的乐曲，调节早孕反应，避免重体力劳动和不良环境。要保证充足的营养，这样，既可以促进胎儿的大脑发育，又可以为胎教打下良好的物质基础。准妈妈只有丰富、均衡的营养做基础，才能适应妊娠期各个阶段生理上的变化，使母子身体健康。

（2）可以适当做孕妇操

孕期体操不但有益于胎教，还可帮助准妈妈身体消耗过多的热量，促进代谢，减轻水肿，体重也不会增长过快。而且运动可改善心肺功能，加快血液循环，防止便秘和静脉曲张的发生，并减轻日益增大的子宫引起的腰痛、腰酸及腰部沉重感。

（3）每天坚持散步

散步有利于呼吸新鲜空气，可以提高神经系统和心、肺功能，促进全身血液循环，增强新陈代谢，加强肌肉活动，为顺利分娩打下良好的基础。可以说，散步是准妈妈和胎儿健康的最有效的运动方式。

6 本月准妈妈的营养

妊娠第一个月，为了适应母子的需求，要全面合理补充营养，包括蛋白质、脂肪、碳水化合物、矿物质、维生素和水。蛋白质主要来源于肉类、奶类、蛋类、鱼类。适当地增加热能的摄入量，热能主要来源于脂肪和碳水化合物。矿物质与维生素的供给主要来源于奶类、豆类、海产品、肉类、芝麻、木耳、动物肝脏、花生、核桃、玉米胚芽、鸡蛋、蔬菜、水果等食物。总之，

准妈妈要多吃营养丰富的食物，多吃易消化的食物，多吃清淡、可口、不油腻的菜肴，多吃些粗粮，少吃些精米、白面等食物。

二、孕二月

1 胎儿发育的情况

第 2 个月，胎儿的身长已达到 2—3 厘米，头部和身体形成，五官也清晰可见，所有的器官原形都已初步形成，全身覆盖着一层薄薄的皮肤，手与脚的纹理也能看出来了。总之，大自然赋予人的一切素质，胎儿都已经基本具备了。

“二月之时，儿精成于胞里，当慎护之，勿惊动也。”意思是说妊娠两个月时，胎儿的精气在母体的胞宫内生成，必须谨慎护理，不要随便惊动他（她）。这时的胚胎不仅形态上已经发生了巨变，而且能够感受到外界的刺激。因此，准妈妈不要认为怀孕的时间不长，胎儿尚未成形而掉以轻心。

2 母体变化的情况

超过了月经来潮的时间还不来，大部分女性这时都会察觉到已经妊娠。一般在停经 5 周左右开始出现恶心、呕吐、乏力、厌食、困倦等早孕反应，持续约 2 个月后逐渐消失。乳房逐渐胀大，乳头、乳晕颜色逐渐加深。子宫增大、变软，白带增加，小便次数增多。妊娠试验呈阳性。

从现在开始一直到 6 周，准妈妈体内会产生大量的孕期激素。激素的分泌影响着体内的细胞，帮助准妈妈的身体更适合孕育宝宝。同时，准妈妈也会感到有些不适，可能会出现恶心、呕吐、乳房胀痛、疲劳以及尿频等症状。准妈妈的嗅觉也会变得更加灵敏，讨厌烟味、酒精或含咖啡因的饮料。平时不贪睡，现在会感到老是睡不醒。别担心，这也是由于激素的分泌引起的，它产生一种麻醉的作用，导致人体的行动变得有些迟钝。

准妈妈有时会流泪，从兴奋、骄傲到怀疑、不安。有些是由激素引起的，有些是由具体情况引起的。面对未知，准妈妈感到不安是很自然的，与爱你的丈夫和亲密的朋友分享你的正面及负面的情绪，你会感到轻松很多。

孕期激素的分泌会继续增加，不仅是在早晨，而且一整天，准妈妈可能都会很想呕吐。准妈妈的基础体温仍会持续升高，会感到更加疲惫。

此外，妊娠期胃灼热症也会在本周出现，准妈妈可能会经常感到胃部不适，有烧灼感，并伴有心口痛。如果准妈妈的胃部烧灼感很严重，可在医生的指导下用药。

有时，准妈妈的情绪会变得喜怒无常，这种感觉有些像月经前综合征。因此，准妈妈可能会很苦恼，感到很难控制自己的情绪。实际上，对每一位准妈妈来说，孕期情绪的变化都是正常的。对自己的坏脾气不要过于自责，更不要努力控制。

3 本月重要的事项

（1）装修对准妈妈有哪些危害？

准妈妈和儿童是室内环境污染的敏感人群。据统计结果显示，来医院就诊的白血病患儿，有 90%家里曾经装修过。

（2）避免剧烈运动

在这个时期，胎儿的心脏、血管系统最敏感，很容易受到损伤。准妈妈要注意饮食起居，避免剧烈运动，帮助胎儿安全度过这个敏感期。

（3）调整情绪

准妈妈会突然变得烦躁不安，想发脾气，这时不妨做深呼吸，想像一个可爱宝宝的笑脸，也许心情就好了。整个孕期，准妈妈的情绪也许就像春天多变的天气一样，时而兴奋，时而苦恼。当心情不好的时候，可以静下心来想一想，其实，所有的准妈妈都会像自己一样，体验着相同的情绪。

而且准妈妈保持良好的情绪对胎儿来说是非常重要的情绪胎教。

（4）孕早期出行

前3个月是胚胎发育的关键时期，往往较为脆弱，容易受到外界不良因素，包括高空辐射的影响。所以，孕早期，准妈妈出行要谨慎，量力而为，尤其不宜频繁乘坐飞机，不宜过度颠簸劳累。

（5）嗜睡

嗜睡是妊娠早期的生理需要。准妈妈良好睡眠可以帮助胎儿更好地生长。因此，为了能休息好，准妈妈千万不要忽视孕期床上用品的选择。

（6）阴道出血

孕早期，准妈妈的阴道出血是很常见的现象，但也有可能是流产或宫外孕的先兆。如果出现见红或出血的症状，请到医院就诊。

（7）孕吐

为克服晨吐，可以在床边准备一杯水，或一小块水果，当感到想呕吐时，饮水或吃水果都可以抑制强烈的恶心，改善孕吐症状。

（8）唇腭裂高发期

孕6—10周是胚胎腭部发育的关键时期，如果准妈妈情绪过分不安就会影响胚胎发育，导致腭裂或唇裂。所以，准妈妈一定要注意调节情绪，保持心情愉快。在饮食方面，要吃容易消化吸收的食物，而食物种类要丰富。

（9）营养摄入

从胚胎5—6周起，乳牙基质开始慢慢发育成乳牙胚。恒牙胚是在胎儿5个月时开始发育。牙胚发育得好坏直接关系到宝宝出生后牙齿的状况。所以，从这时开始，准妈妈所摄入的营养关系到母子两个人的健康。

（10）穿宽松的衣服

这时，准妈妈的肚子还没有高高隆起，不要着急买孕妇装。好好整理一下现成的服装，找出宽松的衣服穿就可以了。

（11）没有怀孕症状怎么办？

每个准妈妈都是独特的，个体有很大的差异，没有怀孕征兆并不意味着准妈妈和胎儿会有什么问题。

（12）憋尿

准妈妈有时工作一忙就忘了上厕所，或故意憋尿。这样可能会导致膀胱炎，甚至细菌会侵入肾脏引发肾盂炎，对胎儿的健康造成威胁。

（13）保持口腔清洁

孕吐的残留物会损伤牙齿，尤其是准妈妈喜欢吃的酸性食物更容易损伤牙齿。因此，准妈妈要经常刷牙，保持口腔清洁。准妈妈做好口腔的清洁工作，不但与胎儿健康有关系，而且对准妈妈自身也很重要。

（14）身体的警示信号

异常的疲倦会让准妈妈感到很苦恼。其实，疲劳也是身体的警示信号，它在告诉准妈妈：慢慢来，不要着急，好好休养。

（15）远离宠物

为了胎儿的健康，准妈妈要尽量远离猫、狗等宠物，因为宠物身体上的弓形虫容易引起胎儿畸形。

（16）性生活

在孕期前 3 个月，一定要禁止性生活，以免惊动胎儿，造成流产。

（17）洗澡

准妈妈洗澡的水温不要过高，时间也不要过长，最好不要坐盆浴，避免子宫感染而引起流产。

（18）第一次产检

一般情况下，女性在怀孕第 8—12 周时，要进行第一次正式产检，此时医院会给每位准妈妈建立一个档案，以便记录准妈妈在整个孕期每次身体检查的情况。因此，第一次产检也称为“建档”。第一次产检的项目通常包括问诊、测量体重和血压、听胎心、验尿、验血、检查子宫大小等。但是，会因各医院的不同安排和准妈妈的具体情况而在某些项目上大同小异。

（19）孕吐严重会影响胎儿吗？

孕吐严重的准妈妈一定会担心腹中的胎儿营养不良。其实，现在的胎

儿还小，所以不需要很多营养。如果准妈妈在一两周里只吃一两种食物，对胎儿并没有什么影响。

（20）牙龈炎

80%的准妈妈都会患牙龈炎，并且多见于孕早期。但是，只要准妈妈做好口腔保健工作，是能够有效地预防孕期口腔疾病的。

（21）流产

准妈妈如果曾经流过产，这段时间就会很难熬。只要尽最大努力放松自己，并且保持乐观的态度，一切都会顺利度过的。

（22）能喝碳酸饮料吗?

准妈妈喝什么样的水最利于胎儿生长发育，其实是很有讲究的。如果准妈妈平时喜欢喝可乐、雪碧等饮料，那么现在要管好自己的嘴。因为喝碳酸饮料对人体的副作用，会大大超过它带来的感官刺激。

（23）买防辐射服

对于职场中的准妈妈来说，穿防辐射服是必不可少的。目前市场上防辐射服的种类很多，在购买之前，准妈妈应先了解一下如何选购一款适合自己的防辐射服。

4 本月常见的问题

（1）怀孕第5周，感冒了怎么办?

最好是多喝水，尽量不吃药。如果需要吃药，一定要先咨询医生，千万不要随意用药。

（2）怀孕5周，之前不知道自己怀孕而吃过消炎药、感冒药等，这些药物对胎儿有什么影响吗?

不同时间用药产生的后果也不同：在卵子受精后1周内用药，受精卵尚未种植在子宫内膜，一般不会受药物的影响；如在受精1—2周内用药，受精卵已经种植于子宫内膜上，但组织尚未分化，药物产生的影响除流产外，并不会引起致畸，属于安全期。因此，在孕前或孕早期服用药物，对胎儿不会有太大的影响，不必过分担心，也不必为此做人工流产。

（3）怀孕5周，应该注意些什么？

少用电脑，手机也要换成CDMA，或者尽量少用手机。有辐射的地方最好不要去。多吃些蔬菜和水果。多学习孕产育儿方面的知识。

（4）怀孕5周，吃叶酸片有帮助吗？

孕前3个月和孕早期3个月服用叶酸片，都是有帮助的，可促进胎儿神经系统的发育。不过，要吃孕妇专用的微量叶酸片，而不是治疗用的叶酸片，二者含量差别很大。

（5）怀孕5周，出现先兆性流产的症状，胎儿还能保住吗？

一般对胎儿不会有影响。应卧床休息，严禁性生活，保持情绪稳定，补充足够的营养，可以口服一些维生素E。如果胚胎正常，经过休息和治疗后，引起流产的原因会被消除，出血停止，可以继续妊娠。

（6）怀孕6周，出现呕吐、厌食现象，应该补充什么营养？

不需要额外补充营养，只要正常饮食就可以了。可在3餐之间加一些牛奶，多吃些核桃。

（7）怀孕6周，未见胚芽以及心脉搏动，正常吗？

怀孕第6周的时候，胚胎快速生长，大约0.6厘米，形状像蚕豆一样。胚胎的面部有黑色的小点，那将是宝宝的眼睛；小的空洞是鼻孔，深凹下去的地方，将来会发育成宝宝的耳朵。形成宝宝手和腿的地方的变化也越来越明显。这时，胚胎的手和脚看上去像划船的桨。

这时，脑下腺垂体和肌肉纤维也开始发育。最重要的是胚胎的心脏已经可以跳到150次/分钟，相当于大人心跳的两倍。可是，还不能听到胎儿的心跳。直到怀孕3个月后，才能够感受到胎儿在腹中的运动。

（8）怀孕6周，去做B超检查对胎儿有影响吗？

怀孕早期做B超会对胚胎有哪些影响，科学上没有明确的定论。而做B超主要是为了排除宫外孕等症状。

（9）怀孕6周，吃什么都吐，这是正常现象吗？

这种现象是正常的。妊娠反应是因人而异的，和准妈妈的身体情况有关。但是，不要因为害怕呕吐而不吃食物。为了胎儿的健康，准妈妈还是要坚持吃些可口的食物，以便补充营养。

（10）怀孕6周，有哪些症状？

每个准妈妈的早孕反应都不一样。有的准妈妈嗜睡、尿频；有的准妈妈怕冷；有的准妈妈闻到油味会觉得不舒服；有的准妈妈的乳房一碰就有疼痛感等。这些症状通常出现在停经6周以后，一般持续到怀孕3个月。主要和每个准妈妈的激素有关。而且有的准妈妈早孕反应时间比较长，直到16—18周才消失。

（11）怀孕6周，吃感冒药会对胎儿有影响吗？

怀孕期间不能自行服药。尤其是孕早期，是胎儿成形发育的关键期，用药一定要慎重。感冒了要去专门的妇产医院说明病症，让医师开药。有些人认为吃中药安全，事实上，中药大部分为复方药，成分复杂。所以，中药也并不绝对安全。

（12）怀孕6周，吃不下东西、嗜睡该怎么办？

这时是胎儿大脑发育的第一个阶段，准妈妈应多出去走走，大腿运动能摩擦胎儿的头部，有利于胎儿的大脑发育。应少吃水果，多吃含蛋白质的食物。

（13）怀孕7周，有中度贫血会影响胎儿智力吗？

准妈妈贫血必然会导致胎儿铁供应不足，而铁对胎儿的发育极为重要。所以，准妈妈有缺铁性贫血症状时一定要及时改善。阿胶是补血的中药，准妈妈可以吃一些。另外，准妈妈的饮食中要保证每天有瘦肉、猪肝、绿叶蔬菜等食物，这些食物中铁含量较高。但不要喝茶水，否则会干扰铁吸收。

（14）怀孕7周了，不知道胎儿发育情况怎么样？

可以去医院检查胎儿是否缺氧，如果不缺氧，那么胎儿一般不会有什么大问题。

（15）怀孕7周了，还没有呕吐的现象正常吗？

正常。每个准妈妈的早孕反应都不一样。通常出现在停经6周以后，一般持续到怀孕3个月。

（16）怀孕7周，情绪波动较大对胎儿有影响吗？

怀孕期间，准妈妈的情绪波动较大，对胎儿会有一定的影响。但偶尔的情绪波动，对胎儿的影响不大。

（17）怀孕7周，做B超对胎儿有影响吗？

做常规B超孕检是没有影响的。但一般B超也只是确定大概怀孕的天数而已。在医学检查上，B超可以存在一个星期左右的误差，这是正常的。一般具体的怀孕时间是从末次月经的第一天开始计算的。

（18）怀孕7周了，有胎芽没有胎心正常吗？

这属于正常现象，不用担心。说明胎儿正常发育。

（19）怀孕8周，嘴发酸、反胃呕吐怎么办？

家里可常备一些小饼干等零食，吐完了以后吃一些。否则，长时间呕吐会把胃弄坏了。另外，吃姜是一个很好的止吐的方法，可以把姜切成碎末，加肉末包点馄饨饺子吃。或者弄几片姜放在大杯子里，用80℃左右的水冲泡，再放一些冰糖，一日喝3次，有止吐功效。

（20）怀孕8周，只见妊娠囊不见胎芽怎么办？

一般怀孕6周可以见到妊娠囊，7周可以见到胎芽，8周可以见到胎心为正常，否则就是胎儿停止发育，需要到医院详细检查病因，积极治疗。

5 本月胎教的重点

妊娠第 2 个月是胎儿器官形成的关键时期，胎儿最原始的大脑已经建立，为确保营养胎教的实施，准妈妈应摄入含有适量蛋白质、脂肪、钙、铁、锌、磷、维生素和叶酸等的食物，这样胎儿才能得到赖以实施营养胎教的物质基础，也是确保胎儿正常生长发育的必备条件。如果这个时期准妈妈营养供给不足，很容易发生流产、死胎和胎儿畸形等。此外，准妈妈还应注意的是，主食及动物脂肪不宜摄入过多，否则，摄入过多的脂肪会产生巨大儿，造成分娩困难。

温馨提示

当准妈妈感到烦躁或焦虑时，应有意识地让自己平静，告诉自己："不要着急，不要生气，宝宝正在看着呢！"你的积极、平和的情绪可以传递给腹中的胎儿，这将为孩子今后的人生打下良好的基础。在各种胎教方法中，音乐胎教有其特殊性。胎儿经常接受优美健康的音乐，可以改善胎盘的供血状况，保证胎儿更健康地生长。

6 本月营养

良好充足的营养，可以促进胎儿的大脑发育，更是积极开展胎教的物质基础。准妈妈的营养只有丰富、均衡、恰当，才能适应妊娠期各个阶段生理上的变化，才能使母子健康。下面推荐的食谱，供准妈妈参考：

清蒸鲤鱼

原料：新鲜鲤鱼一条，重 500 克以上。

做法：将鱼去鳞、肠、肚，置盘中，放入笼中蒸 15—20 分钟取出即可食。

提示：禁用一切油盐调料。

7 准妈妈的心情与胎教

准妈妈的好心情，不仅可以影响自身健康，而且通过神经—体液的调节，对胎儿的发育也会产生有利的影响。妊娠第 2 个月，准妈妈应当继续坚持“宁静养胎即胎教”的观点。确保其情绪乐观、稳定，切忌大悲大怒，更不应吵骂争斗，力求始终持平和的心态。因为准妈妈的一举一动，都会对胎儿产生影响。

8 本月可常做的运动

准妈妈适时地开展胎教体操，有益于强健母子体质，是早期进行间接胎教的手段之一。妊娠第 2 个月的锻炼方法，是在第 1 个月的基础上继续散步和做操。

（1）散步

散步是孕早期最适宜的运动。准妈妈散步时最好选择在绿树成荫、花草茂盛的环境，如空气清新、氧气浓度高、尘土和噪音都比较少的公园等。这些地方有利于准妈妈呼吸新鲜空气，提高神经系统和心、肺功能，促进全身血液循环，增强新陈代谢和肌肉活动。而且准妈妈置身在宁静的环境里进行有效运动，对自身和胎儿的健康都将起到积极的作用。

（2）做孕妇操

适合妊娠第 2 个月的孕妇体操，主要是练习坐和脚部运动。

① 坐：准妈妈尽量坐有靠背的椅子，这样可以减轻上半身对盆腔的压力。坐之前，把两脚并拢，把左脚向后挪一点儿，然后，轻轻地坐在椅垫的中部。坐稳后，再向后挪动臀部，把后背靠在椅子上，深呼吸，使脊背伸

展放松。这个动作虽然不能算作一节操，但在孕早期应练习学会“坐”。

② 脚部运动：活动踝骨和脚尖的关节。由于胎儿的发育，准妈妈体重日益增加，导致脚部的负担加重，所以必须每日做脚部运动。

9 胎教音乐

妊娠第2个月，胎儿的听觉器官已经开始发育，而且神经系统已初步形成。虽然听觉器官发育得还很不成熟，但已具备了可以接受训练的最基本条件。因此，从这个月的月末开始，准妈妈可以给胎儿放一些优美、柔和的乐曲。不但可以激发准妈妈本人愉快的情绪，还可以对胎儿的听觉给予适应性的刺激，为进一步实施的音乐胎教和听觉胎教打下基础。在优美的音乐声中，准妈妈因恶心、呕吐引起的不适症状也会得到缓解，这样更有利于胎儿的发育。

由于音乐的曲调、节奏、旋律和音量不同，所以，会对人体产生不同程度的情感和理性共鸣。值得准爸爸准妈妈注意的是，一定要选择一些镇静、舒心、促进食欲等类型的音乐。

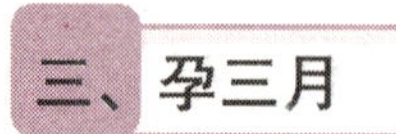

三、孕三月

1 胎儿发育的情况

第3个月末，胎儿的雏形已经具备，不能再称为“胎芽”，而是真正的“胎儿”。以前胎儿是通过皮肤吸收氧气和营养，而此时是经胎盘上的脐带，从母体获得丰富的养分。

胎儿的脸部已略具人类雏形，有眼睑，耳朵部分也已形成，嘴唇构造完全，鼻子隆起，并且已有鼻孔。

胎儿会转动头部，会改变身体的方向或姿势，会有走路、跳跃和惊吓等动作，能在羊水中非常活泼地运动。

2 母体变化的情况

进入第 3 个月，准妈妈已经适应了怀孕的各种症状。但是，现在还不能确定胎儿的性别。

准妈妈的体重没有增加多少，但是乳房更加膨胀，乳头和乳晕色素加深，需要使用新的乳罩，会让胸部感到更舒服一些。

子宫已增大了两倍，大概有网球那么大。随着子宫逐渐增大，准妈妈感觉到整个身体都在发生变化。腰围也增加了很多。

3 本月重要的事项

（1）轻度浮肿

身体浮肿是孕期准妈妈最常见的现象。虽然浮肿多发生于孕晚期，但是也有不少准妈妈在怀孕初期就出现下肢浮肿的情况，特点是晨轻暮重，经过平卧休息，一般症状都会减轻。

（2）乳房护理

坚持每天清洗乳头，保持乳房清洁。事实上，从怀孕初期到分娩后，女性的乳房都要经历一系列的变化。只有精心呵护，才能保证宝宝日后充足的“粮仓”。

（3）痤疮

约 2%—5% 的准妈妈皮肤易长痤疮，尤其是在孕早期。如果准妈妈长了痤疮，在使用药物时要特别慎重，不能乱用，尤其是含有水杨酸、维生素 A 或类固醇的药物，可能有副作用，会伤害到胎儿，所以准妈妈应禁止使用。

（4）护发

由于激素的作用，整个孕期准妈妈从头到脚所有的毛发都会发生变化。为适应发质的变化，准妈妈要注意日常的护发，要经常更换洗发水和护发素。

（5）注意补水

现在，准妈妈需要喝大量的含微量氟的水，这样可以得到充足的氟化物、钙和磷，保证胎儿的牙齿骨骼能正常发育。

（6）更换胸罩

由于乳房急剧增大，所以准妈妈需要重新购买适合的胸罩。乳头变得很敏感和柔软，可以尝试穿运动胸罩，那样会感觉舒服很多。

（7）保证充足的睡眠

准妈妈每天最好能够保证 9 个小时的睡眠。如果有条件，最好每天能有 1 小时的午睡。准妈妈只有休息好了，才有可能保持愉快的心情，保证胎儿健康地生长发育。

（8）喝孕妇奶粉

孕妇奶粉对胎儿的大脑、骨骼、神经系统的发育都有好处。准妈妈可以按照孕妇奶粉的说明，每天早、晚喝一次。

（9）出生缺陷筛查

如果准妈妈的年龄超过了 35 岁，或者有诸如囊性纤维化这样的家族遗传病史，就要去医院咨询遗传病，或者在妊娠 10—12 周时进行绒毛活检（CVS），以对出生缺陷及异常情况进行筛查。

（10）头疼

孕期准妈妈头疼是很常见的现象，尤其是在孕早期，因为此时血压偏低而身体正努力向头部供血。如果需要通过服用药物来缓解头痛，那么一定要在医生的指导下进行用药。

（11）黑色素沉着

准妈妈皮肤上的黑色素沉着加重，痣、雀斑及乳头的颜色都加深了。不过，在分娩后这些现象都会恢复正常，准妈妈不用担心，每天坚持按摩就可以轻松驱走黑色素。

（12）体重一定会增加吗？

大多数准妈妈在这个阶段体重都会出现不同程度地增加。如果你的体重没有变化，也不要担心。

（13）准妈妈能吃药吗？

如果准妈妈服用了不合适的药物，药物就会通过胎盘直接影响胎儿。但是怀胎 10 月，准妈妈难免会生病，因此，准妈妈一定要了解孕期服用药物的禁忌。

（14）开车时系好安全带

准妈妈无论是坐车还是开车，都要系上安全带。准妈妈安全驾车，对自己和孩子的健康都有利。

（15）加强营养

怀孕期是女性需要加强营养的特殊生理时期，因为胎儿生长发育所需要的全部营养素都来自母体，而准妈妈自己也需要为分娩和哺乳储备营养。所以，准妈妈加强营养，对于妊娠过程及胎儿的发育，都有很重要的作用。

（16）妊娠纹

很多准妈妈觉得妊娠纹是无法避免的，这种说法是不对的。其实，只要准妈妈在怀孕期间加强保养，保持正常的饮食和生活习惯，并且放松心情，就能有效地减少妊娠纹的出现。

（17）补钙

准妈妈从现在开始要多喝牛奶，每天多吃一些高钙食物。因为准妈妈缺钙会引起小腿肌肉痉挛。

（18）胃口变大

这时，妊娠反应渐渐减轻，准妈妈的胃口开始变大。准妈妈最好随身带一些健康的小零食，这样就不会因饥饿而到处找食物吃。

（19）补充足够的水分

准妈妈会经常感到口渴。所以，无论到哪里都要随身带上一瓶水。但是准妈妈要注意遵守补水的原则，不可盲目补水。

（20）想吃的食物千奇百怪

有些准妈妈可能有一种莫名其妙的感觉，想吃沙土、烟灰和其他古怪的食物。这可能是一种异食症，说明准妈妈缺乏维生素或矿物质，要及时咨询医生。

（21）血压和体重

测量血压和体重是每次产前检查必查的项目。医生需要掌握准妈妈的基础情况，如果发现有血压上升的趋势，应及时引起重视，寻找原因。

（22）怀孕能化妆吗？

平时喜欢化妆的女性，即使怀孕了也可以化妆，但是一定要避免使用那些可能会伤害胎儿的化妆品和护肤品，如口红、染发剂等。

（23）穿上舒服的鞋

从这个月起，准妈妈应穿轻便及行走方便的鞋。鞋跟要低，最好在2厘米以下。

（24）孕检档案

还没有建立孕检档案的准妈妈，现在应建档了。孕检档案对整个孕期来说非常重要，医生为每位准妈妈做各项产检时，都会依据手册内记载的检查项目分别做记录。一般来说，准妈妈大多会在建档的医院分娩。因此，要选择最适合自己的医院。

（25）尾骨疼痛

如果白天经常坐着的准妈妈，都会感觉尾骨疼痛。可以用热敷或冷敷尾骨部位的办法，一次15分钟，或者淋浴，但水温不要过高，可以有效地缓解尾骨疼痛。

（26）适当运动

现在，准妈妈可以放心地参加一些轻松的运动，或者做一些简单的家务，这对准妈妈的身心健康很有益。对胎儿来说，也是一种非常有益的运动胎教。

（27）需要补充维生素吗？

准妈妈是否要补充维生素和微量元素，要检查微量元素后才能确定。一般医生会根据准妈妈个人的实际情况，给出合理的指导。

（28）头晕眼花

如果准妈妈经常感到头晕，以致晕倒或看到光晕，就要向医生咨询。引起孕期头晕的原因有很多，如果感觉过度头晕和疲劳，可能是孕期贫血的征兆。

（29）可以戴隐形眼镜吗？

准妈妈最好避免戴隐形眼镜，否则引发角膜炎和结膜炎的可能性要比平时增大很多。准妈妈最好戴框架眼镜，这样，可以使角膜有机会休息。

（30）摘下戒指

准妈妈很容易出现身体浮肿，所以最好将戒指之类的饰品取下，避免因手指浮肿而被戒指夹手。

（31）告诉领导你怀孕的消息

当准妈妈在工作中开始感到疲劳和不适时，就要开始考虑何时将怀孕的消息告诉领导了。实际上，职场女性怀孕必然会影响工作，只要准妈妈合理规划，就能确保二者兼顾。

4 本月常见的问题

（1）怀孕 9 周，做 B 超能辨别出胎儿的性别吗？

不能，一般在怀孕 5 个月左右才能辨别出胎儿的性别。但法律和医院都规定禁止一切非医学目的的胎儿性别鉴定。

（2）怀孕 9 周，做 B 超对胎儿的影响大吗？

孕期做 B 超检查是很必要的。但是，做 B 超对胎儿有没有影响、孕期能做几次 B 超等问题，目前还没有明确的答案，但国外已经有资料证明，B 超对胎儿有一定的损害。

（3）怀孕 9 周，噪音对胎儿的听力影响大吗？

短时间的噪音对胎儿的听力影响不是太大，但准妈妈还是要严密观察，要尽量避免噪音，做好孕产期保健。

（4）怀孕 10 周，得了重感冒能吃药吗？

目前，治疗感冒的药，准妈妈不能服用。只有多吃水果、蔬菜，多喝水，多睡觉，少吃油腻、辛辣等食物，靠自身免疫系统来康复。

（5）怀孕 10 周，得了霉菌性阴道炎对胎儿有什么影响？

一般情况下，霉菌性阴道炎对胎儿没有什么影响。但不要做妇科检

查，更不能用灌洗器清洗阴道，以免造成流产。可以使用小苏打水清洗外阴。

（6）怀孕10周，肚子胀气难受，吃药会影响胎儿吗？

怀孕后用药要谨慎，否则会影响胎儿生长发育。建议准妈妈到正规的医院，接受正规的检查，在专科医生的指导下用药。

（7）怀孕10周，发烧了该怎么办？

准妈妈发热超过38℃，一定要去医院，因为发热对胎儿的影响比药物还要严重。如果发热不太严重，可以用酒精擦拭身体、多喝白开水等方法来降温。

（8）怀孕10周就感觉到胎动正常吗？

妊娠18—20周，就可以感觉或触到胎动。依个人敏感程度不同，感觉因人而异。比较敏感细心的准妈妈，在孕3—4个月可以体察到轻微的胎动。但大多数准妈妈会在4个半月才体察到轻微的胎动。

（9）怀孕10周，吃什么都吐怎么办？

可吃些易消化、清淡的食物。

（10）怀孕11周，能做B超吗？

只要准妈妈不是反复、长时间地做B超，一般不会影响胎儿。

（11）怀孕11周，做心电图和抽血对胎儿有影响吗？

单独做心电图和抽血对胎儿没有任何影响。

（12）怀孕11周，感觉没有怀孕初期的症状了正常吗？

正常。因为怀孕前3个月有早孕反应，过了3个月，妊娠反应自然而然就会消失。

（13）怀孕11周，阴道有褐色分泌物流出是怎么回事？

可能是精神压力过大、受外界因素的影响、内分泌失调、服用避孕药、妇科方面的疾病等方面因素，如果没有其他的不适症状就不需要治疗。

（14）怀孕11周，应当什么时候去医院做检查？

如果没有异常，可在怀孕20、24、28、32、36、37、38、39、40周

时进行孕期检查。

（15）怀孕 11 周，可以辨别出胎儿的性别吗？

怀孕 20 周，才可以用 B 超查出是男是女。但是禁止一切非医学目的的胎儿性别鉴定。

（16）怀孕 12 周，能摸到胎儿的心跳吗？

一般不太容易摸到胎心的跳动。如果准妈妈感觉到好像是胎儿的心跳的时候，可能只是自己本身的动脉在跳动。

（17）怀孕 12 周，需要补钙和叶酸吗？

叶酸就不用补了，可以适当地补钙。最好是先去医院查一下微量元素，如果缺就补，不缺就不用补。

（18）怀孕 12 周可以去旅游吗？

可以。但是为了胎儿的健康，准妈妈不能过度疲劳，不能过度饮食，更不能过度熬夜。一些刺激性的食物最好也不要吃。

（19）怀孕 12 周，阴道有黑色分泌物流出是怎么回事？

不排除有先兆性流产的可能，必须诊断清楚，对症治疗。

（20）怀孕 12 周，做了 3 次 B 超对胎儿有影响吗？

B 超是一种超声波，而超声波是一种间断性的脉冲发射，平均功率在 30—40 毫瓦 / 平方厘米以下。它并不会像 X 线那样具有辐射及生物效应。所以，在一般情况下，对准妈妈和胎儿不会有危害。但不能频繁地做 B 超。

5 本月胎教的重点

（1）情绪是胎教

“宁静即胎教”指的是妊娠早期准妈妈的胎教。而情绪和心理素质是最关键因素。准妈妈节律的心音是胎儿最喜欢听的音乐，有规律的肠蠕动声也会给胎儿以安定的感觉。胎儿处在良好的子宫内环境之中，能得到良好的生长发育。反之，当准妈妈生气、焦虑、紧张不安或忧郁悲伤时，会使内分泌激素浓度改变，胎儿立即会感受到，表现为不安和胎动增加。如

果胎儿长时间存在不良刺激，出生后患多动症的机会增加，有的还可能发生畸形。由此可见，一个温馨的家庭是非常重要的，可以使准妈妈的心情舒畅、平和、稳定，始终生活在充满爱的环境之中，这对胎儿身心健康发育，以及未来性格的形成都会起到积极的作用。

（2）胎教音乐

胎教实际上就是对胎儿进行良性刺激，主要通过感觉刺激来发展胎儿的视觉，不仅有利于孩子未来观察力的培养，而且更有利于将来培养孩子对事物反应的敏感性。由于胎儿生长在子宫的特殊环境里，胎教就必须通过母体来施行，通过神经可以传递到胎儿未成熟的大脑，对其发育成熟起到良性的效应。一些刺激可以长久地保存在大脑的某个功能区，一旦遇到合适的机会，惊人的才能就会发挥出来。

除了听音乐外，准妈妈还应当多接触琴棋书画，可以看画展、花展、科技展，多阅读一些轻松幽默、文字优美的文学作品，还可以学习插花、摄影和刺绣等技能，陶冶情操，与胎儿进行情感交流。

6 本月准妈妈的营养

本月，由于胎儿体积尚小，所需的营养不是量的多少，而是质的好坏，尤其需要摄入含有蛋白质、糖和维生素较多的食物。受孕 11 周以后，胎儿迅速生长发育，需要的营养也日渐增多。从这个时期起，准妈妈充足而合理的营养是保证胎儿健康生长的重要因素，也是积极开展胎教的基本条件。准妈妈如果胃口好转，可适当加重饭菜口味，但仍需忌辛辣、过咸、过冷的食物，以清淡、有营养的食物为主。

四、孕四月

1 胎儿发育的情况

当妊娠进入第 4 个月时，胎儿逐渐长大，头发已经长出，脊柱形成，肝、肾及其他器官如消化腺等已开始发挥作用。胎儿活动的幅度与力量越来越大，准妈妈已经感觉到胎动。胎盘也形成了，与母体连结得更加紧密。胎儿的手足开始活动，而且通过外生殖器可确定胎儿的性别。

2 母体变化的情况

进入了孕中期，准妈妈的胃口大开，食欲旺盛，食量猛增。而且胎儿正在迅速地长大，需要的营养物质更多，丰富的营养会通过准妈妈的嘴源源不断地供给胎儿。所以，准妈妈要注意均衡营养，食物的种类要丰富，包括充足的蛋白质、适量的碳水化合物、低脂肪、多种维生素和微量元素、富含钙和铁的食物以及适量的水等。

如果有条件，准妈妈可以开始参加孕妇学习班。可以让丈夫陪着一起去听有关孕产育儿的课程，一方面可以了解自己目前的状况，预知今后一段时期胎儿的发展，防止一些失误的事情发生；另一方面还可以结交一些新朋友，大家在一起沟通，会帮助你度过情绪上的烦躁波动期。

3 本月重要的事项

（1）分泌初乳

这个月，有些准妈妈的乳头会渗出一些白色液体，这就是非常宝贵的初乳。虽然距离分娩还有好几个月，但乳房已经开始制造乳汁了。

（2）阴道分泌物

准妈妈阴道内的分泌物会增多。但是，如果阴道内有疼痛、烧灼的感

觉和恶臭的气味，要及时就诊。

（3）最佳睡姿

医学专家对准妈妈的睡姿进行了长期的临床研究和实践后证实：在妊娠期，特别是妊娠中、晚期，准妈妈采取左侧卧位是最佳睡眠姿势。

（4）运动

为了将来顺利分娩及产后恢复，现在准妈妈就要做一些适合的运动，如散步、孕妇操、瑜伽等，无论做什么运动，都要根据自身的情况。

（5）旅行

现在，准妈妈剧烈的妊娠反应已经过去，对旅行具有一定的承受能力，而且胎儿此时已经初步"站稳脚跟"。因此，从这个月开始到快进入孕晚期，是准妈妈旅行的大好时机。为了保证准妈妈旅途轻松、愉快，旅途中的安全防护绝对不能少。

（6）还能用手机吗？

应减少手机使用的时间，尽管目前对准妈妈使用手机是否会伤害胎儿尚无定论，但还是建议尽量少用，并且通话时间要短，最好使用免提耳机。

（7）视力下降

准妈妈可能会感觉到最近视力有些下降。别担心，这可能与眼部充血积水，或急速分泌异常导致视网膜增厚有关，属于孕期的正常现象。

（8）肿胀

准妈妈腿脚肿胀是正常现象。有一些方法可以有效地缓解这种不适，如用枕头把脚垫高，可帮助血液循环，减轻肿胀所带来的不舒服的感觉。

（9）皮肤瘙痒

这个阶段的皮肤瘙痒，大多数是由准妈妈身体各部位的皮肤都在伸展引起的，而伸展的皮肤会发痒，对其刺激也会更敏感。如果准妈妈对皮肤进行正确的保湿，就可以减轻皮肤发痒。

（10）仍然感觉很疲劳

准妈妈如果仍感觉很疲劳，那么要检查是否缺铁。补铁的方法除了每天服用补铁片，还要努力地从食物中摄入足够的铁。如果经过检查一切都正常，那么可以采用一些方法来缓解疲劳。

（11）注意活动姿势

由于准妈妈的肚子渐渐增大，身体各部位的受力方向会发生变化。这时，准妈妈要注意保持正确的活动姿势，如避免背部弯曲、不要压迫肚子等。

（12）准妈妈能看电视吗？

准妈妈不要近距离、长时间地看电视。看电视的距离应离荧屏 3 米以上，而且不宜看惊险的电视节目。

（13）宫缩

准妈妈可能会感觉到宫缩。别担心，这不是流产的征兆，而是子宫在为分娩保持良好的状态。

（14）特异性检查

准妈妈在怀孕 15—18 周期间，可能要根据医生的建议做一次产前诊断。通过对胎儿进行特异性检查，以判断胎儿是否患有先天性或遗传性疾病。特别是 35 岁以上且有多次自然流产或死产的准妈妈，更需要做特异性检查。如果准妈妈是 O 型血，准爸爸是 O 型以外的血型，还要做溶血检查，如果发现母婴血型不合，以便医生有所准备。

（15）唐氏综合征

唐氏综合征是最常见的严重出生缺陷病之一。虽然此病发生率不是很高，但是建议每位准妈妈都要在怀孕 15—20 周之间做唐氏筛查，以确保胎儿健康。

（16）妊娠性鼻炎

妊娠性鼻炎一般在怀孕 3 个月以后会非常明显，一旦分娩后，致病因素就会消除，鼻炎也会随之而愈，不留任何后遗症。如果准妈妈患鼻炎，一定要在医生的指导下用药，以免伤害胎儿。

（17）间歇性和持续性阴道流血

良性葡萄胎患者在孕早期与正常准妈妈相同，无特殊症状。可是到了

妊娠 2—4 个月，就有可能会发生间歇性和持续性阴道流血。最初出血量少，色暗红，时出时止，时多时少，反复发生。

（18）容易出汗

准妈妈因皮肤内血流量增加而容易感到发热，导致平时易出汗。所以准妈妈每天需要洗一至两次温水澡，这对个人卫生来说非常重要。

（19）购买孕妇装

怀孕已经 15 周了，准妈妈该给自己添置孕妇装了。虽然是在孕期，但是别忘了要让自己成为一个漂亮、自信的准妈妈。

（20）胎儿的性别

虽然对于大多数父母来说，生男生女已经不再重要了。但是你还会很好奇，肚子里的小家伙到底是男是女呢？民间流传着很多种推测胎儿性别的方法，你可以试着推测一下，但是不要太当真。

（21）听胎心

胎心、胎动是胎儿在向准妈妈传递着健康与否的信息。从孕 16 周末起，准妈妈可根据自己的具体情况和医生的建议，使用专用的胎心仪，在家自行监听胎心音。正常的胎心为每分钟跳动 120—160 次。如果发现胎心跳动过快、过慢或不规则，应立即就医。

（22）妊娠贫血

如果之前没有补铁，从这个月开始一定要开始重视了。因为妊娠血容量的增加会使血液稀释，如果不及时补铁，就很容易出现妊娠贫血。

（23）睡席梦思床好吗？

准妈妈睡席梦思床容易导致脊柱失常，并且不利于翻身。

（24）第一次胎动的感觉

有些准妈妈在本周能够感觉到第一次胎动了。这个时候，胎儿运动量不是很大，动作也不激烈，通常觉得这时的胎动像鱼在游泳，或是“咕噜咕噜”吐泡泡，与胀气、肠胃蠕动或饿肚子的感觉有点像，没有经验的准妈妈常常会分不清。准妈妈如果感觉到第一次胎动，一定要记录下胎动的时间，在下次产检的时候告诉医生。

（25）体重增加过多就要节食吗？

虽然准妈妈的体重增加过多会增加患高血压和怀上巨大儿的可能性，但是也不要靠节食来减缓体重增长的速度。正确的方法是，请医生帮助提供一些均衡饮食的建议，以便能够保持孕期的标准体重。

（26）过度担心胎儿

几乎每个准妈妈都做过这样的梦：生出畸形儿或某种动物。梦是潜意识的表现，揭示了准妈妈焦虑的情绪，并不是将来要发生的事情。所以不要让这些自己制造出来的可怕的想法占据你的大脑，多参加一些孕妇班，与过来人多交流，一定会消除这些担忧。

（27）准妈妈能开车吗？

准妈妈的肚子隆起部位偏低，一般不会被安全带勒伤，只是急刹车往前冲时，容易撞上方向盘，所以开车时应减速慢行。另外，准妈妈在开车时可以把座位调后，离方向盘远一点儿，同时要注意开窗通风。

4 本月常见的问题

（1）怀孕 13 周，乳房有点痒正常吗？早晨醒来腹部隆起有点硬是怎么回事？

怀孕时女性的乳房由痒转为轻微胀痛都是正常的。早起腹部隆起有点硬可能是宫缩，5 个月以前的宫缩基本是安全的。但是，如果过于频繁或者腹部过于硬就要看医生了。

（2）怀孕 13 周，还需要服叶酸吗？

服叶酸主要是预防胎儿神经性畸形，3 个月胎儿的大脑基本都发育完全了，所以不用服了。其实准妈妈也不用担心，虽然怀孕之前没有服叶

酸，但是平时吃的食物里也含有叶酸。以前怀孕的人什么都不补，孩子不也是很好吗？只要平常多吃些有营养的食物、合理膳食、营养均衡就行了。

（3）怀孕第 13 周，还是晨吐怎么办？

大多数准妈妈在怀孕初期，都会发生不同程度的晨吐，有的只是感觉稍有不适，有的却可能会严重到从早到晚都要呕吐。

（4）怀孕 13 周时做过检查，以后什么时候再去检查？

第 16 周可以到自己选择的分娩医院进行检查。一般从第 6 周开始，每 4 周检查一次，28 周后每 2 周检查一次，36 周后每周检查一次，这样医生对准妈妈和胎儿的情况都能比较了解。检查的项目基本就是测胎心音，量腰围、体重，做彩超之类的。如果你觉得自己身体情况好得很，而且平时营养跟得上，平时也可以在家测胎心音，有选择性地去医院检查。

（5）怀孕 13 周，吃什么比较好？

应注意吃一些易消化、少油腻、富有营养的食物。

（6）怀孕 14 周，体重一直没有增加正常吗？

最理想的体重是在孕早期增加 2 千克，孕中期和孕晚期各增加 5 千克，前后共增加 12 千克左右为宜。如果没有增加体重，可到医院做一些必要的检查。

（7）怀孕 14 周，开始有胎动正常吗？

一般在妊娠 16—20 周时，准妈妈开始感觉到腹内有轻微的胎动，以后随着妊娠的进展，胎动也会逐渐变强且次数增多。由于胎动的部位不同，反应在腹部的部位也不同。

（8）怀孕 14 周，患感冒怎么办？

虽说在孕期吃药会影响胎儿，但是如果感冒严重而不吃药，胎儿将会生活在病菌中，这样更可怕。最好去看医生，妇产医院的专科医生会建议购买一些对胎儿没有影响的药物，而且一定要在医院的药房买药，不要在外面的药店买药。

（9）怀孕 14 周，用了几次杀蚊效果最差的驱蚊液，对胎儿会有什么伤害吗？

其实，准妈妈不用担心，这些事情是不可避免的，只要适当注意就行。有些产品上标明孕妇禁用的，就不要使用。但最好用蚊帐。

（10）怀孕 14 周，心情起伏很大是正常吗？

正常。准妈妈应多想一些美好的事情，不要沉浸在不良的情绪中，否则会对胎儿不好。

（11）怀孕 14 周，该不该做彩超？

可以去医院做。一般在孕 12 周前做 B 超检查，16 周到医院建档做产检就可以了。等到怀孕 5—6 个月时，做四维彩超可以了解胎儿各生殖器官发育是否正常。

（12）怀孕 14 周，肚子没什么变化是正常吗？

正常，14 周刚刚过了 3 个月，准妈妈的肚子一般没有什么变化，3 个月后才会慢慢地大起来。

（13）怀孕 15 周，怎么判断是胎动？

通常第一次怀孕都要等 18—20 周才能有明显的胎动。也有的准妈妈在 16—18 周就能感觉到胎动。

（14）怀孕 15 周，过性生活时精子射入阴道会有事吗？

不会有事。因为胎盘已经把胎儿包住了，所以精子不会对胎儿造成任何影响。但是最好不要有剧烈的性行为。

（15）怀孕 15 周，肚皮痒正常吗？

正常。如果痒得厉害，最好到医院做孕检，在医生指导下治疗。不要随便挠，最好不要盲目地涂一些止痒药。

（16）怀孕 15 周，可以出去旅游吗？

可以。但旅游时要小心，要保护好胎儿，不能过于劳累。

（17）怀孕 15 周，能坐飞机吗？

可以。但 32 周以后就不可以了。

（18）怀孕 16 周，胎动频繁正常吗？

一般情况下，怀孕 8 周可见胎芽及胎心波动，怀孕 6—7 周可见卵黄囊，18—20 周便有胎动。胎动一般每小时 3—5 次，属于正常。正常胎心在 120—160 次 / 分钟。如果胎心每分钟低于 120 次或超过 160 次或胎动频繁，可能是胎儿在宫内缺氧或窒息。要及时到正规医院妇产科进行相关检查，查明原因后对症治疗。

（19）怀孕 16 周，可以做四维彩超吗？

最好不要做，等到 22 周做比较合适。这个时候，胎儿发育好了，就可以比较全面地检查是否有畸形，如果太早做就达不到排除畸形的目的。

（20）怀孕 16 周，饮食上应注意什么？

多补钙，多喝骨头汤，多吃鱼，不要吃含防腐剂的食品。还要少吃糖，防止患糖尿病。

（21）怀孕 16 周，该怎么补钙？

可多喝骨头汤，猪蹄汤，这些汤里含有大量的钙质和胶质，胎儿也容易吸收。但是最好不要吃钙片。此外，多晒太阳，多吃水果、蔬菜等。

（22）怀孕 16 周，做 B 超能分辨出胎儿性别吗？

怀孕 4 个月的时候，胎儿的外部生殖器已形成，就可以分辨出男女。

（23）怀孕 16 周，还尿频是怎么回事？

一般在怀孕 12 周左右，早孕反应消失。怀孕 16 周仍有尿频，可能是尿路感染或是其他原因导致，最好到医院做相关检查。

5 本月胎教的重点

这个时期是准妈妈身心愉快，胎内环境安定，食欲突然旺盛，以及胎儿快速生长的时期。因此，本月胎教的重点，除了补充营养，还要做到以下几点：

（1）体操运动与胎教

这个月，准妈妈能清晰地感觉到胎儿运动了。研究表明，胎儿的活动强弱预示着出生后宝宝的活动能力的强弱。活动强的胎儿，出生后的动作协调和敏锐程度均优于出生前活动较弱的胎儿。因此，胎儿体操锻炼实际上就是抚摸胎教的一种。

在刚开始进行体操锻炼时，胎儿通常没有明显的反应，只有经过一段时间的适应和配合后，才有比较明显的反应。但胎儿的反应千差万别，当胎儿“拳打脚踢”时，表示胎儿不高兴或不舒服，应停止锻炼。

（2）视觉与胎教

从妊娠第 4 个月起，胎儿对光线已经非常敏感。专家在对准妈妈腹壁直接进行光照射时，采用 B 超观察，可以见到胎儿出现躲避反射，背过脸去，同时有睁眼、闭眼的活动。因此，有人主张在胎儿觉醒时进行视觉功能训练。但是，在用光照射时，切忌用强光，而且照射的时间也不宜过长。

（3）和胎儿对话

对话属于听觉胎教的一种。由于胎儿已产生了最初的意识，所以准妈妈可以给胎儿朗读一些语调清新优美的散文、诗歌，也可以和胎儿聊天。说话的语调要温柔并富于情感。准妈妈充满爱意的声音，对胎儿具有一种神奇的安抚作用，也是对胎儿听觉发出良性刺激的有效途径，更加有利于胎儿发育。

（4）胎教音乐

胎教音乐有两种：一种是给准妈妈听的，一种是给胎儿听的。但是，由于胎儿并不能真正意义上地听到音乐，所以基本上都是准妈妈在听。优美和缓的音乐可以使准妈妈因妊娠反应而产生的烦躁不安心理得到慰藉，从而保持一种宁静、愉悦的心情，这非常有利于胎儿的生长发育。

准妈妈听的音乐内容可以丰富一些，种类也可多一些。准爸爸低音唱歌以及各种大提琴独奏曲或歌声、乐曲等，是胎儿最容易接受的。准妈妈亲自哼唱几首自己喜欢的抒情歌曲，或是优美而又富有节奏的小调、摇篮曲等，都能获得十分满意的效果，使母子都可以获得情绪上的满足。

6 本月准妈妈的营养

为了配合胎儿骨骼发育和胎教的需要，准妈妈应当多吃一些鸡蛋、胡萝卜、菠菜、海带、牛奶等营养丰富的食物。

五、孕五月

1 胎儿发育的情况

全身长出细毛，头发、眉毛、指甲等已形成。头部占整个身长的1/4，胎儿的身体比较匀称。心脏的活动开始活跃起来，可以听到强有力的心音。胎儿的骨胳都还是软骨，可以保护骨胳的卵磷脂开始慢慢地覆盖在骨髓上。皮肤仍然很薄。一种对身体冷热起作用的脂肪正在沉淀。

胎儿喜欢把脐带当做玩具，兴致勃勃地拉或者抓。不用担心，这样不会伤害到胎儿，胎儿已经具备了自我保护能力。

2 母体变化的情况

准妈妈的体重增加，下腹部开始隆起。由于子宫向上推挤内脏，饭后易出现胃中饱满的感觉。孕吐消失。由于皮下脂肪开始生长，身体突然发胖，乳房由于乳腺的发达而变大。由于激素分泌失衡，面部开始出现色斑。腹部更加突出，过去的衣服无论如何也穿不了了，必须穿上宽松的孕妇装才会觉得舒适。乳房变得更加敏感、柔软，甚至有些疼痛。 在肚脐和趾骨之间触摸时，能够感觉到有一团硬东西，这就是子宫的上部。有时可能会感到腹部一侧有轻微的触痛，这是子宫在迅速增长。如果疼痛一直持续，就要咨询医生了。

3 本月重要的事项

（1）乳房护理

随着孕周的增加，乳房和乳头的护理越来越重要。为了让出生的小宝宝顺利地吃上母乳，准妈妈要经常护理乳房和乳头。

（2）是否要做羊水穿刺

唐氏筛查结果为阳性、35 岁以上或有基因异常家族病史的准妈妈，要在本周做羊水穿刺检查。即使需要做羊水穿刺检查，也不用过于担心，妇产医院的医生在做羊水穿刺的技术上已相当成熟。

（3）口腔问题

准妈妈可能会发现牙齿松动，牙龈充血或者水肿，刷牙时牙龈出血，甚至有的准妈妈还有唾液增多和流口水的现象，这些孕期口腔问题都会在产后自然消失。

（4）B 超检查

有些医生会在本月建议准妈妈做 B 超检查，以确定婴儿的器官系统是否到位。

（5）常晒太阳

准妈妈要尽可能多参加一些户外活动。常晒太阳，从阳光中接受紫外线的照射，增加体内维生素 D 的合成。

（6）痔疮

准妈妈生痔疮的情况并不少见。痔疮严重的准妈妈可以用温水坐浴，或者在医生的指导下使用一些止痛软膏。

（7）每天数胎动

从这个月开始，数胎动应该成为准妈妈每天必做的功课。时间最好固定在每天晚间 8—9 点钟，胎动一般平均每小时 3—5 次。坚持每天数胎动是监测胎儿是否一切正常的最好办法。

（8）控制好饮食

准妈妈的胃口大开。但一定要注意，饮食过量无论对胎儿还是对自己

都有害。

（9）骨盆底肌练习

从这时起，准妈妈可以开始做骨盆底肌练习，这项运动可以帮助准妈妈分娩得更快、更容易。

骨盆底肌练习的方法是，收缩肛门、阴道，再放松。重复这个动作30次。

（10）防晒

在夏天，准妈妈一定要做好防晒工作，避免强化色素变化。

（11）胎动不规则怎么办？

首先要确认，自己观测和计算胎动次数的方法是否正确。如果没有问题，那么要请医生及时检查。

（12）背痛

准妈妈背部疼痛的现象很常见。大多是由于增加的体重改变了身体的重心，致使身体变得不那么活跃了，不能充分地伸展并坐直而出现背痛。

（13）测量宫高

宫高是指从下腹耻骨联合处上沿至子宫底之间的长度。从现在开始，每周的宫高都会增加1厘米，若持续两周没有变化可请医生检查。从孕20周起，测量宫高和腹围是每次孕检必做的项目。

（14）乳头扁平或者凹陷

乳头扁平或者凹陷的准妈妈，可以每天用手向外牵拉乳头，也可以使用乳头校正器进行矫治。

（15）便秘

准妈妈的便秘在这个月会加重。所以，在饮食上应注意少食多餐，多吃些高纤维的食物，避免食用过于油腻的食物。

（16）妊娠高血压综合征

妊娠高血压综合征是怀孕5个月后出现高血压、浮肿、蛋白尿等一系列症状的综合征。准妈妈应坚持定期孕检，注意妊娠高血压综合征的种种迹象，积极预防是很有必要的。

（17）静脉曲张

静脉曲张是皮肤下静脉出现肿胀、紫色、硬结，通常出现在腿肚上或大腿上。这些肿胀的静脉若受伤会破裂和流血，因此要小心护理，可采用一些方法改善此症状。

4 本月常见的问题

（1）怀孕 17 周，可以坐飞机吗？

可以。但怀孕 8—9 个月禁止坐飞机。

（2）怀孕 17 周，为什么还会吐呢？

每个准妈妈的反应都不一样，保持好的心态就可以了。

（3）怀孕 17 周，去做四维彩超能查出胎儿性别吗？

只要胎儿的位置正常，能较好地暴露生殖器，就能查出胎儿的性别。但是医院禁止一切非医学目的的胎儿性别鉴定。

（4）怀孕 17 周，仍然感觉不到胎动吗？

一般在妊娠 18—20 周，即可监测到胎动，正常明显胎动 1 小时不少于 3—5 次，12 小时明显胎动次数为 30 次以上。如胎动减少，或是次数过多，最好尽早到医院检查。

（5）怀孕 17 周，身体发痒是怎么回事？

这是很正常的。因为胎儿每天都在生长，胎儿的生长会把准妈妈的肚皮撑大，皮肤的纤维组织会断裂。建议准妈妈可买点润肤霜，但一定要选正规的产品，如果还是痒最好去医院。

（6）怀孕 17 周，肚子不大正常吗？

肚子的大小并不能说明胎儿的营养情况，如果准妈妈在做常规检查时，医生没有说什么，都表明胎儿是健康的。

（7）怀孕 17 周，应该做哪些检查？

主要有测体重、量血压、检查肝功能、血常规。

（8）怀孕 17 周，有中度贫血严重吗？

中度贫血，最重要的是找出原因，如是否是缺铁性贫血，或地中海

贫血。如果是地中海贫血，那么不可以吃补铁药，否则铁质会沉积在肝脏里。如果是缺铁性贫血，就要服用铁质药物，如叶酸、维生素 C 等。

（9）怀孕 17 周，肚子大了，上厕所时要注意什么？

不要长时间蹲着，这样容易挤压胎儿，而且很容易头晕，同时还要小心起身的姿势。

（10）怀孕 17 周，阴道口有下坠的感觉，这是什么原因？

检查是否有阴道炎，或者做 B 超看一下宫颈管有无扩张变化。

（11）怀孕 18 周，没有胎动正常吗？

这种情况不需要太担心。虽然到了第 18 周，胚胎已具人形，可出现胎动。但是准妈妈往往觉察不到，只有 B 超才能见到。

（12）怀孕第 18 周，肚皮上为什么会长红点？

这是内分泌的问题。有的准妈妈长满了整个背部，建议最好去医院皮肤科检查。但在分娩后，这种现象就会消失。

（13）怀孕 18 周，做了两次 B 超对胎儿有影响吗？

一般情况下，孕早期做一次，以确定是否宫外孕。孕 18—20 周时做 B 超，检查胎儿是否发育正常。孕晚期做 B 超是看胎位、胎儿入盆情况、羊水、胎盘等。B 超并没有辐射，对准妈妈和胎儿并没有不良影响。只要不是反复、长时间地做 B 超，一般是没有影响的。

（14）怀孕 18 周，孕吐还很厉害正常吗？

很多准妈妈都会有恶心、呕吐的感觉，尤其是在一天的刚开始。这些症状都是因人而异的，有些人的症状较轻微，有的则是很严重。除非恶心、呕吐得非常厉害才需要就医，否则这些都是怀孕的正常现象。

（15）怀孕 18 周，感冒对胎儿有影响吗？

如果准妈妈的体温低于 38℃时，对胎儿没有影响。最好不要吃药，一定要多喝水，室内多通风。

（16）怀孕 18 周，消化不良怎么办？

因怀孕而产生的消化不良，一般不需要药物治疗，只要通过合理地调配饮食，都可以得到不同程度的改善。

（17）怀孕 18 周，胎盘 1 级是否正常？

是正常的。胎盘成熟度共分为 3 级。到了 3 级，证明胎盘的职责即将结束，就可以看到胎儿了。

（18）怀孕 19 周，感觉不到胎动怎么办？

最初的胎动都是很轻微的，也有可能是准妈妈没感觉到。如果不放心，可咨询医生。

（19）怀孕 19 周，需要检查胎儿的营养问题吗？

一般不用。只要准妈妈不缺营养，胎儿就不会缺营养。相反，如果准妈妈缺营养，胎儿也不一定就会缺营养，因为胎儿会优先从母体吸收所需要的营养物质。

（20）怀孕 19 周，还有必要做彩超吗？

根据具体情况的不同，需要遵医嘱进行检查。

（21）怀孕 19 周，还可以做唐氏综合征筛查吗？

19 周可以做唐氏综合征筛查，可筛检出 60%—70% 的唐氏综合征患儿。但是需要注意的是，唐氏综合征检查只能帮助判断胎儿患有此病的几率有多大，但不能明确胎儿是否患上此病。

（22）怀孕 19 周，居住的环境过度吵闹是否会对胎儿造成严重危害？

这样的环境对胎儿肯定会有影响。准妈妈应尽量避免这样的噪音环境。

（23）怀孕 19 周，体重没有增加正常吗？

体重是否增加并不是关键，只要 B 超检查胎儿的发育情况和实际的周数相差不大，就证明胎儿发育正常。准妈妈体重不增加没有关系，这与每个人的体质和吸收功能有关。

（24）怀孕 19 周，可以坐长途汽车吗？

尽量不要坐长途汽车。但是，如果准妈妈目前身体素质较好，没什么不良反应，坐 4 个小时长途汽车没问题。路上要注意，车停稳了再站起来拿东西，最好坐在离车门口近的地方，不舒服可以开窗，或者一上车就睡觉。

（25）怀孕 19 周，肚子中间动是胎动吗？

一般怀孕 16—20 周时，准妈妈开始感觉有轻微的胎动。以后随着妊娠的进展，胎动逐渐变强并次数增多。

（26）怀孕 20 周，医生说胎位不正怎么办？

不用太担心。平时多吃蔬菜、水果，少吃热量高的食物，注意休息，只要胎儿健康就好。

（27）怀孕 20 周，产检要注意什么？

在产检时，医生会根据情况给予适当的建议。此阶段害喜大致消失，食欲会变得比较好，也是容易变胖的时候，所以在饮食上要有所节制。大部分的准妈妈有脚部抽筋的现象，所以钙质、铁质的补充必须充足。

（28）怀孕 20 周，产检有哪些项目？

现在常规初次产检一般包括：血常规、尿常规、肝肾功能、乙肝五项、丙肝、梅毒、艾滋病、B 超等项目。

（29）怀孕 20 周，为什么还没感觉到胎动？

感觉到胎动是因人而异的，有些准妈妈不敏感就会晚一些感觉到胎动。一般在 16—24 周感到初次胎动都属正常，如果 24 周以后还没有感觉到胎动，就要去医院检查。

（30）怀孕 20 周，饮食上要注意什么？

为保证蛋白质的摄入量，准妈妈可适当补充奶类、蛋类、豆类等食物，平时应该多注意营养。最好多食用富含蛋白质的食物，注意营养均衡。

（31）怀孕 20 周，做 B 超可以知道宝宝的性别吗？

怀孕 6 个月的时候，做 B 超检查胎儿的性别是最合适的。但是医院禁止一切非医学目的的胎儿性别鉴定。

（32）怀孕 20 周，医生说要做唐氏筛查，如果不做有什么影响吗？

这个筛查是自愿的。一般在怀孕 16 周后做，主要是看胎儿患唐氏综合征的几率大不大，胎儿是否畸形。

（33）怀孕 20 周，睡觉会手麻，醒来手握不了拳且酸，是怎么回事？

有可能是压迫某个神经，导致某个部位麻或酸，这些现象都是很正常的，持续一段时间或者宝宝出生后就会自然消失。

（34）怀孕 20 周，晚上睡觉小腿抽筋，是怎么回事？

可能是由于睡姿不正确或缺钙、着凉而引起的。建议准妈妈严密观察，做好孕产期保健，定期做产前检查。

（35）怀孕 20 周，可以做排畸检查了吗？

在妊娠 22—26 周的时候，可以到医院做四维彩超进行产前排畸。

5 本月胎教的重点

饮食上要做到少吃多餐，多吃些含铁的猪、牛、鸡等动物的肝脏，以及海藻等绿色蔬菜，以防贫血。

下面介绍适合本月的胎教法。

（1）对话胎教

从这个月起，准爸爸要参与对话胎教了。因为男性特有的那种深厚、粗犷的嗓音更适合胎儿的听力功能发育。实验证明，胎儿在准妈妈柔声细语的声音中，忽然听到另一种雄壮的低音，会做出极大的反应。

那么，如何进行对话胎教呢？每天下午下班后或者晚上睡觉前，准爸爸贴近准妈妈的肚皮对胎儿说："宝宝（最好给孩子起好名字），爸爸下班了，该跟爸爸玩一玩。小脚在哪儿呢？让爸爸摸一摸。"随之抚摸准妈妈的腹部。起床时，准爸爸抚摸准妈妈的腹部说："宝宝，起床喽，该活动活动了，伸伸小脚丫，让爸爸摸一摸。"对话时最好以相同的语句开头和结尾，用一个固定音率波长来刺激胎儿。久而久之，胎儿就会强化这个印象，效果会更好。

（2）触摸胎教

从妊娠第 5 个月起，由于胎儿触觉功能逐渐发育，所以可开始用触摸胎儿的方法进行胎教。在进行抚摸的过程中，最好配合语言或音乐的刺激，能获得最佳的效果。抚摸胎儿的理想时间是每天傍晚，因为这个时候的胎动最为频繁与活跃。抚摸后如无不良反应可增至早、晚各一次。对有早期宫缩的准妈妈，不可用触摸动作进行胎教。

（3）绘画胎教

这个月，胎儿四肢健全，虽然脑细胞没长全，但已十分敏锐，对认识外界事物已有接受能力。通过绘画胎教，使胎儿认识外面事物的形象更具体、更深刻。还可培育胎儿的艺术细胞。那么，如何进行绘画胎教呢？有的准妈妈说，我不会绘画怎么办？其实，不会绘画有不会绘画的好处。在进行绘画胎教时，自己先学绘画，在学的过程中，不论是动脑还是动手，都能波及到胎儿，变成母子一块儿学。如学画一个苹果，准妈妈先照图样画个圆形，再画上苹果把儿，然后向胎儿做介绍：这个大苹果是红色的，多漂亮呀，吃起来甜甜的、沙沙的，真好吃！准妈妈这些举动会使胎儿脑细胞特别活跃，所产生的脑电波系统也会动起来，胎儿也跟着受益。

（4）音乐胎教

音乐是感情与心灵的语言，能使人张开幻想的翅膀，随着优美的旋律，翱翔在海阔天空。

音乐可以促进孩子性格完善。不同的乐曲对于陶冶孩子的情操起着不同的作用。如巴赫的复调音乐能使孩子的性格恬静、稳定；圆舞曲使孩子的性格欢快、开朗；奏鸣曲能激发孩子热情、奔放的性格等。通过有针对性地训练，能使孩子在气质上发生改变。

可见，音乐对孩子的作用是无可估量的。那么，究竟从什么时候起对孩子进行训练呢？当然是孩子还在妈妈的子宫里时就要开始了。其实，胎儿并不像一棵小树那样，仅靠着营养就能生长起来，胎儿对外界的某些感官影响十分敏感。这些来自外界的影响也是胎儿出生后生长发育的条件之一。

所以，从妊娠第 5 个月起，音乐胎教就应该有计划地进行。每天 1—2 次，每次以不超过 15

分钟为宜。时间可选择在胎儿觉醒时，即有胎动时进行，一般在晚上临睡前比较合适。

准妈妈最好通过耳机收听带有心理诱导词的孕妇专用音乐，或选择自己喜爱的各种乐曲，并随着音乐表现的内容进行情景的联想，力求达到心旷神怡的意境，以调节情绪，增加胎教的效果。

六、孕六月

1 胎儿发育的情况

胎儿已经 21 周了，体重正在不断增加。现在看上去胎儿变得滑溜溜的，身上覆盖了一层白色的、滑腻的物质，这是胎脂。它可以保护胎儿的皮肤，以免在羊水的长期浸泡下受到损害。有不少宝宝在出生时，身上都还残留着这些白色的胎脂。

2 母体变化的情况

准妈妈体重仍在迅速增长，子宫也日益增高。由于骤然增加的体重和日益增大的子宫压迫肺部，使准妈妈感觉呼吸变得急促起来，特别是上楼梯的时候，走不了几级台阶就会气喘吁吁的。而且随着子宫的增大，这种状况也会更加明显。同时，妊娠激素的分泌也会导致手指、脚趾和其他关节部位变得松弛。准妈妈的肚脐可能不再是凹下去的，有可能是平的，也有可能是凸出来的。

3 本月重要的事项

（1）检查

除了要进行常规检查外，还应根据自己的情况和医生的建议，进行贫

血、尿糖、尿蛋白等项目的检查。

（2）按摩乳房

每天除了要保证乳房的清洁外，还要按摩乳房，以疏通乳腺，为日后的母乳喂养做准备。但是，不宜过度频繁按摩乳房。

（3）假宫缩

如果开始感觉到子宫的肌肉每隔一段时间就会收紧，不必担心，这些不规则、通常无痛的收缩称为假宫缩。在孕中期出现这种现象非常普遍。

（4）控制糖的摄入量

这段时间注意不要摄入过多的糖类食品，以免容易引发妊娠糖尿病。

（5）可穿专用弹性袜

孕妇专用弹性袜，最好在每天下床前穿上。如果忘记穿了，请躺回床上，将腿部抬高15—20分钟后再穿。这样，可以防止静脉曲张和下肢肿胀。

（6）牙龈出血

孕激素的分泌会使准妈妈的牙龈变得肿胀，即使刷牙时动作很轻，也有可能会导致出血。

（7）最适合的运动

最适宜的运动是爬楼梯。不但可以加强心脏功能，还可以活动骨盆。

（8）肌肉痉挛

孕中期，准妈妈腿抽筋是很常见的现象，特别是在晚上，有可能是缺钙或镁，准妈妈要及时补充这些物质。

（9）胸罩的选择

乳房是从下半部往外扩张的，增大情形与一般胸罩比例不同。因此，准妈妈应该选择专为孕妇设计的胸罩，并且要随时更换不同尺寸的胸罩。

（10）给宝宝起名字

也许在怀孕前，你已经开始憧憬着这个美好的时刻了，为自己的宝宝起一个好听的名字。而这时你会发现，给宝宝起个好名字比想像的要困难得多。

（11）性生活

孕中期，由于激素作用，准妈妈性欲会增强，加上胎盘和羊水的屏障作用，可缓冲外界刺激，使胎儿得到一定保护。所以，现在可适度地进行性生活。

（12）可以旅游吗？

现在是最适合外出旅行的时期。因为，这个时候的准妈妈已适应怀孕的生理变化，身体状态最佳，不适症状最少，所以发生流产或早产的机会最小。

（13）胎儿过小的原因

胎儿在母体内的生长速度，在孕期的不同阶段略有不同。在孕中、晚期生长速度较快。导致胎儿过小的原因有很多，如母亲吸烟、喝酒、营养不良等。

（14）自我监测体重

孕中、晚期，如果准妈妈每周体重增加低于0.4公斤时，就需要特别注意营养的摄入了。

（15）有浮肿，还能喝水吗？

有的准妈妈认为多喝水会加重浮肿。其实，恰恰相反，只有适量地喝水，保持水分充足，才能帮助准妈妈防止浮肿。另外，平时注意饮食调理，也可以有效地预防浮肿。

（16）产前抑郁症

有些女性在怀孕时，可能会得抑郁症，症状严重的女性还会做出伤害自己的行为。孕期准妈妈的心情有所起伏是正常现象，要注意自我调适，放宽心。如果情绪持续低落，甚至感到厌世，则要尽早咨询医生。

（17）便秘

准妈妈便秘很常见。导致便秘的原因有很多，如饮食、运动、补铁等。如果便秘症状严重，就要及时咨询医生，不要随便乱吃泻药。

（18）早产征兆

如果胎儿早产，在精心照顾下，不是完全没有可能存活。准妈妈应该学习一些有关早产的知识。如果发现阴道分泌物像黏液一样，呈粉红色或有血迹，每小时多于4次的子宫收缩，应该立即去看医生。

（19）妊娠糖尿病筛查

多数准妈妈在怀孕24—28周之间会接受一次血糖筛查。这个测试是用来筛查妊娠期糖尿病的。

（20）头晕

如果准妈妈经常感到头晕，以致晕倒或看见光就晕，或者感觉一天小睡超过2小时，就要咨询医生。过度头晕和疲劳可能是贫血的征兆。

（21）要适量补钙

准妈妈补钙过量，会造成胎儿头骨钙化，以致出现难产。准妈妈是否需要额外补钙，以及补多少，一定要听从医生的建议。

（22）坚持刷牙

虽然孕激素有可能使准妈妈的牙龈变得肿胀，刷牙时有可能会出血，但必须坚持刷牙。

（23）胎教禁忌

孕育一个健康的小宝宝，父母要学习相关的知识，对胎教要有正确的认识。胎教要符合科学，符合胎儿的生长发育规律，严格按照母体妊娠生理和胎儿生长发育的特点有计划地实施，切忌违反医学科学原理，盲目胎教。

4 本月常见的问题

（1）怀孕21周，出现腰疼是正常现象吗？

这种现象属于正常。随着妊娠月份的增加，准妈妈的腹部逐渐突出，使身体的重心向前移而产生腰痛。准妈妈应注意多休息，适量活动，加强营养。

（2）怀孕21周，查唐氏综合征有意义吗？

由于唐氏综合征是一种偶发性疾病，每一个怀孕的女性都有可能生出唐氏儿，所以，每一位准妈妈都有必要接受唐氏筛查。

（3）怀孕 21 周，无明显胎动正常吗？

一般在妊娠 4 个月的时候就开始有胎动了。不过，不是很明显，就像一个大泡泡鼓起来一样。怀孕 21 周，无明显胎动也不用担心。去产检的时候，只要胎儿有正常的心跳就没有问题。

（4）怀孕 21 周，彩超显示胎儿脐带绕颈，有危险吗？

不是所有的脐带绕颈都有危险。

（5）怀孕 21 周，总能感觉到胎儿在动，这是什么情况？

是正常的胎动，不要过于紧张。

（6）怀孕 21 周，每天胎动次数正常值是多少？

正常明显胎动为 1 小时 3—5 次，也可将 3 次测得的胎动数乘以 4，则等于 12 小时胎动数。胎动增多或减少，预示着胎儿有异常情况，应及时就诊。

（7）怀孕 21 周，腿根疼得厉害是怎么回事？

可能是缺钙。胎儿会从母体内吸收大量钙质，并分泌激素从母体骨骼中直接剥离钙质并吸收，加上准妈妈身体负重增加，所以会感觉腿根疼得厉害。

（8）怀孕 22 周，睡觉采取什么姿势好？

由于怀孕的时候子宫会右旋，所以睡觉时最好采取左侧卧位，这样下腔静脉不容易受压而避免浮肿，同时也有利于胎盘血液循环。

（9）怀孕 22 周，B 超检查发现羊水少怎么办？

羊水少，在排除畸形的情况下，可以大量喝水或者豆浆，注意不要吃西瓜，因西瓜糖分多且有利尿的作用。

（10）怀孕 22 周，检查缺碘、铁、钙怎么办？

补碘最好的方法就是食用碘盐。只要能够吃到合格碘盐，就能够保证碘营养，不需要再吃任何含碘保健品和碘强化食品。

（11）怀孕 22 周，便秘很严重怎么办？

可在医生的指导下强化服用纤维素，虽然纤维素不被人体消化吸收，但是可以改善便秘，不会对胎儿造成影响。

（12）怀孕 22 周，阴道总有水流出是怎么回事？

可能是白带，因为正常白带应是乳白色的，或无色透明，有时黏稠，无异味。

（13）怀孕 22 周，肚皮上有红点是怎么回事？

这种现象是正常的，做好孕期检查就可以了。

（14）怀孕 22 周，下腹部会阵痛是怎么回事？

胎儿一天天长大，子宫当然要适应，做彩色超声波检查，看胎位正不正，如果胎位不正就要注意了，要多休息。

（15）怀孕 22 周，咳嗽该怎么办？

一般感冒都会在 7 天内好转的，如果不好就要去医院检查。

（16）怀孕 23 周，医生让做彩超，对胎儿会有影响吗？

一般在孕 22—26 周做四维彩超排畸，主要是检查了解胎儿的发育情况以及是否畸形。

（17）怀孕 23 周，需要补钙吗？

如果缺钙就需要补钙。最好在医生的指导下补钙，并做好孕期检查。

（18）怀孕 23 周，感觉外阴有点痒是怎么回事？

准妈妈免疫力比较低，容易感染霉菌而发生霉菌性阴道炎。所以，准妈妈不必惊慌，由于有孕在身，不能用药。晚上睡之前，可用温盐水清洗阴部。

（19）怀孕 23 周，肚子不大正常吗？

现在胎儿还小，而且每个孕妇的情况都不一样，有的虽然体重增加很多，但生下来的宝宝却很小。

（20）怀孕 23 周，经常口渴、腿肿、脚肿怎么办？

最好去医院做进一步检查，是否患有妊高症，此病的典型症状是高血压、水肿和蛋白尿。

（21）怀孕 23 周，感冒了能吃药吗？

因为临床很多药物对于胎儿的发育是否有影响，目前还没有明确的定论，所以孕期的用药原则是，能不用则不用。

（22）怀孕 23 周，肝功能化验前白蛋白和球蛋白偏低，怎么办？

准妈妈的肝脏代谢负担会增加。如果只有上述问题，是不要紧的，不用吃保肝的药。平时只要注意饮食的合理搭配就可以了。

（23）怀孕 23 周，突然感觉肚子疼，有憋胀的感觉是怎么回事？

可能是先兆流产，最好及时到正规医院妇产科进行相关检查，查明原因后对症治疗。

（24）怀孕 24 周，检查羊水多有危险吗？

如果彩超检查胎儿一切正常，则不必太担心。从现在起，平时少喝点水，尽量不要吃含盐多的食物，要多运动。

（25）怀孕 24 周，有必要验血吗？

验血包括肝肾功能、优生五项、唐氏筛查等常规孕检项目，是有必要的。应遵医嘱进行检查。

（26）怀孕 24 周，感冒了怎么办？

孕期感冒如果不是很严重，可以多喝水，注意休息，服用一些对胎儿没有危害的药物；如果感冒较严重，应在医生的指导下治疗。

（27）怀孕 24 周，一定要做彩超吗？

可以做一次筛查，如果有畸形，可以采取必要的措施，降低出生风险。

（28）怀孕 24 周，需要做哪些产检项目

如果是第一次检查，包括 B 超、血常规检查、唐氏筛查、尿常规、糖耐量检查等项目。

（29）怀孕 24 周，需要补充什么营养？

可多补充富含镁、碘、硒、维生素 C、B 族维生素等食物。

（30）怀孕 24 周，每天早上手脚都肿得厉害正常吗？

可能是得了妊娠高血压。在睡觉的时候把脚垫高，晚上少喝水，少吃盐。如果症状不减轻，那么最好去医院检查一下。

（31）怀孕 24 周，感冒发烧打针对胎儿影响大吗？

准妈妈用药应谨慎。因为很多药物会影响胎儿的发育，尤其是解热

镇痛类药物、抗生素（青霉素除外）、抗病毒药物等都是准妈妈禁用或慎用的。

（32）怀孕24周，查出血糖高，如何治疗？

孕期血糖的控制可以从以下几个方面入手：

① 控制饮食。控制饮食是糖尿病的治疗基础。在饮食平衡的基础上，补充维生素、钙及铁剂。

② 运动疗法。运动能增加机体对胰岛素的敏感性，同时也能促进葡萄糖的利用，对降血糖有一定帮助。每日可散步20—30分钟，避免剧烈运动。

③ 药物治疗。因为服用磺脲类降糖药会导致胎儿死亡或畸形，所以，准妈妈最适宜服用胰岛素，剂量应根据血糖值来确定。

5 胎教的重点

这个月，胎儿大脑比较发达，不仅能产生自我意识，还能很快地对外界刺激作出反应，渐渐形成了胎儿的个性特征和爱、憎、忧、惧、喜、怒等不同情感。可以说，胎儿已经“懂事”了。因此，准妈妈应该像对待已出生的婴儿那样对待胎儿。要给胎儿起个乳名，并且经常呼唤、对话，并为胎儿唱儿歌、放音乐以及增加胎儿运动训练，提高运动机能，或者教胎儿学习知识等。

这个时期正是胎教任务最重的时期，准爸爸准妈妈应提高自我修养，莫失时机地对胎儿进行教育。

（1）给胎儿起个名字

这时，胎儿不仅具有听的能力，还能对听到的声音作出不同的反应。给胎儿起个名字，父母每当和胎儿对话时，先呼唤胎儿的名字。当宝宝出生后再去呼唤，宝宝回忆起这熟悉的呼唤以后，会产生一种特殊的安全感。

（2）加强母爱

在整个妊娠期，准妈妈倾注博大的母爱，仔细捕捉来自胎儿的每个信息，以一颗充满母爱的心孕育新生命，这是最起码的胎教基础。而且，母爱更是独一无二的，能得到母爱是最幸福的事。但有些准爸爸准妈妈对胎儿漠不关心，为了保持自己身材美，既不注意给胎儿增加营养，又束胸、勒腰，阻止胎儿正常发育与活动。这些做法均是错误的。怀孕以后，特别是在怀孕的中、后期，准妈妈要仔细体察胎儿发出的信号，关注胎儿的生长，及时锻炼身体，摄入足够营养，避免不良刺激，将伟大的母爱付诸实际行动。

（3）教胎儿学习

教胎儿学习，有点不可思议。其实，胎儿不仅能与准妈妈互通信息，还可以“学文化、长知识”。具体有以下几种胎教方法：

★ 小知识

在美国加利福尼亚州成立了一所胎儿大学，只要怀孕 5 个月以上的准妈妈都可入学，在具有丰富经验的老师指导下，准妈妈用扩音器对胎儿讲话，同时用手在腹部做各种示范动作与胎儿做游戏，教一些常用的词汇等。经过这些训练学习，胎儿出生时可懂得大约 15 个词汇和其中的意思，并能对这些词汇作出反应。这证明了胎儿是能“学习”的。

6 胎教具体内容

（1）触觉胎教

此时，除了可继续做孕妇操、散步、气功，甚至游泳之外，还应当积极给胎儿做运动，动作较以前可以稍大些。严格地说，这类运动也是一种通过触觉来进行的胎教活动。

帮助胎儿运动的时间应该固定，一般选在晚上 8 时左右最为适宜。每次运动的时间不宜太长，以 5—10 分钟为宜。

（2）情绪与胎教

准爸爸准妈妈的好情绪、好心情是胎教最根本的内容。怀孕后年青的夫妇都会沉浸在美好的想像之中，因为胎儿是他们爱的结晶，是生命的延续。他们会格外地珍惜，以其博大的母爱父爱关注着宝宝的变化，这就是一种极好的自然胎教。胎儿通过感官得到的是健康的、积极的、乐观的信息，这也是胎教最好的过程。

（3）与胎儿说话

6个月的胎儿对外界声音已变得很敏感了，并具有记忆能力和学习能力。因此，准妈妈可以逐渐加强对胎儿语言刺激，以语言手段来开发胎儿的智力。

准妈妈要时刻牢记胎儿的存在，并经常与胎儿对话是十分重要的。与胎儿说话可以用以下4种方式进行：一是与胎儿对话；二是给胎儿讲故事；三是教胎儿“学习语言文字”；四是教胎儿“学算术和图形”。

胎教要循序渐进地进行，对胎儿的语言刺激也是如此。鉴于这个时期，胎儿听觉功能已初步发展起来，所以，首选的语言刺激便是与胎儿对话进行早期开发。实验研究表明，胎儿凡是在此时接受的东西都以一种潜移默化的形式储存在大脑中，而且与胎儿进行对话交流，将会促进宝宝出生后语言和智力的发展。

那么，应当如何培养胎儿的语言能力呢？最好的办法便是对胎儿进行语言诱导，包括两个方面的内容：日常性的语言诱导和系统性的语言诱导。日常性的语言诱导指的是准爸爸准妈妈经常对胎儿讲一些日常用语等；系统性的语言诱导指的是有选择、有层次地给胎儿听一些简单的儿歌等。

（4）音乐胎教

对胎儿进行音乐胎教的方法有器物灌输法、哼唱谐振法、母教子

“唱”法。

用以上方法让胎儿听音乐，可产生与准妈妈听音乐不同的效果。比较起来，为胎儿放音乐或哼唱显得更亲密、更直接，胎儿的心率、动作等也会发生较大的变化。在器物灌输法中，尤其要注意的是，给胎儿听音乐的时间不宜过长，一般以每次 5—10 分钟为宜。

在进行音乐胎教时，不要只听几首固定的曲子，应该多样化。但在选曲时应注意到胎动的类型，因为个体差异往往在胎儿时就有所显露，有的胎儿淘气，有的胎儿调皮，也有一些胎儿是老实、文静的。这既和胎儿的内外环境有关，也和先天神经类型有关。一般来讲，给那些活泼好动的胎儿听一些节奏缓慢、旋律柔和的乐曲，如摇篮曲等；给那些文静、不爱活动的胎儿听一些轻松活泼、跳跃性强的儿童乐曲、歌曲，如小天鹅舞曲等。如果能把音乐的节奏与表达的内容同胎儿玩耍结合起来，那么将对胎儿的生长发育起到更明显的作用。

除了听录音磁带或唱片中的乐曲外，准妈妈每天还可以哼唱几首歌曲。要轻轻地哼唱，不要放声大唱，最好选择抒情歌曲或轻歌。

7 本月准妈妈的营养

随着胎儿的增大，所需的营养也要增加。由于前一段时间出现的妊娠反应，导致准妈妈的食欲不振，体内营养摄入不足，直接影响到胎儿正常的生长发育。此时，准妈妈和胎儿都需要一定数量的维生素，只有均衡的饮食才能保证维生素的摄入量。

铁的补充也不可缺少，因为铁是一种重要的矿物质，它的作用是生产血红蛋白，而血红蛋白的功能是确保把氧运送到全身的组织细胞。准妈妈摄入铁，不仅是为了自身需要和防治缺铁性贫血，还要将部分铁贮藏在组织中，等胎儿需要时再从中摄取。因此，准妈妈应该多吃一些富含优质蛋白质和铁元素的食物。

七、孕七月

1 胎儿发育的情况

胎儿体重稳定增加，与上周相比，又增加了许多。皮肤很薄且有不少皱纹，几乎没有皮下脂肪，全身覆盖着一层细细的绒毛，样子像个小老头，但身体比例已较为匀称。胎儿在准妈妈的子宫中已经占据了相当多的空间，逐渐充满整个子宫。胎儿舌头上的味蕾正在形成。

2 母体的变化情况

这时，准妈妈可能会感到有些疲惫。由于胎儿增大，腹部越来越沉重，腰腿痛也更加明显。随着腹部的不断增大，准妈妈会发现肚子上、乳房上出现一些暗红色的妊娠纹，脸上的妊娠斑也明显起来。有的准妈妈还会觉得眼睛发干、发涩、怕光。这些都是正常现象，不必过于担心。

同时，准妈妈可能会觉得心神不安，睡眠不好，经常会做一些记忆清晰的噩梦，这是准妈妈对即将承担的母亲的重任而感到忧虑不安的反应。这是正常现象，不必为此自责。为了胎儿健康生长，一定要保持良好的心态，可以向丈夫或亲友诉说自己的内心感受，他（她）们也许能够帮助你放松下来。

3 本月重要的事项

（1）产检内容

在孕 25—28 周，准妈妈要做乙型肝炎抗原、梅毒血清试验和麻疹的检查。

（2）开车

准妈妈最好不要开车，选择以包车、拼车或打车的方式出行为好。

（3）打呼噜

即使以前从不打呼噜，怀孕后也会开始打呼噜，尤其是在妊娠后半期，越来越厉害的鼻腔堵塞是主要原因。如果准妈妈打呼噜严重，应及时到医院进行诊治。

（4）妊娠怪梦

现在，准妈妈做梦可能会更强烈，而且做的梦通常比普通人的梦更生动。

（5）准妈妈可以出游吗？

旅行前精神紧张或不安情绪很容易对胎儿造成不良影响，同时也有早产的危险。除非万不得已，否则，最好不要出游。

（6）做小手工

准妈妈要想办法让自己每天都快乐，可以做一些十字绣、制作小衣服、软陶等手工活。

（7）补充维生素 C

维生素 C 是人体不可缺少的重要物质，参与人体内氧化还原过程，并分布于全身各组织，能够增强抵抗力，促进骨骼正常发育及伤口愈合，特别是能刺激造血机能，对红细胞的成熟起一定的作用。所以，准妈妈应摄入适量的维生素 C。

（8）听音乐

准妈妈可以听音乐来调节心情，但音色上要柔和一些、欢快一些，这样，可以增强准妈妈战胜困难的信心，由衷地产生一种即将做母亲的幸福感和胜利感，并把这种愉快的感觉传递给胎儿。

（9）请月嫂

宝宝出生后由谁来照顾，现在就要考虑了。如果家中的老人没有精力照顾产妇和宝宝，就要提前去家政服务中心，咨询有关月嫂的事情。最好的办法是请周围刚生过孩子的朋友推荐熟悉的家政工作人员。

（10）多吃健脑食物

这个时候胎儿的大脑细胞迅速增殖分化，体积增大，准妈妈可以多吃

些健脑的食物，如核桃、芝麻、花生等。

（11）经常腰酸背痛

随着准妈妈的肚子一天天隆起，站立时身体的重心一定要往后移才能保持平衡。这种长期采用背部往后仰的姿势，会使平常很难用得到的背部和腰部肌肉，因为突然加重的负担而疲劳酸疼。

（12）出现焦虑、抑郁等

如果在孕中、晚期准妈妈开始出现焦虑、抑郁等症状，那么，考虑到胎儿的安全，一般不主张用药物治疗，而是采用心理治疗，如倾听、支持、保证及解释、教育、鼓励等一般性心理治疗。妇产科医生都可以帮助准妈妈。

（13）呼吸困难

这是孕中、晚期常见的反应。不必惊慌，多去空气良好、环境优美的地方散步，逐渐适应现在的呼吸状况。

（14）足部按摩

随着体重增加，准妈妈的双脚每走一步都承受很大的压力，所以要好好悉心爱护双脚。如果患静脉曲张，就不要做腿部运动了。

（15）每两周产检一次

28 周以后，准妈妈要每两周检查一次，36 周以后则每周检查一次。在孕晚期，定期产检是非常必要的，如果没有特殊检查，医院都会有爱心提示，准妈妈一定要吃完早饭后再去医院检查。当然，有抽血项目时必须要空腹。

（16）注意围产期保健

围产期是指怀孕满 28 周，胎儿体重达到或超过 1160 克至产后 7 天的这段时期。这段时期对准妈妈和胎儿来说都是最危险的，很多准妈妈可能会出现某些并发症，威胁自身及胎儿的安全。但如果早发现及时治疗，一般可以安全度过这一时期。

（17）按摩乳房

妊娠 28 周后，准妈妈可以适当地按摩乳房，这是分娩后能够顺利进行哺乳的第一步。

（18）尿频

尿频是准妈妈最容易产生的症状，主要是因为，逐渐增大的子宫和胎头挤压到膀胱，使准妈妈产生尿意，进而发展为尿频。

4 本月常见的问题

（1）怀孕 25 周，孩子偏小怎么办？

定期做好检查。为保证饮食的质量，可适当补充奶类、蛋类、豆类等。平时最好多食用富含蛋白质的食物，进食适量的液体，并保证营养均衡。

（2）怀孕 25 周，开始吃补品有什么效果吗？

补充营养对母子的身体都有好处，最好吃天然的补品，如果是化学合成的补品，则最好不要吃。

（3）怀孕 25 周，羊水超标怎么办？

羊水过多，一般是采用保守的方法来处理。如准妈妈多吃高蛋白质食物，要多卧床休息，从而避免早产。但如果已造成准妈妈中度或重度窘迫，就必须采取积极的办法；如果胎儿已经成熟，则可分娩；如果胎儿太小就不宜生产，可进行羊膜穿刺术来减少羊水量。

（4）怀孕 25 周，胎儿的脐带绕颈两圈有危险吗

没有危险。因为胎儿的生存能力很强，有的胎儿脐带绕颈 3 圈 4 圈都没事。不过，为了安全起见，准妈妈平常要多注意胎动。

（5）怀孕 25 周，胎位不正怎么办？

胎位不正没关系。现在胎儿普遍都比较大，很难顺产。

（6）怀孕 25 周，正常胎儿应该多大？

正常胎儿应该在 800 克左右，头臀长约 22 厘米。

（7）怀孕 25 周，能坐长途车吗？

可以，但要尽量往车前坐，最好靠近车窗的位置，可以避免颠簸，也有利于呼吸新鲜空气，而且途中最好有人陪伴，避免人多拥挤。

（8）怀孕 26 周，胎儿偏小怎么办？

胎儿的发育情况和母体的营养供给有关，如果胎心正常，就不会有问题。但准妈妈要加强营养，以促进胎儿生长。

（9）怀孕 26 周，胎动是怎样的？

胎动是胎儿在母体内的一次全身运动，包括四肢及躯干的运动。有时是一起动，有时是分别连续地动，不能说胎儿的胳膊动一下就记一次，要等到全身运动完以后才算是一次完整的胎动。

（10）怀孕 26 周，感觉胎动在胃部，是不是胎位不正

怀孕中期，随着子宫的增大，感觉胎位上升是正常的。而且慢慢就会感觉到身体各个器官都被顶得移位了，等到临盆的时候，胎位就会下降。

（11）怀孕 26 周，脐带绕颈 2 圈怎么办？

脐带绕颈是很多胎儿都普遍存在的现象，不要过于紧张。胎儿在子宫里是活动的，有的时候胎儿动着动着就把脐带解开了。只要定期检查和观察，注意胎心和胎动的监测就可以了，而且准妈妈觉得胎动正常，无出现异常现象就没有问题。

（12）怀孕 26 周，觉得整个肚子往下坠是怎么回事？

这个时候，胎儿生长得很快，如果胎动正常，那么应该是胎儿正在长大的原因，而且随着胎儿逐渐长大，准妈妈的身体也会发生变化。

（13）怀孕 26 周，肚子有时候发紧是怎么回事？

和其他肌肉一样，子宫也会经常收缩。即使没有怀孕，它也会收缩。只不过平常不会感到这种收缩。有些女性怀孕 4 个月后，当子宫膨胀时，就会感到肚子发紧，略微不适，而不是疼痛，与分娩时的宫缩完全不是一回事。临产的宫缩是从子宫上端开始，到子宫中部加剧，然后是向子宫颈下推出胎儿。临产宫缩很疼，而且间隔时间很短。

（14）怀孕 26 周，得了阴道炎怎么办？

不要担心，可在医生指导下用药。

（15）怀孕 27 周，可以吃冰棒吗？

可以。但要少吃生冷的食物。

（16）怀孕 27 周，可以做彩超吗？

可以。但是一般要间隔一个月左右。

（17）怀孕 27 周，能不能坐飞机？

怀孕 32—35 周的准妈妈坐飞机，应在登机前 7 天内到医院开具诊断证明书，并经航空公司指定的医院盖章和该院医生签字才能生效。怀孕 35 周及以上的准妈妈不能坐飞机。

（18）怀孕 27 周，胎儿在肚子里动得厉害怎么办？

这是很正常的。这说明胎儿很健康。

（19）怀孕 27 周，分泌物特别多怎么办？

怀孕后期，由于分娩的需要，准妈妈会分泌比平时更多的分泌物来润滑产道，为宝宝出生做准备。现在，还没到分娩的时候，分泌物应该是浅黄色或者乳白色的，没有异味，并且比较稀。如果有很多豆腐渣样的分泌物，有可能是阴道炎，要尽快去医院做个白带常规检查。

（20）怀孕 27 周，检查时发现缺钙怎么办？

尽量别吃补钙药，可多吃些能补钙的食物，每天早上喝杯豆浆，晚上睡觉前喝杯牛奶，对补钙很有益。

（21）怀孕 27 周，胎动时多时少正常吗？

正常。当胎儿安静或睡眠时，胎动就会少，胎儿活动的时候胎动就会多一些。最好在每天固定的时间里数胎动，以便保证计数的准确。有时轻轻地拍腹部或吃一些东西，胎儿就会醒来，这时数胎动比较准。

（22）怀孕 27 周，胎动多正常吗？

正常。胎动一般都是在晚上临睡前比较频繁。

（23）怀孕 27 周，早上起床后总感觉有痰怎么办？

可多喝水，多吃冰糖。其实，咳嗽一下对胎儿来说没有太大影响。如果症状还是没有改善，建议到医院检查。

（24）怀孕 27 周，能用 BB 霜吗？

很多化妆品都含有铅、汞等有害物质，这些有害物质都会透过皮肤进入血液，到达胎儿体内，所以，准妈妈最好不要使用。

（25）怀孕27周，缺钙会不会影响胎儿发育？

如果发现缺钙，可以补钙。准妈妈在饮食上可以多吃些含钙高的食物，如虾皮，骨头汤等。

（26）怀孕28周，应该怎样数胎动？

准妈妈应从28孕周起数胎动，每日早、中、晚各一次，每次1小时。准妈妈可采取坐位或侧卧位，将两手轻放在腹壁上感觉胎动。正常胎动为每小时3—5次。

（27）怀孕28周，胎盘成熟度为2—3级正常吗？

胎盘成熟度为2—3级，应该是临产前的值，最起码也要在最后一个月才能达到这样的值。胎盘成熟得太早就没有营养了。如果到了3级就要多监测了，超过3级，胎盘就钙化了。

（28）怀孕28周，胎儿的股骨长径、头围、腹围标准是多少？

正常值分别为股骨长径5.4厘米、头围26.2厘米、腹围24厘米。

（29）怀孕28周，应该注意什么

准妈妈应多吃蔬菜、水果，少吃甜食，控制体重，时刻注意胎动，不要过度劳累。如果想自然分娩，就要每天适当运动。

（30）怀孕28周，手肿是怎么回事？

这种现象正常。手麻、胀是因为胎儿大了，尤其是入盆后对神经有了压迫造成的。

（31）怀孕28周，体重增加多少才是正常？

准妈妈总体重增加以10—14公斤较为理想。而孕前体重偏低的准妈妈，孕期体重可以增加多一些；反之，孕前体重偏重的准妈妈，则要控制体重的增加。总之，体重的增加应该是渐进式的，最后3个月，准妈妈体重增加平均为1—2公斤，中晚期大约每周增加0.5公斤。

（32）怀孕 28 周，阴道出血是什么原因？

阴道少量出血，B 超排除前置胎盘，其他检查也正常，就不用太担心，注意休息，可以在医生的指导下用药。另外，保持良好心态，避免精神过度紧张。如果阴道出血，并伴有腹痛，就要注意是否会有早产的可能，需要及时到医院就诊。

5 本月胎教的重点

妊娠到了第 6 个月，胎儿的发育处于稳定期，准妈妈应参加适量运动，为顺利分娩和宝宝的健康出生打下良好的基础。所以，这个月的胎教，除了听音乐和讲故事外，还要继续实施运动胎教。

（1）运动胎教

① 做孕妇操

做孕妇操能够防止因体重增加而引起的腰腿疼，能够帮助准妈妈放松腰部、骨盆部肌肉，为胎儿顺利分娩做好准备。

② 游泳

准妈妈游泳不但可以增强腹部的韧带力量和增加肺活量，锻炼骨盆关节，还可以避免在妊娠中期或晚期患心脏和血管方面的疾病。游泳可借助水浮力，轻松愉快地改善血液循环，可以减少分娩时引起的腰痛、痔疮、静脉曲张等症状，并且可以自然地调整胎儿臀位，是一项能帮助准妈妈顺利分娩的运动。

（2）与宝宝对话

每当安静的时候，准妈妈感觉到胎动较活跃时，就可以与胎儿对话。在与胎儿进行对话时，可以呼唤胎儿的乳名，这样会使胎儿感到很亲切，并有安全感。每次和胎儿对话的时间不要太长，内容要简单、轻松、愉快。有的内容可以重复地讲，如“宝宝，真乖！”“爸爸在和你说话”“听见爸爸的声音了吗”等。

（3）音乐胎教

这时，胎儿已经很大，几乎要碰到子宫壁，所以胎儿可以听到些外界

的声音。准妈妈进行音乐胎教，让胎儿从音乐中体会到理智感、道德感和美感，自身也可以从美妙的音乐中追求美、创造美，而且为了生活的美、人类的美贡献自己的力量。因此，胎教音乐要具有科学性、知识性和艺术性。

应该注意的是，胎教音乐的音量不宜过大，更不宜将录音机或收音机直接放在准妈妈的肚皮上，以免损害胎儿的耳膜，造成胎儿失聪 。

6 本月准妈妈的营养

妊娠 7 个月，准妈妈常会出现肢体水肿。因此，准妈妈不仅要少饮水，少吃盐，还要食用富含维生素 B、C、E 的食物，增加食欲，促进消化，有助利尿和改善代谢。另外，要多吃水果，少吃或不吃不易消化的、油炸的、易胀气的食物，如白薯、土豆等，忌吸烟、饮酒。

这时，胎儿大脑细胞正在迅速增殖分化，体积增大，这标志着胎儿的大脑发育将进入一个高峰期。准妈妈可以多吃一些核桃、芝麻、花生之类的健脑食物，为胎儿大脑发育提供充足的营养。

八、孕八月

1 胎儿发育的情况

胎儿的骨骼发育基本完成，肌肉更加发达。胎动也会更加频繁，有时会用力踢准妈妈的腹部。胎儿的主要器官都已经发育完毕，身长可达 45 厘米，皮下脂肪增多，体态日渐丰满。如果有光亮透过准妈妈子宫壁照射，胎儿就会睁开眼睛并把头转向光源，这说明胎儿的视觉发育已相当完善。

2 母体的变化情况

怀孕进入第 8 个月，准妈妈的子宫比肚脐高，子宫所在的位置会对膀胱造成压力，准妈妈会频繁地上厕所，总感觉膀胱里的尿排不净。甚至在笑、咳嗽或者轻微运动时，也会有尿排出。而急剧膨大的子宫向上挤压内脏，准妈妈会感到胸口憋闷、呼吸困难。同时，生理性的子宫收缩会导致腹部胀满或变硬。身体笨重且行走不便，脚踝以下有轻度浮肿，卧床休息后可减轻。

当准妈妈走路多或者身体疲劳时，会感到肚子一阵阵地发紧，这是正常的不规律宫缩。当准妈妈仰卧时，会感到头晕，心率和血压会有所变化。如果从仰卧变为侧卧，症状就会消失。

3 本月重要的事项

（1）不宜久站

准妈妈长时间站立可使背部肌肉负担过重，造成腰肌疲劳而发生腰背痛，所以应避免久站。可适当地活动腰背部，增加脊柱的柔韧性，减轻腰痛。

（2）衣原体病毒感染

衣原体是一种常见的性传播疾病。分娩时，准妈妈可在新生儿通过产道时将衣原体传染给婴儿。在新生儿中，患衣原体感染的概率是 20%—50%。所以，准妈妈需要去医院做一个快速诊断试验，检查是否有衣原体感染，以便及时发现，及时治愈。

（3）性生活

妊娠晚期，如果准妈妈有性生活，那么给胎儿带来的危害是非常大的。除了可能造成早产外，还可导致感染，增加胎儿和新生儿死亡的几率。

（4）妊娠瘙痒症

准妈妈因为生理状况的改变，皮肤会变得比较敏感，容易发生瘙痒。

（5）口红

爱美的准妈妈，这个时候不要涂口红。因为，口红中的油脂成分不仅能吸附空气中各种危害人体的重金属微量元素，还能吸附大肠杆菌等微生物，会对胎儿发育造成影响。

（6）产检

怀孕晚期也就是进入整个孕期的冲刺阶段。这段时间的产检变得非常有必要，次数也相应增多，主要是为了保证准妈妈在生产前拥有健康的身体，做好临产的充分准备。

（7）出现假性宫缩

到了孕晚期，准妈妈会出现子宫收缩，称为假性宫缩。假性宫缩是真正分娩前连续许多天的宫缩，发生频繁，没有剧疼，不规律，间隔时间长。有的假性宫缩很难与进入待产的真正阵痛区分开，必须到医院做进一步观察才能确诊。准妈妈出现假性宫缩一定要引起重视，宫缩频繁很可能会引起早产。

（8）保证充足睡眠，避免身体疲乏

孕晚期，大多数准妈妈身体疲倦是由睡眠不足引起的。影响睡眠的原因有很多，如分娩焦虑、腿抽筋、小便频繁等。如果通过一些方法来调节，可以保证充足的睡眠，那么疲倦感自然就可以减轻。

（9）前置胎盘

前置胎盘多发生在生孩子过多、过密和多次做人工流产或子宫内膜有损伤，以及患有子宫肌瘤的准妈妈身上。此类准妈妈临产时一般都需要剖腹产。

（10）手、脚浮肿越来越严重

怀孕进入 31 周以后，有些准妈妈的双脚明显地出现浮肿，特别是到了晚上肿得更厉害，用手轻轻地抚摸都会疼。如果血压正常，没有尿蛋白，可能都是正常现象。

（11）控制体重

准妈妈都希望生个胖宝宝。然而，宝宝出生时体重过重并非好事，重量超过 4 公斤的婴儿很容易因低血糖而损伤脑部。巨大儿还有可能在分娩过程中出现窒息、颅内出血，导致难产、大出血等危险。所以准妈妈在孕晚期一定要适当饮食，防止体重增加过快。

（12）得了外阴炎怎么办？

准妈妈需要格外注意外阴的卫生护理。每天可用温开水清洗外阴两次，每天换内裤，内裤洗净后在日光下晾晒消毒。

4 本月常见问题

（1）怀孕 29 周后，胎位是横位该怎么办？

可以在家进行胸膝卧位纠正。做此动作之前要先小便，松开腰带，跪在硬板床上，胸部垫一个枕头，将两手前臂上屈，头部放在床上转向一侧，大腿和床面呈直角。每日早晚各一次，每次 15 分钟，一周后复查胎位，大多数准妈妈的胎位都可以得到纠正。

（2）怀孕 29 周，经常头晕、恶心是什么原因？

一般妊娠早期会出现恶心、呕吐、厌食、乏力等早孕反应，但在第 12 周左右就会消失，所以这种情况不正常，应去医院检查。

（3）怀孕 29 周，可以有性生活吗？

怀孕前 3 个月和后 3 个月是禁止性生活的，否则容易引起流产和早产。

（4）怀孕 29 周，适合做哪些运动？

散步、逛街、逛公园等。只要是户外活动都可以，但是不能做剧烈运动。远离噪音区，少用电脑。

（5）怀孕 29 周，刷牙出血是怎么回事？

刷牙出血是孕期正常的现象。如果刷牙后牙龈出血，可以在温水中溶入一些海盐来漱口。

（6）怀孕 29 周，晚上胎动频繁是怎么回事？

其实，胎动晚上比白天多很正常。因为晚上安静，准妈妈也不太活

动，所以感觉很明显。白天比较嘈杂，准妈妈活动也较多，这样胎儿容易睡觉，自然就会感觉到胎动少了。

（7）怀孕30周，吃什么钙片好？

只要不出现抽筋等缺钙症状，建议不要吃钙片。

（8）怀孕30周，感冒了吃什么药好？

能不吃药尽量别吃药。如果一定要吃药，应在医生的指导下用药。

（9）怀孕30周，晚上胎动特别频繁是怎么回事？

如果检查正常，而晚上胎动频繁，有可能是空气对流不通畅的原因。晚上睡觉时，最好不要把门窗都关紧了，睡前要放松心情。

（10）怀孕30周，每小时胎动多少次才是正常的？

正常胎动每小时3—5次，12小时约30—40次。连续一串动作只能算是一次胎动，并不是动一次算一次，间隔五六分钟后再次出现的胎动才算是第二次胎动。

（11）怀孕30周，检查时发现胎儿入盆了正常吗？

胎儿入盆发生在怀孕36周到分娩阵痛到来之间。一般情况下，第一胎可能入盆早一些。虽然胎儿已经入盆，但并不是说马上就会有阵痛，有时可能还需要几周的时间才会有阵痛。有时尽管胎儿没有入盆，也不必担心，因为入盆可能在阵痛后全部完成。如果在怀孕30周胎儿就入盆，有可能会出现早产的可能性。

（12）怀孕31周，体重持续一个月没有增加正常吗？

应该去医院进行一次产前检查，以了解胎儿是否正常。

（13）怀孕31周，胎盘前置怎么办？

胎盘前置容易导致产前大出血。所以，准妈妈平时要特别注意，不能劳累过度，一定要注意休息，也不能走太远的路。

（14）怀孕31周，B超检查发现胎盘成熟度为2级正常吗？

B超检查胎盘成熟度2级，属于正常。建议做好孕产期保健，定期进行产前检查。

（15）怀孕31周，还能不能做B超

只要胎位、胎心音无异常，最好别做。

（16）怀孕满 31 周，可以做三维 B 超吗？

此时不是做三维 B 超的好时机。因为胎儿已经比较大，一些部位如四肢等，已经蜷缩起来，羊水条件也不如孕中期好，一些微小病变不容易发现。即使发现异常，也很难对病变作出干预。

（17）怀孕 31 周，还有必要吃一些营养品吗？

最后 3 个月是胎儿脑发育的重要时期，准妈妈可以吃一些深海鱼油，但千万别吃得太多。

（18）怀孕 32 周，身上痒怎么办？

身上痒有可能是胆汁淤积造成的，严重的还会造成胎儿宫内猝死。准妈妈应该去医院检查。

（19）怀孕 32 周，该准备些什么？

可以先给宝宝买衣服、奶瓶、奶粉、婴儿车、床等日常用品。

（20）怀孕 32 周，可以提前分娩吗？

建议足月生产，早产不仅对准妈妈不好，对宝宝也不好。如果提前生产，准妈妈产后恢复的时间可能要比足月生产的产后恢复时间要长。

（21）怀孕 32 周，总是觉得胸闷、气喘怎么办？

胸闷是由于心跳加快、呼吸困难造成的，这是正常现象。胎儿长大了，准妈妈的内脏全都被挤到上腹部，压迫到肺部，所以会出现呼吸不畅的现象。

（22）怀孕 32 周，胎动减少的原因是什么？

孕晚期是胎儿活动频繁的时期，准妈妈的感觉也会很明显。根据胎动的规律来监测胎儿情况，一般每小时胎动在 3 次以上，12 小时胎动在 30 次以上，表明胎儿情况良好。如果 12 小时的胎动少于 20 次，表明胎儿有宫内缺氧的现象，如果 12 小时的胎动在 10 次以下，表明胎儿有危险，需要去医院检查。

（23）怀孕 32 周，做彩超能看清孩子的手指和脚趾吗？

发育正常的胎儿是可以看得见的。

5 本月注意事项

（1）预防妊娠中毒症

妊娠中毒症的主要表现有浮肿、蛋白尿、高血压。而控制体重，保持营养平衡和足够的睡眠是预防该症的有效措施。

（2）可以利用胎动对胎儿进行家庭监护

每天早、中、晚各测 1 次，3 次数字相加乘以 4，即为 12 小时的胎动数，正常值为 30—100 次之间。

（3）乳房保健

为了防止产后哺乳时发生乳头裂，准妈妈应经常擦洗乳头，然后涂一些油脂。对哺乳充满自信将是产后母乳喂养成功的基本保证。

6 本月胎教的重点

（1）抚摸胎教

抚摸胎儿是胎教的一种形式。抚摸胎教是准妈妈或准爸爸用手在准妈妈的腹壁上轻轻地抚摸胎儿，使胎儿感觉到抚摸的刺激，以促进胎儿感觉系统、神经系统发育。

抚摸胎教一般在 6 个月左右开始进行，最好定时，每次 5—10 分钟，这样可以使胎儿对时间建立起信息反应。在抚摸时要注意胎儿的反应，如果胎儿是轻轻地蠕动，说明可以继续进行；如胎儿用力蹬腿，说明抚摸得不舒服，胎儿不高兴，应立即停止。

抚摸顺序由头部开始，然后沿背部、臀部至肢体，要轻柔有序，并记下每次胎儿的反应情况。

（2）对话胎教

与胎儿对话是训练胎儿听觉能力和建立母子或父子亲情的最主要手段。这个月，不仅可以在上个月的基础上继续有计划地进行对话，还可根据实际生活中出现的各种事情，不断地扩大对话的内容和对话的范围。

可以把生活中的每个愉快的生活环节都讲给胎儿听，通过和胎儿共同生活、共同感受，使母子、父子间的纽带更牢固，为宝宝今后智力发展打下基础。

分娩即将来临，要主动地与胎儿进行沟通，如可以告诉胎儿：“我的小宝宝，不久以后你就要出来了，妈妈好盼望这一天。你一定很想和妈妈见面了，是吗？”或者与丈夫一起对胎儿说“爸爸妈妈为了迎接你的出生，已经准备了整整 10 个月。外面的世界很美丽，你一定喜欢的”等等，以促进情感的建立和心灵的沟通。

（3）音乐胎教

妊娠 8 个月时，胎儿听觉已经完成，更容易听到外界的声音。所以，这个月除了听音乐之外，还要亲自给胎儿唱歌，这样会收到更令人满意的胎教效果。

有的准妈妈认为，自己五音不全，没有音乐细胞，不给胎儿唱歌。其实，这种想法是完全错误的。要知道，给胎儿唱歌并不是登台表演，不需要什么技巧和天赋，需要的只是准妈妈对胎儿的一片深情。只要准妈妈带着对胎儿深深的母爱去唱，那么准妈妈的歌声对于胎儿来说，一定是十分悦耳动听的。一天中，准妈妈可在早、晚唱两次，每次以 15—20 分钟为宜。

此外，听音乐的曲子最好是多种多样，不要只给胎儿听几首固定的曲目。在听的过程中，要注意观察胎动的变化，这样就可以知道胎儿喜欢听哪种音乐。

7 本月准妈妈的营养

妊娠 8 个月，准妈妈在饮食安排上应采取少吃多餐的方法。以优质含蛋白质、无机盐和维生素多的食物为主，特别要摄入一定量的钙。在摄入含钙高的食物时，注意补充维生素 D，因为维生素 D 可以促进钙的吸收。但在补充维生素 D 制剂时，不要过量，以免中毒。

除此之外，准妈妈还可多吃些西瓜，补充体内损耗的营养素，满足胎儿的需要。而且，西瓜有利尿去肿、降低血压的作用。

九、孕九月

1 胎儿发育的情况

胎儿体重大约有 2000 克了，身长约为 48 厘米。胎儿皮下脂肪比之前大为增加，皱纹减少，身体开始变得圆润。胎儿的呼吸系统、消化系统发育已近成熟。有的胎儿头部已开始降入骨盆。

有的胎儿已长出了一头胎发，也有的胎发稀少。前者并不意味着将来宝宝头发就一定浓密，后者也不意味着将来宝宝头发就一定稀疏，所以不必太在意。

如果是个男孩，一般情况下，睾丸很可能已经从腹腔降入了阴囊，但是也有的胎儿的一个或两个睾丸在出生后当天才降入阴囊。如果是个女孩，她的大阴唇已明显隆起，左右紧贴。这些都说明胎儿的生殖器官发育已近成熟。

2 母体变化的情况

这时，准妈妈体重快速增加。由于胎头下降、压迫膀胱的缘故而出现尿频。此外，准妈妈还会感到骨盆和耻骨联合处酸疼，不规则宫缩的次数增多。这些都标志着胎儿在逐渐下降。

此时，有可能会发生胎膜早破的情况。不过，也有可能是尿液。准妈妈要仔细分辨，一旦认为是胎膜破裂，就立即去医院。

3 本月重要的事项

（1）孕晚期如何预防和应对早产？

准妈妈除了时刻注意身体的变化外，还要开始学习必要的分娩知识，最好要了解一些预防和应对早产的方法，在没有医生的情况下，自己能做简单处理。

（2）B 超检查

准妈妈本周最好做一次详细的超声波检查，以评估胎儿的体重及发育状况，并预估胎儿足月生产时的重量。

（3）禁止性生活

孕晚期，不能进行性生活，尤其是那些前置胎盘和胎盘早期剥离的准妈妈，以免引起早产。不论在何种情况下，一旦发现阴道出血，就马上到医院，因为这很可能是早产的先兆。

（4）小腿出现频繁抽筋

这是因为，准妈妈的体重逐渐增加，双腿负担加重，腿部的肌肉经常处于疲劳状态。还有，对钙的需要量明显增加，如果膳食中钙及维生素 D 含量不足，或缺乏日照，会加重钙的缺乏，从而增加了肌肉及神经的兴奋性，出现小腿抽筋。

（5）适当活动

不少准妈妈担心胎儿出现早产，所以，在 34 周后，往往会整天躺在床上养胎。这种做法不但对胎儿顺利出生没有帮助，反而会造成准妈妈因缺乏锻炼而在生产过程中出现体力不支。当医生检查胎儿生长发育情况正常时，准妈妈可做一些能帮助顺产的动作，为分娩做好充分的身体准备。

（6）皮肤变得很敏感

准妈妈要细心地呵护皮肤，用清水沐浴是最安全可靠的，不会引起肌肤的任何不良反应，但过多的沐浴会刺激肌肤。因此，洗澡时应特别注意使用刺激性小的沐浴液，或者使用婴儿沐浴液。

（7）不宜久站

准妈妈长时间站立可使背部肌肉负担过重，造成腰肌疲劳而发生腰背痛，故应避免久站。可适当地活动腰背部，增加脊柱的柔韧性，以减轻腰痛。

（8）胎儿监测

准妈妈要多注意胎儿的活动情况，每天都要数胎动，定期到医院做胎儿检测。

（9）每日注意胎动情况

从这个时期开始，准妈妈要注意胎动情况。胎儿活动包括呼吸、心跳及四肢、躯干的活动，这是胎儿安危的重要指征。如果发现胎动出现异常时，应及时上医院就诊。

（10）防止子宫内感染

子宫内感染是可以预防的，妊娠晚期，应严禁性生活，多注意休息。

（11）了解分娩知识

准妈妈应该多了解一些有关分娩的知识，做好心理准备。当分娩遇到困难时，可以让准妈妈坚定信心，相信自己可以顺利分娩。

（12）胎位不正需要提前住院吗？

一般而言，除了生产方式的改变，胎位不正并不会增加妊娠合并症，如妊娠高血压、妊娠糖尿病等。但要注意早期破水的情形，由于产道并没有胎头来卡住，因此一旦破水后，就有脐带脱垂或子宫内感染的可能。因为早期破水容易造成胎儿立即致命的危险，必须及时做剖腹产。最好在孕37周左右时住院，并做好剖腹产的准备。一旦发生胎膜早破就平卧在床上，用枕头垫高臀部，呼叫急诊，不能步行或坐车到医院。

（13）选择好分娩医院和坐月子的地点

在临近预产期时，准妈妈准爸爸要选择好分娩的医院和坐月子的地点。采用何种方式分娩，医生会根据准妈妈的具体情况来决定。

（14）生活提示

这时，准妈妈的肚子已相当沉重，上下楼梯和洗澡时，一定要注意安全，防止滑倒。同时，做家务时一定要注意动作轻缓，不要过猛，更不要做有危险的动作。避免在人多的地方出入，如必须外出，要有人陪同，并选择安全的交通工具，处于孕晚期的准妈妈不宜出远门旅行。

（15）试着练习有助分娩的运动

如果准妈妈经常做一些帮助分娩的运动，就能帮助准妈妈顺利地度过妊娠期。而且，这些运动和练习，对分娩过程和产后体形恢复都有好处。

（16）应对便秘和痔疮

有 30% 的准妈妈都会出现便秘。主要是由于准妈妈体内的黄体酮水平增加，使肠道的肌肉松弛，肠蠕动减慢造成的。尤其在孕晚期，这种现象更加严重。

由于孕期激素的改变，影响了血液循环，造成直肠和肛门的血管更容易扩张，从而形成痔疮。

准妈妈可以在每天早上空腹喝一大杯凉开水，同时还要多吃水果、蔬菜等富含纤维素的食物，这些食物有助于胃肠蠕动。

4 本月常见问题

（1）怀孕 33 周，胃口不好怎么办？

随着胎儿的逐渐长大，会顶着膈肌，使准妈妈产生饱胀感，自然会影响到准妈妈的食欲，最好综合调整一下。

（2）怀孕 33 周，胎位不正怎么办？

34 周前可以在医生的指导下纠正过来，34 周后纠正过来的可能性比较小。不过，每个人都是有差异的。

（3）怀孕 33 周，每天补钙是多少？

每天都要晒太阳。每天都要保证喝 250 毫升牛奶、孕妇配方奶粉或酸奶。注意多摄入小虾皮、小鱼、海带及荠菜、豆腐等食物。

（4）怀孕 33 周，采取什么睡姿最好？

最好采取左侧卧位睡姿。

（5）怀孕 33 周，为什么会出现小腹疼的现象？

这是宫缩现象，说明要生产了。但是，现在还没有形成间隔的宫缩，所以不用紧张，等到宫缩有间隔时，即将分娩了。

（6）怀孕 34 周，感冒怎么办？

多喝水，多休息，尽量不吃药。如果确实要服药，也不要盲目用药，先咨询医生。

（7）怀孕 34 周，吃补血药对胎儿有影响吗？

补血其实就是补充铁元素，只要补充适量就没有问题。

（8）怀孕 34 周，胎动的次数一般是多少？

在正常的情况下，胎动每天约 30—40 次。不过，在 24 小时内，胎动的次数并非都是固定不变的。一般来讲，每天上午在 8—12 点，胎动较均匀，以后逐渐减少；下午 2—3 点，胎动最少；到了晚上 8—11 点，胎动次数最多。

（9）怀孕 35 周，患痔疮怎么办？

先对症处理一下。这是子宫增大压迫致肛管静脉回流受阻所致，分娩后症状就会减轻。

（10）怀孕 35 周，明显感觉胎动减弱怎么办？

孕晚期，应该注意的是胎动次数，而不是胎动的强弱。因为胎儿个头长大了，肢体只能弯曲，子宫没有多余的空间让胎儿活动了，所以胎动减弱是正常现象。

（11）怀孕 35 周，胎儿经常在同一个位置有节律地动，这是怎么回事？

胎儿在一个地方动，这可能和胎儿在母体内的位置有关，属于正常情况。

（12）怀孕 35 周，感觉胸闷，正常吗？

子宫逐渐增大，将横膈向上顶，膈肌活动幅度减少，胸腔窄而发生代偿性呼吸急促。此种现象属于正常。

（13）怀孕 36 周，见红怎么办？

在家尽量卧床休息，除了上厕所，不要乱动，卧床半个月情况会有好转。之后尽量别进行大幅度活动。

（14）怀孕 36 周，还需要补充营养吗？

孕妇奶粉可以不喝了。主要还是从食物中摄取足够的营养。

（15）怀孕 36 周，羊水多怎么办？

虽然羊水过多，但只要其他检查都正常就不用太担心。

（16）怀孕 36 周，还可以吃钙片吗？

不用吃了。吃多了也不好。

5 本月胎教的重点

（1）触摸胎教

触摸胎儿是胎教的一种形式。准妈妈或准爸爸可以轻轻地抚摸胎儿的头部，有规律地来回抚摸胎儿的背部，也可以轻轻地抚摸胎儿的四肢。当胎儿可以感觉到触摸的刺激后，便会做出相应的反应。

（2）情绪胎教

怀孕 9 个月，离预产期越来越近，一方面准妈妈会为宝宝即将出世感到兴奋和愉快，另一方面又对分娩怀有紧张的心理。面对这一现实，怎样让准妈妈始终保持一种平和、欢乐的心态，这直接关系到胎儿的健康。从胎教的角度看，千万不能不闻不问，一定要倍加关注。

首先，准爸爸要在感情上关心、体贴准妈妈。其次，要在心理上安慰准妈妈，做好准妈妈的心理保健工作，主要包括：

① 产前的心理准备

分娩前的心理准备远远胜过学习各种知识及练习，许多准妈妈准爸爸没有意识到这个问题。一旦面对这些问题时就会很无助。因此，可在医生的指导下，做好妊娠和分娩的心理准备，以便得到了更大范围的心理保护。

② 产程中的心理支持

产痛是分娩过程中关注的焦点。在进行长时间的分娩心理准备时，应该让准妈妈真正了解产痛的意义，消除负面影响，并让准妈妈在分娩过程中得到充分的体验，这都有利于调整产后的母子关系。

③ 产后的心理支持

母子关系是“二合一”的关系。宝宝作为一个成熟的个体，母亲必须行使“支持功能”，保护宝宝免受过分的外部和内部的压力。新生儿表现出的起始的幼稚情感，如高兴或不高兴等，只有在得到妈妈的接受后，其情感才能发展。

因此，在婴儿出生后，丈夫要全力支持妻子，并尽量给她提供最好的条件，让妻子全心抚养婴儿。

（3）美育胎教

美育能陶冶性情，净化环境，开阔眼界，具有奇妙的魅力。把美的信息传递的过程就叫做美育。美育是准妈妈与胎儿交流的重要内容，也是净化胎教氛围的必要手段。

美育胎教就是音美、色美和形美的信号输入。轻快柔美的抒情音乐能转化为胎儿的身心感受，促进胎儿脑细胞发育。大自然对促进胎儿细胞和神经的发育也是十分重要的。准妈妈可欣赏一些绘画、书法、雕塑以及戏曲、影视文艺作品等，接受美的艺术熏陶，并把内心的感受描述给胎儿听。

（4）音乐胎教

怀孕第9个月，胎儿已经基本发育成熟，各种胎教方法可以轮流使用。此时的音乐胎教和以前一样，选择安静的环境，闭上眼睛，展开丰富的想像，静静地聆听。准妈妈临近分娩可能会产生烦躁不安、情绪紧张的心理状态。因此，应尽量选择柔和、节奏舒缓、优美动听的音乐，既可以是古典音乐，又可以是流行音乐，最好以钢琴为主。播放时音量适中，时间不宜过长，以准妈妈不感到腻烦为宜。

总之，音乐对于陶冶情操，和谐生活，加强修养，增进健康及激发想像力等都具有很好的作用。音乐胎教对于促进准妈妈和胎儿的身心健康具有不可低估的作用。

6 本月准妈妈的营养

在这个月里，准妈妈可多吃一些营养丰富的海洋食物。因为海洋食物被营养学家称为高价营养品，富含脂肪、胆固醇、蛋白质、维生素 A 和 D 等，与胎儿的眼睛、皮肤、牙齿和骨骼的正常发育关系非常密切。据研究，海鱼中含有大量的鱼油，这种鱼油具有促进新陈代谢正常进行的特殊作用。海鱼还可以提供丰富的矿物质，如镁、铁、碘等元素，对促进胎儿生长发育起到良好的作用。

除此之外，海洋食物还具有低热量、高蛋白的特点。

十、孕十月

1 胎儿发育的情况

怀孕进入最后阶段，胎儿已经是足月儿了。这意味着，胎儿随时都有可能出生。

胎儿重量大约 3000 克，身长 51 厘米左右。但每个胎儿的差别还是比较大的，有的胖一些，有的瘦一些，但只要胎儿体重超过 2500 克就算正常。从 B 超推算出来的胎儿体重，比从母腹中判断出来的胎儿体重要准确一些，有时医生的判断与最终胎儿的实际体重相差较多。只要胎儿发育正常，就不要太在意体重。

这时，医生会在每周一次的体检中检查胎儿是否已经入盆，估计何时入盆，胎位是否正常，是否已经固定等。如果胎位还不正常，那么胎儿自动转为头位的几率很小。如果医生无法纠正，那么很可能会建议你采取剖腹产，以保证母子安全。

2 母体变化的情况

大多数胎儿都将在这一周出生，但真正能准确地在预产期出生的胎儿只有 5%，提前两周或推迟两周都是正常的。但如果推迟两周后还没有临产迹象，那就需要采取催产等措施，否则胎儿过熟也会有危险。

这时，胎儿所处的羊水环境有所变化，原来的羊水是清澈透明的。现在由于胎儿身体表面绒毛和胎脂的脱落，以及其他分泌物的产生，羊水变得有些浑浊，呈乳白色。胎盘的功能也从此逐渐退化，直到胎儿娩出即完成使命。

需要注意的是，要避免胎膜早破，即通常所说的早破水。正常情况下，只有当宫缩真正开始，宫颈不断扩张，包裹在胎儿和羊水外面的卵膜才会在不断增加的压力下破裂，流出大量羊水，胎儿也将随之降生。

3 本月重要的事项

（1）关注分娩的征兆

愈接近预产期，准妈妈心理的压力愈大，也愈紧张、焦虑。除了早产与极少数例外，大多数准妈妈生产前都会出现所谓的“产兆”。当这些产兆出现时，表示生产的日子近了，胎儿随时都有可能出生。

（2）重视产前检查

孕晚期，产前检查是每周一次。除了监测胎儿的生长发育情况外，还可以看到胎盘的功能是否正常。前置胎盘对母子有危害。医生通过产前检查来决定分娩的方式。

（3）继续监测胎动，注意血压

如果发现血压偏高，一定要去看医生，不要随意服用孕前用过的降压药物，以免造成不必要的危险。此时，虽然胎儿的情况已经稳定，药物对胎儿的影响不大，但仍然需要避免感染病菌，吃药是最后的选择。

（4）没有胃口怎么办?

胃口变得不好，并不是说胃肠道有毛病，而是因为到了孕晚期，由于子宫膨大压迫到胃，使胃的容量变小，吃一点食物就感觉饱了，当然，也就没有胃口了。

（5）不要憋尿

怀孕 9 个月时，胎头下降会压迫膀胱，产生尿意，但千万不可以因行动不便而憋尿，这样容易造成尿道感染。

（6）需缓慢改变姿势

隆起的腹部会影响下肢的静脉回流，使血液无法迅速回流至脑部，在姿势改变时容易造成低血压。所以在改变姿势时，动作要缓慢，避免突然站起来。

（7）学会控制疼痛的两个小窍门

想像和呼吸，这是自然分娩中都会用到的两种控制疼痛的方法。分娩时，想像着和胎儿说话。每次阵痛来临时，说:“小家伙，你很快就会出来了。我很坚强，不会很疼，疼痛会带来新生命。”尽量让自己放松，配合着呼吸一起做。

（8）临产前吃什么好?

临产前产妇要吃饱喝足，这对母子双方的健康及分娩顺利进行，都有着特殊的重要意义。

产妇从有规律的宫缩开始到宫口全开，大约需要 12 个小时。分娩相当于一次重体力劳动，产妇必须有足够的能量供给，才能有良好的子宫收缩力，才能将孩子娩出。

刚开始时，产妇不需要用力，可以多吃一些食物，以含碳水化合物多的食物为主。因为这些食物在体内的供能速度快，在胃中停留时间短，不会在宫缩紧张时引起不适或恶心、呕吐等。食物应稀软、清淡、易消化，如蛋糕、挂面、糖粥等。

随着分娩的临近，多数产妇不愿进食，可适当喝点果汁或菜汤，以补充因出汗而丧失的水分。

分娩时，产妇需要不断用力，应进食高能量、易消化的食物，如牛奶、糖粥、巧克力等。如果实在无法进食，可通过输入葡萄糖、维生素来补充能量。

为了防止因宫缩疼而产生的腹胀，在临产期不宜过多吃含高蛋白的食物，特别是不要多吃鸡蛋和牛奶，更不要吃油炸或油腻食物。

（9）提前做好去医院分娩的准备

准妈妈要提前做好去医院分娩的准备，如生活洗漱用品、宝宝的必需用品、住院押金等，以便在任何时候都能尽快赶到医院。尚未临产的准妈妈，在无任何异常的情况下，如果要求提前住院，容易给自己带来心理恐慌，增加难产的因素。

（10）分娩需要多长时间?

统计数据表明，女性在分娩第一胎的时候，平均需要 12 个小时，第二胎平均需要 8.5 个小时。但是，这并不意味着准妈妈在这 10 多个小时里，要一直忍受没有间断的疼痛。每个人的情况都不尽相同，应依照每个人的不同情况而定。

（11）大龄产妇注意事项

大龄产妇身体调节能力弱，应对各种变化及身体负担的能力也相应减弱。年纪越大，阵痛也越弱，分娩时间也会较长，也较容易发生难产。

（12）消除分娩恐惧

准妈妈要尽量消除分娩的恐惧心理，保持平静的心情。要知道，精神越紧张，就会觉得越痛。

（13）产前最后一次检查

没有生产前，准妈妈仍需要去医院进行胎心监护、B 超检查，了解羊水以及胎儿在子宫内的状况。如果超过 41 周还没有出现分娩迹象，应该住院催产。因为逾期过久，胎儿在宫内将面临缺氧的危险。

（14）了解产后要做什么？

成功分娩后，最初的成就感和兴奋感过后，新妈妈可能开始担忧现实的一些问题，如何坐月子、产后的饮食怎样补，以及产后乳房该如何护理等。所以，从现在开始，准妈妈应该考虑这些问题了。

4 本月常见的问题

（1）怀孕37周，出现经常性宫缩是怎么回事？

如果宫缩的时间越来越长，间隔时间越来越短，那么就是快临产了。但37周的时候，也有不规律的假性宫缩。

（2）怀孕37周，为什么胎动还是很频繁？

一般情况下，没有关系。不过，也可能是要分娩了。

（3）怀孕37周，胎动很少正常吗？

不要担心。只要定期检查，没有发现任何异常的就是正常现象。

（4）怀孕37周，羊水深度是多少？

正常羊水深度在3—8厘米左右。

（5）怀孕37周，脚肿得厉害是怎么回事？

妊娠晚期，很多准妈妈都会出现脚肿的现象。如果脚肿得厉害，还是应该去医院检查一下比较好。

（6）怀孕38周，患了感冒怎么办？

如果不发高烧、咳嗽就不用吃药。只要多喝水就可以了。

（7）怀孕38周以后，要注意什么？

已经是围产期了，如果正常就应该分娩了。所以，应注意不要做大运动或重体力劳动。

（8）怀孕38周，解不下小便是怎么回事？

可能是子宫压迫膀胱引起的，一般来说问题不大。有很多准妈妈到了此时都会有这种现象。

（9）怀孕刚满38周，胎盘成熟度为3级，能否提前剖腹产？

只要经过检查，基本符合顺产的条件，当然还是顺产好。这要看准妈妈自己的意志力，若胎儿比较大，会比较难生一些。但也不是所有的巨大儿都只能剖腹产，也有顺产的。

（10）怀孕 39 周，出现腰疼是什么原因

腰疼、大腿根发胀、大腿抽筋等都是临产征兆。主要是胎儿的头部下降，压迫骨盆内神经而表现出的症状。

（11）怀孕 39 周，一点生产的动静也没有，是否要选择剖腹产？

胎盘已经成熟了，应该可以做剖腹产。否则，胎儿越长越大，羊水过少会对胎儿有影响。

（12）怀孕 39 周，有褐色的分泌物流出是怎么回事？

胎儿出生前的征兆有一种是见红，就是阴道流出血性分泌物，而且伴有规律的疼痛。如果有褐色的分泌物流出，这说明快要临产了，应尽快去医院检查，一旦有异常情况，医生可以立刻实施剖腹产。因为 37 周以后出生的宝宝都是正常的。

（13）怀孕 39 周，脐带绕颈一周且已入盆能顺产吗？

脐带绕颈一周，如果较轻微，对胎儿无明显的影响；如果胎儿已经入盆，其他方面无明显异常，就可以顺产。

（14）怀孕 40 周，没有去做产检，有危险吗？

应该早点去检查，一般孕 38 周就生了。如果 40 周还没有生的迹象，那么要引起注意，可能是巨大儿，一旦自然分娩有困难，就要立即剖腹产。

（15）怀孕 40 周，胎儿还没入盆怎么办？

如果肚子经常硬硬的，就说明现在经常宫缩。有的胎儿入盆不一定就是要生，应该多注意。现在的情况随时都有可能要分娩。

（16）怀孕 40 周，还没分娩动静怎么办？

提前和推后两周分娩都属于正常情况。应该严密观察，定期检查，若有明显不适，应及时去医院。

（17）怀孕 40 周，脚肿正常吗？

只要没有高血压和蛋白尿，出现单纯的脚肿是妊娠水肿，分娩后会恢

复正常。

（18）怀孕 40 周，下身总是湿湿的，几天不洗就有臭味，这是怎么回事？

如果有大量水流出，可能是破水了，要及时去医院检查。另外，每天最好要用清水洗外阴。

5 本月胎教的重点

对于分娩，不少准妈妈都感到恐惧，犹如大难临头，会出现烦躁不安、呻吟，甚至惊慌，无所适从等情绪。既容易消耗分娩体力，造成宫缩无力，产程延长，又会给胎儿的情绪带来了较大的刺激。

其实，生育过程几乎是每位准妈妈的本能，是一种十分正常的自然生理过程，是每位母亲终生难忘的幸福时刻。

胎儿在准妈妈肚子里，由一个微小的细胞发育成一个成熟的胎儿。胎儿不可能永远生活在准妈妈的子宫内，胎儿要勇敢地穿过产道，来到外面精彩的世界。

所以，准妈妈不用害怕、紧张。

应尽量做到全身放松，配合医生的指导，为胎儿的顺利出生创造条件，这就是本月最重要的胎教内容。

6 本月准妈妈的营养

第 10 个月，准妈妈进入一个收获的季节。首先要保证足够的营养，

不仅可以供给胎儿生长发育的需要，还可以满足自身的变化所需求的额外营养。如果准妈妈营养不足，不仅所生的婴儿会比较小，而且自身也容易发生贫血、骨质软化等营养不良症。这些病症会直接影响临产时正常的子宫收缩而发生难产。

准妈妈应坚持少吃多餐的饮食原则。

第14章 细说胎教法

怀孕后，许多准妈妈往往容易变懒，不想做事，也不想学习。有人认为，这是准妈妈的特点，最好顺其自然。殊不知，这正是胎教学说的一大忌。

我们知道，准妈妈与胎儿之间是有信息传递的，胎儿能够感知母亲的思想。如果准妈妈既不思考也不学习，胎儿也会深受感染，变得懒惰起来。显然，这对于胎儿的大脑发育是极为不利的。如果准妈妈始终保持着旺盛的求知欲，则可使胎儿不断地接受刺激，促进大脑神经和细胞的发育。

因此，准妈妈要从自身做起，勤于动脑，努力学习，在工作上积极进取，在生活中注意观察，把自己看到、听到的事物通过视觉和听觉传递给胎儿，使胎儿受到良好的教育。

下面，我们就为准爸爸准妈妈详细地介绍胎教的13种方法：

一、音乐胎教法

在各种艺术中，音乐有其特殊的位置，它不仅是准妈妈与胎儿之间语言的桥梁，也是准妈妈与胎儿建立最初联系和感情的最佳通道。

胎儿在子宫内，首先感觉到的是韵律。开始时，虽然不是通过听觉感觉到韵律的，但是却能随着准妈妈的大血管分支的血液搏动而同步颤动。这种韵律不变的、有规则的搏动，几乎在整个孕期都是胎儿的伴侣，是胎儿生活环境中重要的组成部分。对于胎儿究竟是否能听得见声音，到目前为止还不是很清楚，但已经知道胎儿对声音有反应。

曾有一位女性，在怀孕期间几乎每天都要听某一张唱片，但她分娩后却再没有听过。当她的孩子 7 岁时，偶然听到这张唱片，顿时兴奋地跑到妈妈面前说，她非常喜爱这段音乐。有个人曾经做过一个试验，给准妈妈听音乐 2 分钟后，准妈妈的心跳加快，如果在准妈妈腹部子宫区放一个共鸣器，5 分钟后，胎儿的心跳也加快。对音乐的高调和低调，包括成人听不见的低调，胎儿都有反应。受音乐的影响，胎动也会增加。所以，从某种意义上说，音乐是给胎儿的另一种语言。

人类需要音乐，胎儿需要音乐，即将做父母的准妈妈准爸爸，让你们的孩子在音乐中，在你们的交谈中，健康幸福地出生、成长吧！

1 什么是音乐胎教

音乐胎教是通过对胎儿不断地施以适当的乐声刺激，促使其神经元的轴突、树突及突触的发育，为开发后天的智力及发展音乐天赋奠定基础。

2 音乐胎教的好处

音乐胎教能使胎儿在听力、视力、皮肤感觉力等发育之时，记忆力也会同时出现快速发展。因为六种感官能力的发育都依赖于记忆力的发展，同时也会反过来促进记忆力更快地发展。如妈妈的声音，胎儿多次听到后就会在脑中留下印象，这就是记忆的开始。有了记忆，下一次再听到妈妈的声音时，胎儿就会有熟悉感，这会加深宝宝的记忆，促使宝宝对母亲的声音作出欢迎的、高兴的反应，由此宝宝就建立起了“感觉——记忆——反应”这一机制。如果能经常刺激这一机制，胎儿的大脑活动能力就必然会增强，日后智力就会超过一般人。

国外专家经研究发现，人的左脑负责逻辑思维、语言能力和分析判断能力；右脑负责形象思维、感情和直觉能力。一般右脑发达的人，创造力较强，如画家米开朗琪罗、达·芬奇、爱迪生等一些伟大的艺术家、发明家都有右脑比左脑发达的现象。

所以，对胎儿进行音乐胎教是一种直接培养孩子音乐素养、兴趣的好方法，也是培养孩子创造力的最好开端。

美妙的音乐不仅能唤起准妈妈美好的情感和艺术想像力，还能使准妈妈的气血畅通、细胞活跃、心情愉快等，这对准妈妈的心理、生理都有好处。而且胎儿也会产生共鸣，感到身心愉悦，从中受益。

音乐既是一种依赖直觉的艺术，又是对心理、生理有双重作用的艺术。在潜移默化之中，音乐能对人的情绪、个性、品性、智力和身体的健康起塑造作用。所以，音乐是胎教最理想的教材和途径。

3 什么时候开始音乐胎教好

国外专家经研究发现，胎儿在 3—4 个月时，便开始有了听力。6 个月时，听力已发育到相当完备的程度，不仅能听到妈妈的心跳声，而且对外界发出的各种声音都会有一定的反应。如听到过响或不舒服的噪音时，胎儿就会有皱眉、踢脚、烦躁等动作反应；听到熟悉的声音或优美的音乐时，就会有舒适安静地吮吸手指、轻轻踢脚等表现。所以，从 4 个月起，准妈妈可对胎儿进行音乐胎教。

4 什么样的音乐适合胎教

音乐胎教的教材必须是经过专家鉴定的正规胎教教材。市场上销售的许多音乐材料是不适合做胎教教材的，有的节奏过于强烈或过于杂乱，声音刺耳的、频率过高的，都会引起胎儿不适或对胎儿造成伤害。所以，准妈妈准爸爸选择音乐胎教教材前，最好能参加一些孕产专家办的培训班，或经专家指导。如果没有这个条件，准妈妈就要细心一些，将买来的胎教音乐磁带、光盘先听一遍，感觉一下是否有不舒服感，如果有，就不适合做胎教教材。相反，听着很柔美、舒畅，就可以拿来给胎儿听。

5 适合胎教的音乐

（1）音质柔和的、优美的、带磁性的音乐

抒情歌曲、摇篮曲以及我国除打击乐以外的传统歌曲等，如《大海啊故乡》、《草原之夜》、《美丽的哈瓦那》、《睡吧，宝贝》、《春江花月夜》、《雨打芭蕉》、《江南丝竹》、《再见吧，妈妈》、《啊，克拉玛依》等。

（2）节奏明快或舒缓的音乐

听起来很舒畅的小步舞曲、进行曲、儿歌和儿童舞曲、中国许多民族歌舞曲，以及表现美丽风光的田园曲等，如施特劳斯的《春之声圆舞曲》、《蓝色的多瑙河》、《运动员进行曲》及《小蘑菇》等儿童歌曲。长短笛、排箫、芦笙、小提琴、萨克斯管等乐器演奏的轻音乐曲子等。

（3）频率适中的音乐

一般频率不超过70分贝。在放音乐前，准妈妈最好先熟悉一下歌曲的背景，如果找不到背景材料的，可以先听曲子，熟悉曲子后，凭感觉体会一下其中所表达的意境和情调。然后，放音乐让自己完全沉浸在音乐所表达的意境中去，边听边感受音乐的美妙。只要准妈妈能从音乐中感受到愉悦，就说明音乐对她起了作用，进而也会对胎儿起到良好的刺激作用。

6 不适合胎教的音乐

（1）节奏感过于强烈的音乐

如迪斯科音乐、摇滚乐及我国传统的和国外的各种节奏过强、过猛、过快的打击乐等。

（2）节奏杂乱的音乐

如当代国内外一些流行歌星唱的、打击出的或强或弱、故意打破节奏规律、听了令人感觉不舒服的歌曲。

（3）频率过高的音乐

频率太高、太尖会使胎儿感到不舒服，甚至会在孕早期引起胎儿畸形，影响胎儿的健康。准妈妈要细心一些，听到感觉刺耳、不舒服的音乐时，应马上关闭录音机或电视机，或离开正在播放这种音乐的场所。

（4）录音制作较差的音乐

录音制作质量较差的音乐制品，只能算噪音，不能算音乐，起不到胎教的作用。

（5）旋律不正气、淫荡、放荡、有邪气的乐曲

我国古人很善于分辨音乐的正气与邪气，认为音乐正气与邪气对人有不同的影响，甚至会影响人的性格。目前有些流行歌曲听起来调子很低俗、散漫、不正气等，这些都不适合做胎教教材。

（6）旋律过于悲哀、低沉、沮丧的乐曲

国外专家发现，过于悲哀、低沉的音乐会使胎儿伤心。胎儿听到这类音乐会有皱眉、要哭的表情。所以，这类乐曲不利于宝宝良好性格的塑造。

7 音乐胎教是否要考虑针对母与子的两类教材

我国古代胎教注重对准妈妈的教育，而现代胎教则注重对胎儿的教育，音乐胎教也要考虑这两方面的因素，因为它们都对胎儿的生长起着很关键的作用。

一般来说，为准妈妈选择的胎教音乐以旋律舒缓、流畅、优美、高雅为主，这样可以促使其保持心情愉悦和恬静，有利于血脉畅通、气血调和、身体健康，并且内心有美感，这对提高胎儿的综合素质有积极的意义。

为胎儿选择的胎教音乐可以与为准妈妈选择的音乐相同，也可选择适合胎儿性格特点的欢快、活泼、明朗且美妙的音乐，如儿童歌舞曲等，这样胎儿容易喜欢，也有助于培养其活泼、明朗的个性。

8 音乐胎教具体该怎么做

（1）选好音乐

把录音机或 CD 机、VCD 机放到离准妈妈身体 1 米以外的地方，注意不要离得太近，以免遭受电磁波辐射。将音量调到适当高度，以听着舒服为宜。为了让胎儿熟悉所听的音乐，可以反复放几次；最好在一段时间内放同一种旋律的音乐，不要过于杂乱，以免胎儿不适应。

国外专家认为，让胎儿在一段时间内反复听同一首曲子很有好处，不仅能使胎儿熟悉音乐，对音乐产生兴趣，还能使已有记忆力的胎儿记住乐曲。有的儿童没有学过乐器，却能奏出胎儿时听过的曲子，如前苏联著名小提琴家科迪的儿子，4 岁学会拉小提琴后，有一次不经意间奏出了他在胎儿时，父亲天天在练习、母亲为父亲天天伴奏的一首乐曲，而这首曲子他在出生后从未学过。可见，胎儿对熟悉的音乐具有一定的记忆力。

（2）选择一个舒适的姿势

最好采取半坐姿势，或者靠在沙发上，不要平躺，以免胎儿活动不方便。然后轻轻地拍拍肚子，说“宝宝，我们听音乐啦”。这样可让熟睡的胎儿醒来。养成了习惯后，胎儿在这个时间就不会睡着。准妈妈要注意全身放松，保持呼吸通畅。

（3）静静地、舒适地、内心愉悦地听所放的音乐

准妈妈最好能摒除杂念，不要受周围声音的干扰，能入情入境，让自己完全沉浸在音乐所表达的意境之中。然后随着音乐充分发挥想像，如随着音乐走进宁静的山谷，随着音乐呼吸清晨山间清新的空气，随着音乐想像开满鲜花的原野，随着音乐感受欢快的舞蹈等。听音乐时还要关注胎儿，想像着带着爱意与胎儿一同徜徉在美丽的大自然中等。如果有可能，准妈妈在外出郊游时，最好也带上录音机、CD 机或 DVD 机，配合所见的郊外风光听相应的音乐。这样准妈妈能更加心旷神怡、气血畅快，让胎儿在空气清新的环境中感受音乐的美，效果也会更好，更能增加胎儿的灵气。

（4）时间

最好每日能定时放音乐，这样胎儿就会养成按时听音乐的习惯和生物钟反应（条件反射），一般每日早、晚各一次，或在上午、下午空闲时各一次。以每次 20 分钟左右为宜。

9 准妈妈唱歌对胎儿有什么好处

音乐胎教包括准妈妈唱歌给胎儿听。如果准妈妈能经常对胎儿哼唱优美的歌曲，或跟着音乐轻哼曲调，胎儿的音乐素养及各方面的综合素质就会得到更好地提高。这是因为，准妈妈唱歌时，身心会处在比被动听音乐更活泼、愉悦的状态，而且唱歌会增加准妈妈的肺活量，使全身气血更顺畅，细胞更活跃，这对胎儿是极有好处的。

摇篮曲是世界上许多民族都有的愉悦胎儿、安抚胎儿、催胎儿入眠的歌曲。准妈妈给胎儿唱摇篮曲是一种很好的传统胎教方法。所以，有条件的准妈妈最好能学一些摇篮曲，经常唱给胎儿听。

10 胎儿对音乐的吸收性

胎儿对富有节奏感的音乐、儿歌等，都会形成较强的记忆。胎儿在子宫内已经对外界的声音有记忆力。不过，胎儿的大脑皮层尚未达到发达程度，这一过程还不能等同于成人的记忆，它仅仅是动物对声光所产生的那种条件反射水平上的记忆，一般过几个月，这种记忆就会消失，需长期巩固。婴儿的脑较稚嫩，具有可塑性，记得快，忘得也快，永久性记忆一般在 3 岁以后才形成。研究证明，胎儿在 6 个月时，已具有听觉功能，此时播放音乐，胎儿可经由母腹接受到声音，并能引起胎心率以及胎动的变化。

科学家们研究发现，在怀孕 6 个月后，准妈妈反复朗读某一故事或重复听一首乐曲，新生儿在出生后数小时，会表现出能辨认此故事或音乐的特殊反应。声音的振动、母亲的情绪和呼吸变动，都能对体内某些激素物质及有关神经介质的分泌产生影响，这些激素物质可经过胎盘进入胎体，构成胎教的物质基础。事实上，并不是说胎儿懂音乐及故事，而是外环境改变（包括声音）可对胎儿大脑发育产生间接性影响。

11 音乐胎教有哪些误区

（1）音乐的声音越大越好

许多准妈妈进行音乐胎教时，都是直接把录音机、收音机等放在肚皮上，让胎儿自已听音乐。其实，这种做法是不正确的。

正确的音乐胎教方式应该是准妈妈经常听音乐，间接让胎儿听音乐。在进行音乐胎教时，传声器最好离肚皮 2 厘米左右，不要直接放在肚皮上；音频应该保持在 2000 赫兹以下，噪声不要超过 85 分贝。而且，最好不要听摇滚乐，也不要听一些低沉的音乐，多听一些优美、舒缓的音乐，这对准妈妈及胎儿都有好处。

（2）所有的世界名曲都适合胎教

大部分的准妈妈都知道音乐胎教的益处，却不知道音乐胎教的正确实施方法。因此，在进行音乐胎教时，经常采取最常见的一种做法，就是听世界名曲。

这种做法是不正确的。在选择音乐时要有讲究，不是所有的世界名曲都适合进行胎教，而且要因时、因人而选曲。

（3）音乐胎教可以随时随地进行

绝大部分的胎儿都在睡眠中度过。为了尽可能不打扰胎儿的睡眠，胎教的实施要遵循胎儿生理和心理发展的规律，不能随意进行，并且要适时适量。首先，要观察、了解胎儿的活动规律，选择胎儿觉醒时进行胎教，且每次胎教的时间不要超过 20 分钟。其次，胎教要有规律性。每天要定时进行胎教，让胎儿养成规律的生活习惯，以利于出生后为其他认知能力的发展奠定基础。最后，胎教要有情感交融。在施教过程中，母亲应注意力集中，完全投入，与胎儿共同体验，建立起最初的亲子关系。

（4）音乐胎教不当对宝宝的危害

研究表明，胎儿长到 4 个月大时就有了听力；长到 6 个月时，胎儿的听力就发育得接近成人了。这时进行音乐胎教，确实能刺激胎儿的听觉器官快速发育。但许多准妈妈在给胎儿进行音乐胎教时，却直接把录音机或传声器等放在肚皮上，这种做法会伤害胎儿的听力。因为 4—6 个月胎儿的耳蜗虽说发育趋于成熟，但内耳基底膜上面的短纤维极为娇嫩，当受到高频声音的刺激后，很容易受到损伤，轻者出生后，虽然能听到说话声，但听不见高频的声音；重者将会给宝宝造成一生无法挽回的听力损害。

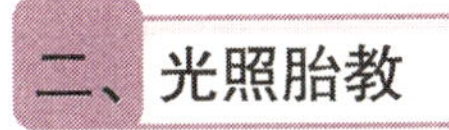

二、光照胎教

1 什么是光照胎教

光照胎教是适时地给胎儿以光刺激，以促进胎儿视网膜光感受细胞的功能尽早完善。实验结果证明，光照对视网膜以及视神经有益无害。那么胎儿是否能看到光呢？利用彩色超声波观察，光照后，胎儿会立即出现转

头避光动作，同时心率略有增加，脐动脉和脑动脉的血流量也都有所增加。这表明，胎儿可以看到射入子宫内的亮光。

2 光照胎教的作用

胎儿的视觉功能比其他感觉功能发育缓慢。孕 27 周后，胎儿的大脑才能感知外界的视觉刺激；孕 30 周以前，胎儿还不能凝视光源，直到孕 36 周，胎儿对光照刺激才能产生反应。

光照胎教不仅有助于加强胎儿的感光功能，使胎儿的昼夜节律得到有效的训练，使胎儿适应白天醒、夜晚睡的生活规律，还能优化胎儿的视觉能力，对事物的识别感觉很好，并具有视觉的敏锐性、协调性、专注性，对以后的学习、工作用眼和护眼都有益处。

3 光照胎教的方法

光照胎教是通过对胎儿进行光照的刺激，训练胎儿的视觉功能，帮助胎儿形成昼夜周期节律的胎教法。

从孕 24 周开始，准妈妈可以每天用手电筒紧贴腹壁照射胎头部位，每次持续 5 分钟左右。结束时，可以反复关闭、开启手电筒数次。在实施胎教中，准妈妈应把自身的感受详细地记录下来，如胎动的变化是增加还是减少，是大动还是小动，是肢体动还是躯体动。通过一段时间的训练和记录，准妈妈可以总结一下胎儿对光刺激是否建立起特定的反应或规律。注意不要在胎儿睡眠时施行胎教，这样会影响胎儿正常的生理周期，必须在有胎动的时候进行光照胎教。可以配合对话，综合的良性刺激对胎儿更有益。

值得准妈妈准爸爸注意的是，绝对不能认为只要进行了胎教，孩子就一定会成为神童。胎教只是将人生教育提早到胎儿期，通过开发胎儿感觉功能的潜力，为出生后的早期教育奠定良好基础。

4 光照胎教从何时开始

光照胎教最好从孕 24 周开始实施，用手电筒即可，因为此时胎儿对光开始有反应。

其实，胎儿从孕 13 周开始就已经形成了，孕 25 周前和 32 周后，胎儿总是紧紧地闭着小眼睛。从孕 24 周后，将光射进子宫内或用强光多次在准妈妈腹部照射，可发现胎儿眼球活动次数增加，胎儿会安静下来。

需要说明的是，光照胎教和音乐胎教、运动胎教一样，都是准妈妈自身磨练性情、提高修养的过程。准爸爸可以和准妈妈一起进行光照胎教，只要坚持下去，有规律地去做，胎儿才能领会其中的含义，并积极地做出回应。

5 胎儿的视觉发育训练

胎儿从第 4 个月起就对光线特别敏感，可通过光线强弱感觉外部世界，但有时会感到不安或不愉快。通过 B 超观察可以发现，通过使用手电筒的闪灭照射准妈妈的腹部，胎儿的心脏搏动会出现剧烈变化。

人类的视觉是在出生之后，靠视觉神经的迅速发达在 7—8 岁便可逐渐发育完成。胎儿时期，是视觉神经发达的准备阶段。胎儿的视网膜在怀孕 4 周左右即可完成，至怀孕 7 个月时才具有感光功能。

胎儿几乎是在与外界完全隔绝的阴暗里生活的。不过，胎儿确实也能感觉到外面世界的明暗。当准妈妈感到黑暗的时候，脑中的松果体所分泌的“梅拉东尼”激素会激增；相反，当准妈妈感到明亮的时候，“梅拉东尼”则会降低。这种原理，对胎儿也是一样的。这种“梅拉东尼”激素经过胎盘传递到胎儿的脑中，因此，胎儿是用脑来区分明暗的。

光照胎教时一定要有科学性，不要用强光照损，以免损伤胎儿的视觉神经。而且，光照的时间不能太长。

6 光照胎教要配合胎儿的作息时间

光照胎教要配合胎儿的作息时间，不要打乱宝宝的生物钟。一定要在胎儿醒着的时候做光照胎教。准妈妈经过长时间和胎儿相处，应该知道胎儿的作息规律。当然也有作息不太规律的胎儿，这就需要准妈妈细心地体察胎儿的情况。

三、语言胎教

1 什么是语言胎教

准妈妈或家人用文明、礼貌、富有哲理的语言，有目的地对胎儿讲话，给胎儿的大脑皮质输入最初的语言印记，为后天的学习打下基础，这就是语言胎教。

2 语言胎教的方法

实施语言胎教时，一定要体现形象美。只有形象、声音、情感三者统一在一起才生动，准妈妈才能获得语言胎教的乐趣，胎儿才能感觉到美好的信息，给胎儿的心灵留下美好的痕迹。实践证明，胎儿也有“学习”的能力。但是，胎儿这时的学习，不同于出生后的学习，只是父母通过语言对胎儿的一种潜移默化的影响。语言胎教对胎儿的生长发育具有非常重要的意义。语言胎教具体的方法可以参照以下几点：

（1）语言讲解要视觉化

在进行语言胎教时，不能对胎儿念画册上的文字说明，而是要把每一页的画面内容仔细地讲给胎儿听，把画面的内容视觉化。虽然胎儿不能看到画册上画的形象，或外界事物的形象，但准妈妈用眼看到的东西，胎儿可以用脑来“看”到，即感受得到。准妈妈看东西时受到的视觉刺激，用生动的语言描述就视觉化了，胎儿也就能感受到了。

（2）形象与声音结合

像看到影视的画面一样，准妈妈先在头脑中把所讲的内容形象化，然后用动听的声音将头脑中的画面讲给胎儿听，这就是“画的语言”。准妈妈表现的所有内容，都会通过形象和声音输送到胎儿的头脑里。

（3）形象和情感融合

准妈妈在进行语言胎教时，要做到情景相融。如果到大自然中去散步，一边走一边看，然后把所见所闻讲给胎儿听：“宝宝，你看见红花和绿草了吗？它们是那么的美丽，等你长大了再和妈妈一起来这里好吗？”

温馨提示

书是胎教必不可少的精神食粮。读一本好书、读一篇好的文章，不但使准妈妈获得精神上的享受，还可以净化心灵，振奋精神。同时，对深居腹中的胎儿也能起到潜移默化的渗透作用。

3 语言胎教的好处

接受过语言胎教的孩子智商较高，反应敏捷。语言胎教可以加深孩子出生后与父母的感情，有利于培养孩子健全的人格，提高孩子的情商。

4 文学作品对语言胎教的作用

文学和音乐一样，容易对人

的情绪产生影响。把优雅的文学作品以柔和的语言传达给胎儿，是培养孩子想像力、独创性以及进取精神最好的方法。

文学是一种充满感性色彩的艺术。准妈妈慢慢吟诵意境优美、情韵宁静的文字作品，不仅能起到摆脱烦恼情绪、改善精神状态、促进身心平衡的作用，还能优化胎内环境，胎儿出生后性格良好，情绪稳定。

虽然许多文学名著的思想性、艺术性都很好，但准妈妈阅读的文学作品要有所选择。大多数女性都喜欢看悲欢离合、缠绵悱恻的小说，如果准妈妈常读这类小说，就会多思多虑，加重心理负担。而那些描写暴力、色情的小说，也会使准妈妈产生恐惧、悲伤、愤恨的情绪。

所以，准妈妈最好读一些童话、寓言、幼儿画册等，并将其所展示的幻想世界，用富于想像的大脑放大并传递给胎儿，从而促使胎儿的心灵健康成长。

准妈妈可读一些古代散文、古诗词，在高尚纯洁的文字中，感受文学的趣味，以达到怡情养性的目的。

准妈妈多读文学作品，可以使孕期的生活艺术化，自身的情感也得到优化，能顺利地度过妊娠期，更好地维系母子感情。

5 与宝宝对话

由于胎儿期留下的某些记忆，会对孩子将来的一生产生影响。所以，孕期经常与胎儿说话非常重要。

在日常生活中，每天从早到晚，准妈妈所从事的工作、学习和所做的家务以及所思、所感等都可以与胎儿进行交谈。总之，准妈妈可以一边干活，一边与胎儿交流，让胎儿参与到日常生活中来，培养其对外界的感受力和想像力，增进母子间的情感交流。当孩子出生后，听到熟悉的声音就会有安全感，不但容易安静下来，还很容易与周围的人进行交流。

四、运动胎教

1 什么是运动胎教

运动胎教是指准妈妈适时，适当地进行体育锻炼并帮助胎儿活动，以促进胎儿大脑及肌肉健康发育。

胎儿的生命在于运动。从怀孕第 7 周开始，胎儿就有了自发的“体育运动”。从眯眼、吞咽、咂手、握拳，到抬手、蹬腿、转体、翻跟头、游泳等，无所不能。胎儿的全身骨骼、肌肉和各器官都可以在运动中得到锻炼和发展，并在运动中逐渐长大。

2 运动胎教的积极作用

凡是接受过“体育”运动训练的胎儿，出生后翻身、坐立、爬行、走路及跳跃等动作的发育都明显早于一般孩子。这些孩子身体健壮，手脚灵敏，智能和体能全面发展。所以说，运动胎教是一种积极的、有效的胎教。

3 运动胎教的好处

（1）可控制准妈妈体重增长

运动可帮助准妈妈身体消耗过多的热量，促进水钠代谢，减轻水肿，使体重不至于增长过快。

（2）可减轻准妈妈身体不适

准妈妈适当运动，如做孕妇操等，可促进新陈代谢和心肺功能，加快血液循环，防止发生便秘和静脉曲

张，减轻日益增大的子宫引起的腰痛、腰酸及腰部沉重感等不适。

（3）增强自然分娩的信心

适当运动可使大脑运动中枢兴奋，有效地抑制思维中枢，减轻大脑的疲劳感。进而可缓解准妈妈对分娩产生的紧张情绪，增加自然分娩的信心。

（4）促进胎儿正常生长发育

准妈妈适当运动，不但能增强自身健康，还能增加胎儿的血液供氧量，加快新陈代谢，从而促进胎儿生长发育。

（5）促使准妈妈和胎儿吸收钙

准妈妈到户外运动，不但可呼吸大量新鲜空气，而且阳光中的紫外线，还能使皮肤中脱氢胆固醇转变为维生素 D，促进体内钙、磷的吸收利用。既有利于胎儿的骨骼发育，又可防止准妈妈发生骨质软化症。

（6）防止胎儿长成肥胖儿

准妈妈经常运动，可控制体重增长，减少脂肪，起到给胎儿“减肥”的作用，有利于自然分娩。

（7）帮助胎儿形成良好个性

孕期不适会使准妈妈的情绪发生波动，影响胎儿。如果准妈妈经常运动，可改善身体不适，保持心情舒畅，帮助胎儿形成良好的性格。

（8）可促进胎儿的大脑发育

准妈妈适当运动，可向大脑提供充足的营养，促使大脑释放脑啡肽等有益的物质，并通过胎盘进入胎儿体内。准妈妈运动可使羊水摇动，而摇动的羊水可刺激胎儿全身皮肤，就好像给胎儿按摩一样，非常有利于胎儿的大脑发育，宝宝出生后会更聪明。

（9）为顺利分娩创造良好条件

准妈妈经常运动，可在分娩时减轻产痛，缩短产程，减少产道裂伤和产后出血。临床研究结果显示，坚持做孕妇操的准妈妈，正常阴道分娩率明显高于未做孕妇操的准妈妈，而且产程也往往较短。

4 运动胎教的方法

（1）户外散步

准妈妈经常到户外散步，可以加强肌肉的力量，在分娩时缩短产程，减轻疼痛。而且，散步还能刺激脚下诸多穴位，调理脏腑功能，健身祛病；安定神经系统，促进睡眠，改善消化、吸收和排泄功能。

（2）游泳

准妈妈游泳是一项很好的健身运动。水中的浮力，不但不会增加身体的负担，反而会增大肺活量，保证分娩时能长时间地憋气用力。定期游泳的准妈妈，可避免妊娠期间患心脏或血管方面的疾病。研究表明，游泳会给准妈妈带来很多益处：调整情绪，振奋精神；减少腰痛、痔疮等不适，分娩时提高顺产率；而且有可能会把胎儿臀位调整成正常胎位。但值得注意的是，不是所有的准妈妈都适合游泳，凡是有以下几种情况的准妈妈，都不适宜游泳。

①怀孕未满 4 个月。

②有过流产、早产、死胎史。

③阴道流血、腹部疼痛。

④患妊娠高血压综合征、心脏病或肝肾疾病。

⑤经过医生检查，有其他不宜游泳的情况。

⑥腹部韧带松弛、子宫颈有提前开口的危险。

贴心小叮咛

游泳最好在怀孕 5—7 个月时。游泳前，最好要先征求医生的意见。如果可以游泳，最好去有专职医护人员监护、水质有保证的正规泳池。水温宜在 30℃左右。游泳时，动作不宜太剧烈，应避开人多及阳光强烈的时间。

（3）简单易学的孕妇操

准妈妈做产前体操，可以使身体既强健又柔韧，能顺利完成分娩。具体动作如下：

① 提肛运动

坐在靠背椅子上，轻吸气，以中断排尿的方法用力收缩肛门、会阴部肌肉，并尽可能维持一段时间，然后呼气放松，每次做 10—15 次。这个动作可增强肛门、会阴部肌肉的弹性，有利于分娩。

② 足部运动

坐在靠背椅子上，保持背部挺直，腿与地面呈垂直状，脚心着地，脚背绷直，脚趾向下，使膝盖、踝部和脚背成一直线。双脚交替做这个动作，方便时可随时做。通过活动脚尖和踝关节，能促进血液循环，增强脚部肌肉的力量。

③ 盘腿运动

盘腿坐下，背部挺直，双手轻放在两膝上，每呼吸一次，就用手按压一下，反复进行。注意要用手腕向下按压膝盖，并一点点加力，尽量让膝盖接近床面。每天早、晚各做 3 分钟。这个动作可增强背部肌肉的力量，松弛腰部关节，伸展骨盆肌肉，帮助准妈妈分娩时双腿能够很好地分开，使胎儿能顺利通过产道。

④ 腰部运动

坐在床上，左腿伸直，右腿朝外弯曲一些，左手放在左膝盖上，右手撑于一侧，左手上举弯腰，重复数次。两侧交替进行，每次 3 分钟。

⑤ 振动骨盆运动

趴在床上，双手与肩同宽，深低头，腰背部向上拱成弧形；然后抬头挺腰，腰背部伸直。每天早、晚各做 5—10 次，做时可配合呼吸。这个动作可帮助准妈妈轻松地活动骨盆，有利于分娩。

⑥ 扭动骨盆运动

平卧在床上，双手伸直，放在身体两旁，右腿屈膝，右脚心平放在床上，膝盖慢慢向右侧倾倒；待膝盖从右侧恢复到原位后，左腿屈膝做同样的动作；然后双腿屈膝，双腿并拢，慢慢的有节奏地用膝盖画半圆形，以此带动大腿、小腿左右摆动。注意双肩要紧靠在床上。每天早、晚各做 2 次，每次 3 分钟。这个动作能够增强骨盆关节和腰部的柔软性。

五、行为胎教

1 什么是行为胎教

妊娠期间，准妈妈要注意约束、检点自己的视听言行，以便对胎儿产生良好的影响。这是我国传统的胎教方法，也就是人们常说的行为胎教。随着胎教实践经验的进一步积累，人们对行为胎教法提出了更具体、更切合实际的要求。如在妊娠期间，准妈妈应多做有益于别人的好事，不恶言咒骂或企图伤害他人，不受惊恐，不太劳倦，做一切事情都要以有利于胎儿发育为宜。

2 行为胎教的积极作用

现代科学认为，准妈妈的知、情、意、行都与胎儿有着潜在的联系。准妈妈的思想道德、认知水平和日常行为习惯，都对胎儿后天发展有一定的影响。行为胎教法强调准妈妈本人在胎教过程中的积极影响和主导作用，要从内在的、理性的角度去把握胎教的内容。在具体运用时，首先要求准妈妈对怀孕能有正确的认识，即把胎儿看做是爱的结晶，对其倾注爱心，不要用拒绝、讨厌的态度对待胎儿；其次要求准妈妈加强思想道德修养，养成良好的行为习惯，处处以身作则，用良好的思想、情感孕育胎儿。

3 胎儿的习惯

胎儿有自己的生活习惯，主要表现在睡眠与觉醒的交替周期上。虽然胎儿生活在漆黑的子宫内，但通过母亲的生活习惯，能够用大脑感觉到昼夜的区别。准妈妈准爸爸不要扰乱胎儿的生活习惯，在胎儿睡眠的时候，千万不要用声音、光亮或动作去叫醒胎儿，否则胎儿会非常不高兴。

瑞士儿科医生舒蒂尔蔓博士研究发现，新生儿的睡眠类型与准妈妈的睡眠类型密切相关。他将准妈妈分为早起和晚睡两种类型，然后对她们所生的孩子进行调查。结果发现，早起型准妈妈所生的孩子，一生下来就有早起的习惯，而晚睡型准妈妈所生的孩子，一生出来就有晚睡的习惯。所以，在胎儿出生前，胎儿和准妈妈就形成了相似的生活习惯。

六、游戏胎教

1 什么是游戏胎教

游戏胎教是一种寓教于乐的胎教方法。通过亲子间的游戏互动，刺激胎儿大脑发育。胎儿的发育就如同幼儿的成长一样，如果经常以游戏来刺激宝宝的手脚，宝宝会在游戏中成长，对其大脑发育有积极的作用。

2 游戏胎教的积极作用

胎儿发育最重要的是脑部发育。因为胎儿脑部发育关系到未来的发展，所以通过外界的刺激，会对胎儿脑部发育有很好的帮助。

胎儿在 3 个月左右，听觉、触觉神经已经发育。准妈妈在 4 个月左右做 B 超，可以看见胎儿在子宫中玩耍。如果通过游戏胎教，可以使胎儿与准妈妈之间的互动增加，促进彼此之间的感情。

3 有趣的踢肚游戏

踢肚游戏可以在胎儿 5 个月时做。其方法是：胎儿踢肚子时，准妈妈轻轻地拍打几下被踢的部位。一两分钟后，胎儿会在拍打部位再踢。然后，可以改变部位，再轻轻地拍打腹部几下。记住，改变的部位离上一次被踢的部位不要太远。一两分钟后，胎儿会在改变后的部位再次踢。此游戏可每天进行两次，每次数分钟。

这种游戏不仅有助于孩子出生后站、走的发展，使孩子的身体更加灵敏、健壮，而且在出生时，宝宝大多数拳头松弛，不爱哭。

4 何时进行游戏胎教最好

准妈妈怀孕 7—8 个月是胎动最明显的时期，游戏胎教可在此时进行。胎儿一般需要 8—12 个小时的睡眠，如果准妈妈在饭后 1—2 个小时陪胎儿玩耍，可以明显地感觉到胎儿在动，而胎儿的手脚会随着准妈妈的动作产生不同的反应。

正常情况下，如果胎儿受到外界刺激，就会有反应而产生胎动，如果不会产生胎动，就表示胎儿有可能不健康，准妈妈应去医院检查。

七、英语胎教

1 英语胎教的好处

据国外报道，胎儿在母腹内就能够接受语言的启蒙教育。

在胎儿期接受了英语启蒙教育的宝宝，在学校学习英语轻而易举。宝宝们的发音好极了，比那些父母精通英语的宝宝们还要好。如果宝宝在接受了孕期英语启蒙教育之后，又继续接受正规教育，那么，在母腹中就开始上学的宝宝，其前途无可限量。如果希望自己的宝宝将来成为精通英语的人才，准妈妈最好在胎儿期就进行英语启蒙教育。

2 给胎儿进行英语启蒙教育的时间和方法

研究发现，在妊娠 4 个半月时，胎儿的内耳和鼓膜是惟一已经发育成熟的器官。从这时开始，胎儿就能感觉到外界的声音，并且已经能够用耳朵去听。

那么，怎样对胎儿进行英语启蒙教育呢？其方法是：准妈妈把一个袖珍耳筒式录音机固定在腹部，在妊娠中、晚期，以英语儿歌的节奏摇晃腹中的胎儿，每天进行 2 次或 3 次，但每次不要超过 45 分钟。

对胎儿进行英语启蒙教育，准妈妈可选用温柔舒缓的英语歌曲，但不能选用摇滚乐。否则，孩子出生后会变为神经质。在进行英语启蒙教育前，准妈妈应先学会观察胎动的时间，以确定胎儿是否醒了，然后才能打开安放在腹部的录音机，而且，音量应适当，不能过大，因为胎儿怕噪音。

准妈妈可以经常和胎儿讲一些很简单的英语，如“This is Mommy”、“It’s a nice day”、“Let’s go to the park”、“That is a cat”将自己的所见所闻，用简单的英语对胎儿说出来。

八、联想胎教

1 什么是联想胎教

联想胎教就是准妈妈想像美好的事物，使自己处于一种美好的意境中，再把这种美好的情绪和体验传递给胎儿。如准妈妈在为胎儿的形象构想时，其情绪会达到最佳状态，可促进体内具有美容作用的激素增多，使胎儿的面部器官结构组合及皮肤发育良好，从而塑造出自己理想中的宝宝。在我们日常生活中，看到许多相貌平平的父母却能生出非常漂亮的孩子，这与准妈妈怀孕时经常强化孩子的形象是有关系的。因此，准妈妈要经常设想宝宝的形象，出生后宝宝的形象一定会与准妈妈所想像的有某些相似之处。

2 联想胎教的作用

（1）对胎儿的干预作用

由于联想对胎儿具有一定的干预作用，所以准妈妈的联想内容十分重要。美好内容的联想无疑会对胎儿产生美的熏陶。而内容不佳的联想，则会起到反作用，把准妈妈本不想传递给胎儿的信息传递给了胎儿。因此，在实施联想胎教的时候，准妈妈一定要想那些最美好的事物。

实践证明，由于胎儿意识的存在，准妈妈自身的言语、感情、行为以及联想的内容都能影响胎儿，并且一直持续到出生后。

（2）异常反应的作用

在日常生活中，少数准妈妈由于怀孕后的身体不适而产生对胎儿怨恨的心理以及产生不好的联想感受。这时，胎儿在母体内就会意识到母亲的这种不良感受，从而引起精神上的异常反应。许多专家认为，在这种情况下发育的胎儿，出生后大多会有情感障碍，出现感觉迟钝、情绪不稳、易患胃肠疾病、体质差等现象。

因此，准妈妈必须排除不良的意识和联想，尽量多想些美好的事物，把善良、温柔的母爱充分地体现出来，促进胎儿健康发育。

（3）联想胎教的可行性

联想胎教是胎教的一种重要形式。准妈妈的想象是通过自身的意念传递给胎儿的。因此，准妈妈可以利用母亲和胎儿之间情绪、意识的传递，通过对美好事物和意境的联想，将美好的体验暗示传递给胎儿。

九、抚摸胎教

1 什么是抚摸胎教

抚摸胎教是指准妈妈本人或者准爸爸，用手在准妈妈的腹壁上轻轻地抚摸胎儿，刺激胎儿的触觉，让胎儿渐渐对父母的抚摸动作能做出反应，如身体移动、手脚转动及踢脚等。这种刺激可以促进胎儿感觉系统、神经系统发育。合理地抚摸、拍打，就好像每天给胎儿做体操，对胎儿的身心发育有很多益处。

2 胎儿的触觉发育

由于黑暗的宫内环境限制了视力的发展，所以胎儿的触觉和听觉就更为发达。妊娠第 2 个月时，胎儿就能扭动头部、四肢和身体。到了第 4 个月时，当准妈妈的手在腹部触摸到胎儿的脸时，胎儿就会做出皱眉、眯眼等动作。如果准妈妈在腹部稍微施加一些压力时，胎儿立刻就会伸小手或者小脚回敬一下。通过胎儿镜观察发现，当接触到胎儿的手心时，胎儿马上就能握紧拳头做出反应。这一切都充分地说明了胎儿触觉功能的存在。

3 抚摸胎教的作用

抚摸胎教对胎儿有很多好处，不但能加强对胎儿的感官刺激，还能促进胎儿气血顺畅，对胎儿的生长发育十分有利。经过抚摸和轻拍等胎教训练的胎儿，出生后会比一般婴儿动作灵活，感受力强，对环境的反应能力也较强，身体会更健康。而胎儿受到抚摸时，会有很愉悦、舒服的表情。可见，胎儿喜欢这样的刺激。

胎儿，不是一个无感觉、无头脑的东西，胎儿有很灵敏的感觉，其大脑在母亲子宫内正处在迅速发育、发展的时期。通过抚摸胎教可以锻炼胎儿皮肤的触觉，胎儿可以通过触觉神经感受体外的刺激，从而促进了胎儿大脑细胞的发育，加快胎儿的智力发展。同时，抚摸胎教还能激发起胎儿活动的积极性，促进运动神经的发育。经常受到抚摸的胎儿，对外界环境的反应也比较灵敏，出生后翻身、抓握、爬行、坐立、行走等大运动发育都能明显提前。

4 抚摸胎教的时间与方法

在孕 20 周时，便可对胎儿进行抚摸胎教。如果胎儿的嘴唇、手掌、脚掌、前额、眼睑等部位经常受到触觉刺激，将会大大促进胎儿在子宫里的活动。事实表明，活动能力强的胎儿，在出生后动作发育快，手脚灵活，步履更稳健，性格乐观、自信，能自然地融入新环境，适应各种变化。

胎儿一般在傍晚时活动较频繁，最好选择在这个时间进行抚摸胎教。

如果把抚摸胎教和音乐胎教结合起来会取得更好效果。伴着轻松的音乐，按从上到下、从左到右的顺序，轻轻地反复地在腹部做抚摸动作。刚开始，先用中指和食指轻轻地反复触压胎儿，然后双手稍握拳，轻轻叩击腹部。这时，胎儿会立即有轻微胎动以表示反应。不过，有的胎儿刚开始时不会做出

反应，甚至好几天才有反应。准妈妈不要灰心，一定要坚持做下去。经过一段时间的抚摸，准妈妈只要一触摸胎儿，胎儿就会一顶一蹬地主动迎上来。

抚摸胎教的时间不宜过长，每天 2—3 次，每次 5 分钟即可。而且抚摸及触压胎儿的身体时，动作一定要轻柔，不可用力。在触摸过程中，要注意胎儿的反应，如果胎儿轻轻地蠕动，表明还可以继续进行。如果遇到胎儿“拳打脚踢”，就应该马上停下来，以免发生意外。

在孕后期常会出现不规律的宫缩，即腹部一阵阵变硬，这时不宜再做抚摸胎教，以免引起早产，可多采用音乐胎教或语言胎教的方法。

十、艺术胎教

1 用艺术孕育新生命

以前的女性怀孕，只求平安、健康。而现在，随着人们对胎儿的了解，以及适应时代竞争的需要，女性在怀孕时所投入的精力越来越多，希望借助胎教进一步提升孩子日后可能需要的各种能力。

除了智力、创造力外，越来越多的专家学者已将“审美能力”作为新世纪的个人与企业所具备的竞争力。也就是说，在竞争的年代获得成功，缺少“审美能力”是不行的。抛开社会竞争力不谈，艺术对于人的素质和境界的提高大有益处。在满足了基本的生活需求之后，懂得欣赏艺术或进行艺术创作可陶冶情操，产生幸福感。

不管准妈妈在孕前是否喜欢艺术，但用艺术养胎是很有益的，既可以使准妈妈保持良好的情绪，又可以培养孩子的艺术气质。

由于文艺涵盖的范围很广，包括美术、音乐、电影、文学、曲艺等，每个人偏好与可接受的领域不一样，所以准妈妈可选择自己喜欢的艺术去看、听、学。

2 实施艺术胎教的时间

准妈妈在怀孕 20 周左右，便会感觉到明显的胎动，这时可以开展艺术胎教。

为什么要在准妈妈能感觉胎动后才开始呢？从胎儿器官发育时间来看，胎儿在此时的视觉、听觉发育已达到可以接收信息的程度，并无时无刻不在接收来自准妈妈身体内外的信息。如这时的胎儿对光照有反应，能听到准妈妈的心跳声，甚至能感觉得到准妈妈心情的好与坏。

大力倡导零岁教育的日本右脑开发专家七田真教授说过：“母亲和胎儿之间的种种微妙连动，正是胎教实现的基础。”

★ 小知识

胎动是指胎儿在准妈妈子宫里的活动。虽然胎儿早在妊娠8周左右就有“动作”出现，但用超声波监测会发现，此时胎儿的运动还不太协调，通常只是一些反射性的动作。所以，准妈妈要在怀孕 18—20 周，胎儿更成熟了，系统化的动作出现后，才能明显地感觉到胎动。

专家建议：在感受胎动喜悦的同时，准妈妈准爸爸必须适时地回应胎动，及早和胎儿建立互动，开启亲情之门。

3 实施艺术胎教的方法

（1）欣赏名画

准妈妈与胎儿一起欣赏名画，可以启迪胎儿对艺术的感觉和共鸣。最好选择平时喜欢的并容易理解的画，不要选择那些难以理解的作品。如果准妈妈在欣赏名画时感到吃力或枯燥，那么同样唤不起胎儿的兴致。

（2）一边画画，一边向胎儿说明画的内容

喜欢画画的准妈妈，可亲自画画并上色。在画的过程中或画完后，可以向胎儿说明画的内容。这样会给胎儿许多有益的刺激。

绘画并非一定要求画得有多好，如果准妈妈心里想着是在和自己的宝宝一起绘画，不管什么样的画，都会跃然纸上。最好和胎儿边说话，边画画，如可以这样说："宝宝，和妈妈一起画幅画怎么样？今天咱们画幅风景画吧。看妈妈画得好还是宝宝画得好，比比赛，好吗？"

（3）一边想像，一边画出胎儿的脸庞

准妈妈准爸爸一起画出胎儿的脸庞，并想像孩子肯定会很漂亮，脸蛋红得像苹果，皮肤似白雪。这时，腹内的胎儿也会十分高兴。

（4）向胎儿讲述画册的内容

到了妊娠晚期，准妈妈的身体变得越来越沉重，画画也不太方便，看画展更是不可能的事。这时，准妈妈可以舒服地躺在床上翻阅画册。一边看一边给胎儿讲述："宝宝，妈妈正在看一幅风景画。这儿是一个叫荷兰的国家，那边在风中旋转的是风车，还有一片五颜六色的郁金香，漂亮吧？"

（5）让胎儿聆听来自大自然的声音

胎儿喜欢的声音有潺潺的流水声和小鸟叽叽喳喳的叫声。在周末的时候，准妈妈和准爸爸一起到附近的公园或树林中聆听大自然的声音，一边呼吸新鲜空气，一边散步，这样，准妈妈和胎儿都会心情舒畅，所有的压力也都会烟消云散。

（6）准爸爸和准妈妈给胎儿唱歌

怀孕7个月的时候，胎儿的听觉已发育到一定的程度，可以区别准爸爸和准妈妈的声音。这时，夫妻可经常唱歌给胎儿听，即使唱得不好也没关系，夫妻抚摸着胎儿，经常用清晰的声音唱歌，可稳定胎儿的情绪，出生后可成长为感情丰富的孩子。

（7）积极参加文艺活动

对于平时较少接触文艺，但又想给

胎儿艺术熏陶的准妈妈来说，可从身边容易参与的广泛性文艺活动开始，如看内容健康的演出、展览，或者参加文艺讲座、才艺课程等，都是不错的选择。

（8）培养生活中的“美感”

最好的胎教来源于准妈妈准爸爸日常生活中的一言一行，那么最好的艺术胎教，其实也来源于准妈妈准爸爸日常生活中对于艺术的态度。

生活中艺术和美无处不在，既可以单纯地发挥娱乐功能，又可以为我们提供多一些知性的方向和对事物掌握的精准度。总之，艺术可为人们开启更广的视野、更宽的胸襟。

无论是培养艺术气质，还是培养生活中的美感，艺术修养不是一朝一夕就可以提高的，提高艺术修养需要长期的努力。

① 培养主动性（就是接近它）。

② 建立习惯（就是累积经验）。

③ 学习表达（就是练习表达出自己的看法）。

在实施艺术胎教时，除了要有积极、正确的态度外，还需要克服过度焦虑和要求成果，这是大多数家长在艺术教育中存在的问题。专家提醒家长，不论是自己，还是日后让孩子接触、学习艺术，千万不要焦虑，应该放松心态。另外，孩子对艺术的接触和学习，年龄越小越好。因为与大人比较，孩子具有很强的接收能力。但艺术的鉴赏能力通常与心灵的成熟度、个性、人生阅历等有关。所以，准妈妈即便无法及早实施艺术胎教，那么，从现在开始也不迟。

4 艺术胎教的好处

可以使准妈妈自身的情感得以充实、丰富，也可以熏陶腹中的宝宝。准妈妈感受到诗一般的语言、童话一样美的仙境，会刺激胎儿快速地生长，使其大脑的发育更完善。而且艺术胎教使胎儿拥有了朦胧美的意识，出生后聪慧、活泼、可爱。

十一、情绪胎教

1 准妈妈的情绪是胎教的重要内容

情绪胎教是对准妈妈的情绪进行调节，使其忘掉烦恼和忧虑，创造和谐的氛围及良好心境。通过准妈妈的神经递质作用，促使胎儿的大脑得以良好发育。

我国传统医学经典《黄帝内经》中率先提出准妈妈的喜、怒、忧、思、悲、恐、惊七情过激会致“胎病”理论。现代医学研究也表明，情绪与全身各器官功能的变化直接相关。准妈妈不良的情绪会扰乱神经系统，导致内分泌紊乱，进而影响胎儿的正常发育，甚至造成胎儿畸形。

科学研究证明，准妈妈的情绪变化直接影响胎教的质量。美国俄亥俄州费斯研究所曾对百余位准妈妈做了一项胎教实验，得出的结论是：准妈妈的情绪言行直接影响胎儿的性格和智慧。当准妈妈产生愤怒或恐惧的情绪时，身体将会分泌许多“副肾素”与“乙酰胆碱”，这两种化合物会进入胎儿的血液中，刺激胎儿的神经系统，对胎儿的人格有影响。

相反，准妈妈性情温和，少发脾气，出生后孩子的性情就会好一些。准妈妈如果喜欢文学、绘画和音乐，那么孩子的艺术天赋可能就会比较高。准妈妈一心为善，日后孩子的个性也较方正。

所以，准妈妈应尽量消除恐惧、愤怒、焦虑不安的情绪，多接受一些新鲜的、令人愉快的事物，多听悦耳动听的音乐，看美丽的图画，观赏优美的景色等，这些对于幼小的生命都会产生有益的影响。

2 准爸爸在情绪胎教中的重要作用

作为准爸爸，在情绪胎教中扮演着重要的角色，有协助准妈妈调整好情绪的责任。因为准妈妈一个人需要负担两个人的营养及生活，所以会非常劳累。如果准妈妈的营养不足或食欲不佳，不仅体力不支，还会影响胎儿的智力发育。所以，准爸爸要关心准妈妈孕期的营养，尽力保证准妈妈和胎儿有充足的后勤补给。

由于准妈妈体内激素分泌变化大，会产生各种不适的妊娠反应，所以情绪不稳定。特别需要向准爸爸倾诉，准爸爸可以用风趣的语言及幽默的笑话来宽慰、开导准妈妈，稳定她的情绪。

准爸爸对准妈妈的体贴与关心，以及对胎儿的抚摸与交谈，都是生动有效的情绪胎教。

3 好情绪培养宝宝好性格

宝宝的性格跟胎教有密切的关系。同样是十月怀胎，一朝分娩，宝宝的性格却天壤之别。有的宝宝出生后又乖巧又爱笑，有的宝宝出生后却烦躁不安、吵闹不休。

（1）准妈妈的心情影响宝宝的性格

准妈妈的心情好与坏，是决定宝宝性格好坏的一个至关重要的因素。如果准妈妈的心情好，胎儿自然也会安静愉快；如果准妈妈的心情乱糟糟，那么胎儿也会躁动不安、缺乏耐性。专家提醒准妈妈，为了腹中的胎儿，应该时刻注意自己的情绪，即便是遇到特别生气的事，也要随时调整自己的心态，尽量排除不良情绪，恢复平静的心情。

（2）准妈妈可经常看喜剧电影和轻松幽默的书籍

准妈妈经常看喜剧电影和轻松幽默的书籍，可以调节情绪，忘掉不愉快的事。而且，大声笑也有助于舒缓神经。不要看一些暴力、伤感等的电影和书籍。

（3）做自己喜欢做的事。一个人做自己擅长或喜欢事，往往都会非常愉快。

（4）多吃水果和蔬菜

水果、蔬菜营养丰富，可以有效地防止准妈妈患便秘等疾病，因其特殊的芬芳物质有助于改善情绪，获得平静的心情，有助于顺产。

（5）减少工作量

工作压力大常会使人身心疲惫、情绪烦躁。如果你是一位上班族准妈妈，就要考虑适当减少工作量，这样做对稳定情绪有很大的帮助。

（6）常找朋友倾诉

倾诉是缓解情绪的好办法。人在生活中难免会遇到一些不如意的事，如果把这些不愉快全部都积压在心里，不但会影响胎儿的性格，还会导致免疫力下降。反之，在情绪低落的时候，找个朋友倾诉，朋友的开导和安慰，也许能让你很快地走出情绪的低谷，恢复平静。

十二、营养胎教

1 什么是营养胎教

营养胎教至少包含两个方面：一方面是根据孕期的特点与胎儿发育的进程，合理安排蛋白质、脂肪、碳水化合物、矿物质、维生素、水等营养素，以保证母子双方对营养的需求。另一方面，准妈妈的生活与饮食习惯，影响胎儿出生后的生活与饮食习惯。由此，营养胎教不单纯是营养补给，只要母子双方吃好、长好就行了，而是关系到食物的选择与组合、进食模式与习惯等方面。

2 什么时候开始营养胎教

一个新生命从受精卵开始，每一个阶段所需要的营养都不相同，而营养又是胎儿生长发育的基础和保障。因此，营养胎教应从受孕前6个月开始戒烟、戒酒、停用药物，食用一些如蘑菇、畜禽血、绿叶蔬菜、海带、绿豆、木瓜、苹果等具有排毒功效的食物，为未来的胎儿提供一个干净无污染的孕育环境。

营养胎教是对准妈妈的饮食进行调理，既照顾她的口味，又注意食物营养，以保证准妈妈和胎儿的营养物质需要。具体来说，就是根据妊娠早、中、晚 3 个时期胎儿发育的特点，合理地指导准妈妈获取食物中的营养素，即蛋白质、脂肪、碳水化合物、矿物质、维生素、水、纤维素等。以食补、食疗的方法来防止孕期特有的疾病。

3 培养宝宝良好的饮食习惯

宝宝偏食、挑食、对吃东西不感兴趣等这些饮食习惯，很可能早在妈妈肚子里的时候就已经定型了。所以，培养宝宝的良好饮食习惯，要从胎教开始。

（1）准妈妈的饮食影响宝宝

虽然目前没有实验证明，但从临床中的个案却能发现，如果从宝宝出生开始，到还没有行为或认知能力之前，就经常表现出没有胃口、不喜欢吃东西、常吐奶、消化吸收不良等，甚至稍大一点开始进食副食品时出现明显偏食的现象。追溯既往，其妈妈怀孕时的饮食状况也往往是胃口不好、偏食，或是吃饭的过程紧张匆忙，常被外界干扰打断，或是常常有一餐没一餐等。由此可见，准妈妈的饮食习惯和其他任何一种胎教方式一样，对宝宝有影响。

（2）饮食胎教的法则

① 三餐定时、定点、定量

定时：如果准妈妈还在上班，那么不管多么忙碌，都应该按时吃饭。最理想的吃饭时间为：早餐 7—8 点，午餐 13 点，晚餐 18—19 点；用餐的时间最好控制在 30—60 分钟。进食的过程要从容，心情要愉快。

定点：如果准妈妈希望未来的宝宝吃饭时，能坐在餐桌旁专心进餐，那么准妈妈现在就要养成定点吃饭的习惯，用餐的时候最好选择在一个气氛融洽、温馨的地点，尽量不要被外界干扰或打断。

定量：准妈妈可以适当地少吃多餐，但绝不能把必要的三餐忽略或合

并，也不要今天多吃一些，明天少吃一些，三餐的分量要足够，可以早餐丰富、午餐适中、晚餐量少。

② 多吃不同种类的食物

平衡膳食，尽量从食物中摄取身体所需的各种营养素。并不是吃得多就可以了，而是食物的种类要多。专家建议，最好每天吃 15 种不同的食物，这样营养才充足。

不同的孕期应侧重不同的营养摄入。孕初期，胎儿较小，生长发育缓慢，需要的营养素不多。准妈妈只要在膳食中增加一些含矿物质及维生素较多的食物即可。孕中期，胎儿生长发育明显加快，营养需要量也越来越多。此时，准妈妈应多喝水，多吃粗粮、青菜、水果等含粗纤维多的食物。到了孕晚期，正是胎儿肌肉、骨骼和大脑生长发育的时期，准妈妈需要补充一些含钙、蛋白质和维生素较丰富的食物，如鱼、肉、蛋、肝等食物。

③远离零食，口味清淡

许多妈妈都为宝宝不爱吃蔬菜、正餐，却对各种零食情有独钟而烦恼。为了避免宝宝出现这些问题，在怀孕时准妈妈就要尽量多吃五谷、青菜、新鲜水果等，烹调的方式以保留食物原味为主，少用调味料，少吃垃圾食品，让宝宝还在胎儿期就习惯这种饮食方式，再加上日后的用心教导，培养宝宝良好的饮食习惯一定能事半功倍。

十三、环境胎教

1 环境胎教

环境胎教是指年轻夫妻在准备受孕前 6 个月，开始学习环境安全卫生知识，以利于优化环境，安心养胎。

（1）胎儿的生长发育与准妈妈内外环境密切相关

人类从受精卵→胚胎→胎儿，直到出生的瞬间成为新生儿，大约经历了 280 天。妊娠过程中，胎儿能否正常生长发育，除了与父母的遗传基因、孕育准备、营养因素等有关外，还与准妈妈的内外环境有着密切的联系。尤其是在孕早期 12 周以内，胚胎从外表到内脏，从头颅到四肢，大都在此期间形成。而此期的胚胎还幼稚，不具有解毒功能，极易受到伤害。可以说，这个时期是环境导致胚胎畸变的高度敏感时期。

（2）在胎儿的器官形成期，准妈妈要努力创造良好的妊娠环境

胎儿身体各部位的器官，大都在孕早期的 5—12 周内发生和形成，如脑和神经系统的发育是在受精后的 15—20 天、心血管系统是在受精后 20—40 天开始形成。而各器官系统的形成时期，往往最容易受到外界的影响。为了保证胎儿健康生长发育，准妈妈应该避免下列 6 种不利于妊娠的内外环境：

① 多次堕胎或流产后受精。

② 夫妻体弱患病时受精。

③ 不洁的性生活引起的胎儿宫内感染。

④ 放射线伤害。

⑤ 职业与嗜好的不良刺激。

⑥ 污染与噪音。

2 胎儿需要环境美吗?

准妈妈的子宫就是胎儿的宫殿，这里气候适宜，具有孕育胎儿所需

要的一切物质条件，胎儿需要什么，准妈妈就无偿提供。可以说是安全舒适，应有尽有。不过，这里说的环境是指胎儿生活的外环境，即准妈妈所处的环境，包括工作环境、居住环境等，对胎儿的影响，也是胎教的一部分。

母体内的生理变化及营养构成了胎儿的内环境。胎儿先天异常的发生，是由不良的内外环境直接或间接作用于胚胎，使之发生异常。引起胚胎先天异常的因素称之为致畸因子。这些致畸因子，可能是遗传、环境、生物、营养等诸多因素互相作用的结果。要想胎儿发育良好，乃至出生后智力超群，必须重视环境因素对胎儿的影响。不良的环境，可使胎儿受到不良的感应，良好的环境，可使胎儿受到良好的感应。准妈妈置身于舒适优美的环境中，获得美与快乐的感受，感觉心情轻松、愉快，进而对胎儿有良好的作用。

我国近代著名教育家蔡元培对胎教很有研究。由于他是一个学贯中西的美学家，所以，他很重视胎教的环境美的作用。他倡导设立国家胎教院，只有清新的空气，恬静的园林，雅致的陈列品，以及看平和、乐观的文学作品，听优美的音乐，才能使准妈妈处于平和、活泼的气氛里，有良好的情绪传给胎儿。这说明，环境对胎儿的重要性。

在日常生活中，我们时刻感受到环境对胎儿的影响，如战争年代里，准妈妈生活不安定，甚至充满紧张、恐怖的心里，其生出的婴儿的外貌常选取父母双方的缺点，故相貌怪、丑者较多。相反，在安逸和平的环境中怀孕的女性，如果每天看些鲜艳美丽的画报、草木，置身于洁静、美观、舒适、愉快的环境中，其生出的婴儿的相貌、体态则选取父母双方的优点者多，高智商儿也多。

总之，要想胎儿的身心、智能健康发育，不仅需要良好的内环境，还与胎儿生长发育的外环境密不可分。

3 如何做好环境胎教

如果说合理的营养是为孕育一个健康、聪慧的胎儿的土壤进行施肥，那么环境胎教就是保护这些胎儿能更好地生长发育的阳光雨露。具体的环境胎教可分为两大类：避免有害的环境，即消极的环境胎教，促进适宜的环境，即积极的环境胎教。

那么，如何避免消极的环境胎教呢？

目前，已经证实的环境对胎儿的不良影响有辐射、某些危险职业、环境污染及噪音等。

（1）辐射的影响

① X 射线：一般来说，如果准妈妈接受 X 射线过量，可引起胎儿小头畸形、新生儿生活能力低下、造血系统障碍和神经系统缺陷等。在怀孕 18—20 天内接受 X 射线，受精卵可能会死亡；在怀孕 20—50 天接受 X 射线，可能会引起胎儿中枢神经、眼睛、骨骼等严重畸形，甚至会引起胚胎死亡。所以，怀孕期间尽量不要做 X 射线检查，尤其不要透视，因为透视比拍片的剂量要大得多。如果不得不做，应该在腹部用铅围裙做防护，但最好不超过 2 次。

② 电脑：电脑周围会产生低频电磁场，孕早期准妈妈长期使用电脑，可影响胚胎发育，增加流产的危险性。至于致畸的可能性，目前还没有定论。专家测定，电脑背面和侧面的电磁辐射强度比正面大。如果准妈妈长时间固定姿势坐在电脑前，将会影响心血管及神经系统功能，盆底肌和提肛肌也会因劳损而影响正常的分娩。所以，妊娠头 3 个月，准妈妈应尽量减少长时间操作电脑，不得不操作时，应注意室内通风，适时休息或活动。

③ 电热毯：电热毯对人体的危害来源于极低频电磁场。准妈妈在妊娠头 3 个月，如果使用电热毯的方法不正确，发生自然流产的几率较高。正确的用法是，先预热半小时，睡前关闭电热毯开关，拔掉电源插头。

④ 家电辐射：中国室内环境监测中心的专家表示，根据国家对家电辐射的相关标准，只要辐射小于 12 伏米就符合国家标准。只要准妈妈不长期靠近家用电器，就可以避免辐射危害。微波炉和电磁炉被专家认为是两种辐射量较大的家用电器。据妇产科专家临床调查显示，排除遗传、用药

不当等因素，家电辐射在很大程度上已经成为损害人体生殖系统的凶手，主要表现在可导致自然流产、胎儿畸形、男子精子质量降低等方面，甚至会造成儿童智力低下。

因此，预防辐射，除了不接触有害射线以外，还要注意家庭中的潜在危险。准妈妈要做好日常防护措施，尽量避免家电辐射对自身及胎儿造成的伤害。

（2）职业的影响

有报告显示，如果准妈妈是医院麻醉师或手术室护士，由于职业的性质会经常接触麻醉药，可能会引起胎儿畸形或流产。所以，建议从事麻醉职业的女性，在怀孕期间可申请暂时调换工作岗位。

（3）环境污染的影响

目前，最突出的问题是家装污染，而在这种污染中受害最严重的就是胎儿了。室内环境的主要污染源是甲醛、苯、氡和放射性物质。其中，甲醛来源于人造板材、胶水、墙纸等材料，是世界公认的潜在致癌物，它能导致胎儿畸形。所以，夫妻双方在准备怀孕时，一定要将室内的环境污染治理干净。否则，带来的不良后果将非常严重，如白血病患儿的日益增多，家装污染就是其中原因之一，另一种环境污染在城市尤为严重，如汽车尾气、工业垃圾等，准妈妈要尽量避免这些污染。

（4）噪声的影响

国内外的医学科研人员在这方面做了许多研究，证明强烈的噪声对准妈妈和胎儿都会产生许多不良的后果。在怀孕初期，准妈妈可出现恶心、呕吐等反应，有些人的反应特别剧烈，以至于影响进食，甚至需要输液治疗；有的准妈妈在怀孕后期会发生妊娠高血压综合征，主要表现为血压升高、浮肿和蛋白尿。研究证明，

在接触强烈噪声的女工中，妊娠呕吐和妊娠高血压综合征的发生几率都比其他女工要高。

准妈妈接触强烈噪声，不仅会对健康造成危害，还会对胎儿造成许多不良影响。20 世纪 70 年代，国外曾有人对居住在机场附近的居民进行调查，发现当地居民所生婴儿的体重比其他地区要低。这说明，强烈的噪声很可能会影响胎儿的发育。

我国的医学专家对怀孕期间接触强烈噪声 95 分贝以上的准妈妈所生的子女进行测试，并把结果同其他条件的孩子做了比较，发现前者的智商水平比后者低。造成这种情况的原因，可能是噪声经常引起子宫收缩，影响胎儿的血液供应，进而影响胎儿的神经系统发育。

此外，准妈妈接触强烈噪声还会对胎儿的听觉发育产生不良后果。国外的一些研究表明，在怀孕期间，准妈妈接触噪声在 100 分贝以上时，婴儿听力下降的可能性会增大，这可能是噪声对胎儿正在发育的听觉系统有直接的抑制作用。

为了保护准妈妈和胎儿的健康，女性在怀孕期间，应该避免接触超过卫生标准的噪声。

4 环境胎教注意的事项

（1）慎用药物

很多药物都对胎儿有影响，特别是在孕早期，胎儿的许多重要器官都在形成，如果用药就有可能会使胎儿发生畸形。所以，准妈妈不要擅自用药，一定要向有经验的产科医生咨询，得到准许后再用药。

如果准妈妈在怀孕后出现感冒等不适症状，也不能按已往的经验随便吃药，因为有些药物会对自身或胎儿产生副作用，如大剂量的阿斯匹林可能会造成流产，一些抗组胺制剂有致畸作用。如果怀孕后经常便秘，一定要慎用“果导”类泻药。因为这些泻药作用较强，有可能会引起早产或流产。可以多吃一些蔬菜和水果，如果没有改善，一定要采用安全的措施。

如果怀孕前就已经使用的一些药物，如一些维生素类药物，怀孕后还

想继续用药，那么可再让医生确定一下。如果孕前有糖尿病、高血压或甲亢等慢性病时，孕期用药的选择和药量的增减，还要请产科医生和内科医生共同商量后决定。

对一些外包装上标有孕妇禁服的药物，千万不能服用；而标有孕妇慎用的药物，除非有非用不可的理由，否则最好不要服用。如果必须使用，那么应在医生的指导下服用。

（2）X 光

X 光是一种波长很短且穿透力很强的电磁波。对准妈妈来说，在孕早期，如果过量接受 X 光照射，就会导致胎儿严重畸形、流产及死胎等。

（3）工作环境中的危害

如果夫妻双方所工作的环境中，有一些有害的化学物质、重金属物质等，那么在准备怀孕的时候，夫妻双方应该远离此环境。因为这些有害物质可能会造成胎儿畸形或妊娠流产、早产等。特别是在妊娠早期，必要时应向单位领导提出，更换工种或适当休息。如果不知道工作周围的环境中是否存在有害物质，可向单位医务室的保健医生及产科医生请教，一定要保证自己的工作在安全的环境中。如果实在无法保证能避开可疑的有害物质，就应该严格按照安全操作规程，穿防护服、戴隔离帽和口罩，避免吸入粉尘，避免皮肤接触。

（4）心爱的小宠物

许多人都喜欢养宠物。殊不知小猫、小狗或鸟儿身上都有一些病原菌，如弓形虫等。这些病原菌有可能会使人感染一些疾病。如果是在孕期感染了这些疾病，就有可能使胎儿神经系统受损害，可能会出现脑积水、无脑儿或视网膜异常等症。

如果已怀孕或正准备怀孕，可以先把宠物安置到其他地方，等宝宝出生后再接回家中，一旦接触宠物就要马上洗手。如果在养宠物时怀孕了，要去医院检查是否感染了宠物身上的病原菌。

（5）妊娠期的性生活

妊娠期的性生活与胎儿的发育和健康关系密切。妊娠早期受精卵分裂增殖期，尤其是脑细胞的分裂，子宫会本能地处于安静状态。为了确保宁静的内环境，防止流产，怀孕后前 3 个月应该禁止性生活。妊娠中期的性生活也要适度，动作要轻缓，不要压迫腹部，避免流产。妊娠晚期，由于子宫增大，腹部逐渐隆起，子宫的敏感性增加。为了防止早产及感染，应禁止性生活。

5 如何进行环境胎教

（1）外出感受自然风光

准妈妈应避免长期呆在室内，否则会对自身的健康和胎儿的生长发育都不利。准妈妈要经常到空气清新、风景秀丽的地方游览，多看看美丽的花草，以调节情趣，保持心情舒畅，使体内各系统功能处于最佳状态，为胎儿提供一个最佳的生长发育环境。

（2）美化家居环境

居室环境整洁、美观对准妈妈来说非常重要。可以在居室的墙壁上悬挂一些活泼、可爱的婴幼儿画片或照片、景象壮观的油画、隽永的书法作品等，以便陶冶性情，保持良好的心理状态。

此外，也可以对居室进行绿化装饰，以轻松、温柔的格调为主，无论盆花、插花装饰，均以小型为佳。准妈妈处在温馨、雅致的房屋里，心情会放松。这样，不但有利于消除疲劳，增添情趣，还可以促进胎儿的身心、智能健康地发育。

6 宁静也是一种胎教

国内有些育儿专家提出。宁静是最好的胎教。所谓“宁静”是指准妈妈本身的宁静，即不急不躁，不郁不怒，情绪安定，心情愉悦等精神状态。我们知道，情绪对胎儿的身心发育影响极大。据国外的一个研究机构观察发现，当准妈妈的情绪不安时，胎动明显增加，最高时可达平常的 10 倍。如果胎儿长期不安，体力消耗过多，出生时体重往往比一般婴儿轻 500—1000 克。而且准妈妈的情绪不安，还会影响胎儿的智力。

1976 年唐山大地震发生 10 年后，专家对地震时的胎儿进行调查发现，地震时出生的儿童平均智商为 81.7，大大低于非地震时期出生的儿童智商的 93.1。这说明，准妈妈在怀孕期间的身心健康和心理状态，确实可以影响胎儿的智力发育。